U0631451

企业创新管理案例集

刘丽君 等◎主编

上海财经大学出版社

本书由上海财经大学浙江学院发展基金资助出版

图书在版编目(CIP)数据

企业创新管理案例集/刘丽君等主编. 一上海：上海财经大学出版社，
2023.2

ISBN 978-7-5642-4075-2/F・4075

Ⅰ.①企… Ⅱ.①刘… Ⅲ.①企业创新-创新管理-案例-浙江
Ⅳ.①F273.1

中国版本图书馆 CIP 数据核字(2022)第 200273 号

□ 责任编辑　杨　闯
□ 封面设计　张克瑶

企业创新管理案例集

刘丽君　等　主编

上海财经大学出版社出版发行

(上海市中山北一路 369 号　邮编 200083)

网　　址:http://www.sufep.com
电子邮箱:webmaster@sufep.com
全国新华书店经销
江苏苏中印刷有限公司印刷装订
2023 年 2 月第 1 版　2023 年 2 月第 1 次印刷

710mm×1000mm　1/16　15.25 印张(插页:2)　248 千字
定价:68.00 元

前　言

　　企业管理必须创新,创新必须在管理理论与管理实践中共同推进并交互作用,而实现的路径就是对企业管理创新案例的关注、梳理与提炼。

　　本书精选了十一个企业创新管理案例,从企业特色入手,解析企业的成长轨迹,深入分析各企业的成功模式,并结合先进的企业管理基础理论,对浙江省企业的创新发展经验进行总结。书中每个案例均分为四个部分:相关理论、案例分析、管理启示、案例思考题。本书可作为工商管理专业案例教学的教材或辅助材料;也可作为学生的课外读物,使学生在掌握企业管理基本理论的基础上,通过案例学习与案例分析增强对相关理论知识的理解与实际应用能力;还可以为企业管理人员阅读参考。

　　本书是团队合作的成果,每一个案例都是在教师指导学生参与企业调研的基础上获得数据和资料,并进行梳理、编辑。上海财经大学浙江学院的一批优秀青年教师和学生参与了本书的撰写工作,包括:刘丽君(案例一、十),李玫昌(案例二),丁瑾(案例三)、左文进(案例四)、姜艳艳(案例五)、范昕俏(案例六、七),胡强(案例八),方晓芬(案例九)、张芳方(案例十一)。其中,刘丽君担任主编,承担了拟定大纲、书稿总纂和审定工作;丁瑾、方晓芬、范昕俏担任副主编,组织相关案例讨论,协调等工作。

　　感谢相关企业的授权,他们给我们提供了大量的一手数据和资料。同时,我们还学习、借鉴并参考了国内外大量相关文献资料及研究成果。对所引用的数据及资料,本书尽可能地通过加注释及参考文献的方式详尽地加以标注。在此,谨向这些作者表示诚挚的感谢。

　　本书的编写工作得到了上海财经大学浙江学院发展基金的资助,上海财经大学出版社肖蕾老师一直关心本书的出版,在此一并表示感谢!

目 录
Contents

案例一

骆驼九龙

一、相关理论

（一）马太效应

马太效应强调在竞争过程中,具有竞争优势且初始资源利益富有者的资源利益会不断增加,而竞争劣势者仍旧会处于劣势状态。

马太效应常为经济管理学者所借用,比如在企业竞争时,竞争能力越强、信誉和形象越好的企业,越能获得用户和市场,这样,产品就越畅销,企业的盈利空间就越大,经济效益也就越高;同时,也越容易引起政府和银行的重视,争取到国家的投资和银行贷款,一旦有了盈利、投资和贷款,企业就越容易扩大生产规模、提高产品质量、降低生产成本、获取规模效益,从而促使企业的竞争能力提升,反作用于信誉与形象的塑造。虽然如此,也并不是由于"马太效应"的存在,竞争力差的企业只会在恶性循环中被击垮,竞争力强的企业可以在良性循环中坐享其成,企业依旧需要不断发现问题、改进问题,以谋求长远发展。

（二）产业融合

产业融合(Industry Convergence)是指不同产业或同一产业不同行业相互渗

透、相互交叉,最终融合为一体,逐步形成新产业的动态发展过程。产业融合可分为产业渗透、产业交叉和产业重组三类。产业融合已经不仅仅作为一种发展趋势来进行讨论,当前,产业融合已是产业发展的现实选择。

理论分析表明,产业融合是在经济全球化、高新技术迅速发展的大背景下,产业提高生产率和竞争力的一种发展模式和产业组织形式。它所产生的效应是多方面的,主要有:(1)有助于促进传统产业创新,进而推进产业结构优化与产业发展;(2)有助于产业竞争力的提高;(3)有助于推动区域经济一体化。

骆驼九龙砖茶有限公司现已将公司的传统产业与如今最为流行的"互联网+"技术以及大数据融合在一起,利用电子商务平台以及社交平台售卖商品,拓展了传统门店的售卖方式,打破了空间的禁锢,提高了竞争力。但同时也因为"互联网+"技术的快速发展,该公司与其他茶类企业间的竞争加剧,鉴于其创新能力与灵活度的局限性,需承受随时被淘汰的风险。

(三)微笑曲线

微笑曲线是呈微笑嘴型的一条曲线,两端朝上,在产业链中,附加值更多体现在两端(设计和销售),处于中间环节的制造附加值最低。微笑曲线中间是制造;曲线左边是研发,属于全球性的竞争;曲线右边是营销,主要是当地性的竞争。

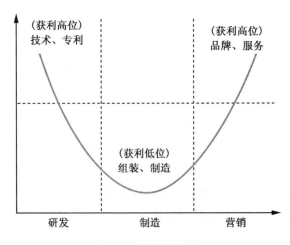

图 1.1 微笑曲线图

微笑曲线理论虽然很简单,却很务实地指出了产业未来努力的策略方向。在附加价值的观念指导下,企业只有不断往附加价值高的区块移动与定位才能持续发展与永续经营。价值最丰厚的区域集中在价值链的两端——研发和营销。没有研发能力就只能做代理或代工,赚一点辛苦钱;没有营销能力,再好的产品,产品周期过了也只能当作废品处理。

由此可知,研发和营销是一家企业能否获得经济利益的关键影响因素,骆驼九龙如果想要提高经济收益,就需要降低周期压力对其带来的影响,开发新技术,提高产品质量,延长产品生命周期;还需要顶住竞争压力,利用高质量去抢占市场,实现高收益以及良性循环。

(四)企业战略转型理论

迈克尔·波特曾经提出,企业成功之处最关键的亮点,其一是所处行业对潜在消费者的吸引力,其二是企业在行业中的竞争地位,这两者缺一不可。

因此,企业战略转型的成功秘诀是:在确定企业战略的时候,应当以行业结构分析为基础,以极具吸引力和有发展前景的行业作为发展方向;必须进行战略转型,通过企业的内在因素调整和外在环境适应,以期达到进一步提高企业竞争力的目的。

二、案例分析

(一)研究背景

2018 年,《国家乡村振兴战略规划(2018—2022 年)》出台,进一步明确和细化了乡村振兴的工作目标及重点任务。该文件明确指出:实施乡村振兴战略,是解决新时代我国社会主要矛盾、实现我国"两个一百年"奋斗目标和中华民族伟大复兴民族梦的必然要求,具有重大现实意义和深远历史意义。十九大报告提出乡村振兴战略,符合当代社会经济发展过程中人们对美好生活的需要。我们必须认识到,农村特色产业是农村发展的基础,更是促进地域性经济发展的重要途径,因此,要始终坚持以特色产业带动农村经济可持续发展。

随着产业结构调整步伐的加快,产业融合趋势日渐突出,即产业边界日趋模糊,具有融合型产业性质的新兴产业形态出现。而骆驼九龙就是在这样的时代背景下,以茶业起步,与其他产业进行深度融合、跨界发展,优化自身产业结构,完成业态创新。其作为农旅融合的先驱者,具有深刻的讨论与借鉴意义。

(二)研究目的及意义

进行产业融合是企业重新塑造竞争优势、提升社会价值、实现崭新企业战略模式的过程。

单从骆驼九龙砖茶有限公司的升级来看,从边销生产型企业转变为一二三产业融合下的新业态茶叶企业,骆驼九龙响应国家号召,在一定程度上实现了深度融合、横向发展,进而优化了自身产业结构,为农业企业现阶段适应发展趋势、实现乡村振兴战略提供了具有影响力的借鉴。

由于传统农业企业面临着技术不成熟、难以进一步发展的困境,因此我们希望通过对骆驼九龙这一案例的总结分析对浙江省茶叶企业、茶行业、传统农业特色企业的升级提供指导和借鉴,剖析使一个知名品牌在时代浪潮中经久不衰的真正原因,为浙江省茶叶企业、茶行业以及农业特色企业的可持续发展提供有效建议,进而为农村经济的持续增长、乡村振兴战略的实施带来有益影响。

(三)研究方法

表 1.1   研究方法归纳表

研究方法	研究形式
资料分析	在实地调研之前,我们通过网络、新闻报道、报刊文献等渠道收集公司基本信息。根据所获得的资料信息拟订研究的方向,列出到企业实地访谈时所需要做的事情以及访谈公司负责人时提出的问题。
实地访谈	我们跟随负责人实地参观了骆驼九龙黑茶文化园区,采取开放式询问法,让负责人介绍公司的发展历程、组织架构、产品业务构成等情况。我们从访谈中获取所需的资料信息,并对它进行深入分析。
纵向研究	采用此方法能清晰地展示出企业发展历程信息,明晰企业发展过程中重大举措的时间节点和转折点,有助于更好地理解发展、转型中的概念,更好地表明举措与效果的因果关系,体现企业的创新升级之路。
案例分析	我们团队以浙江武义骆驼九龙砖茶有限公司为案例,将调研前期所做的资料分析与公司经营状况相结合,对传统农业企业产业融合进行分析总结,对今后企业的发展起到了一定的指导和借鉴作用。

（四）研究思路及内容

本次案例研究我们将根据"思辨研究——文献分析与研究——理论分析与研究——实证分析与研究——归纳研究"逐步展开分析。

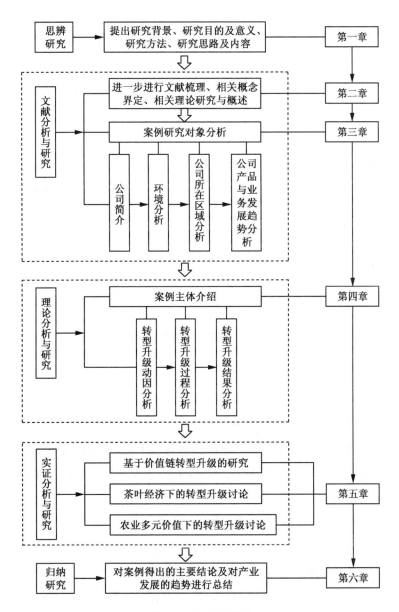

图 1.2　研究思路图

（五）公司简介

骆驼九龙砖茶有限公司创建于 1985 年,坐落于中国有机茶之乡、温泉名城——武义,是集茶叶种植、加工、研发、销售、旅游以及茶文化传播为一体的省级骨干龙头企业和全国民族特需商品定点生产企业。公司占地 35 000 平方米,注册资金 1 200 万元,拥有万亩高山茶叶基地、40 000 平方米标准化厂房、"自动化、清洁化"茶鲜叶加工车间及黑茶生产流水线,年产各类茶 6 000 余吨,生产规模及市场占有量位居国内同行前列。公司主要生产黑茶系列产品,用品质和服务赢得了国内外消费者的信赖。

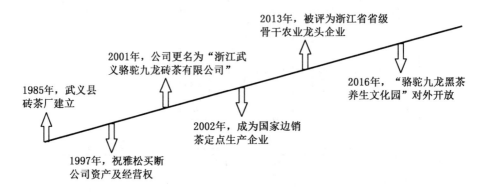

图 1.3　骆驼九龙发展历程图

（六）组织架构

1. 价值链关系

产业链是各产业部门间基于一定的经济与技术关联、逻辑关系等形成的链条关系和战略联盟。从价值角度来分析,企业在产业链中所进行的一系列活动链称为产业价值链。

农业产业价值链是农业产业内部的不同企业或单位在进行价值创造过程中所形成的分工合作关系,是原材料供应、产品生产加工、储存运输、销售等多个环节的集合。农业产业价值链体现出鲜明的产业群特征,包括上游的产品研发等产前部门,中游的茶叶种植与采摘等中间部门,下游的茶叶加工、储存、运输、销售等后期产业部门(见图 1.4)。

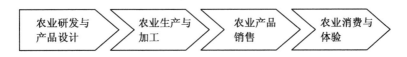

图 1.4　农业产业价值链

　　骆驼九龙砖茶有限公司目前的产业价值链主要以下游的后期产业部门为主，辅以上游茶叶专业生产技术研究院，利用武义县众多茶乡茶民代替中游的相关中间部门提供茶产品主要原料，协调整合黑茶产品生产、加工、销售等环节，从纵向、横向两个方面进行延伸和整合，通过精细化加工提升产业链的附加值，实现优化生产的目标。

　　2. 组织架构图

　　浙江武义骆驼九龙砖茶有限公司集生产、销售与新技术开发于一体，拥有健全的质量保证体系和完整的质量管理制度。公司现阶段员工数量为 110 人，其中车间生产工人 70 余人、管理层人员 30 人左右，还聘有茶文化园相关工作人员，如销售、接待人员等若干名。图 1.5 为公司总体组织结构图。

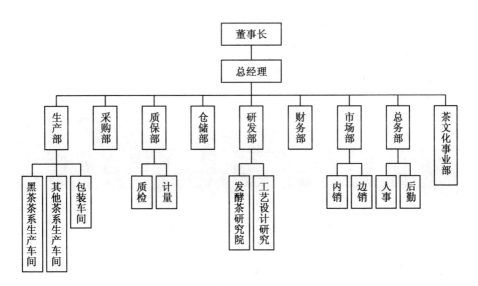

图 1.5　骆驼九龙现行组织结构图

（七）业务情况

浙江武义骆驼九龙砖茶有限公司专业从事黑茶生产、加工、销售、科研和茶文化传播为一体的服务,公司目前年产各类茶 6 000 余吨,产品辐射新疆、青海、宁夏、内蒙古、甘肃、北京、上海、广州、杭州等国内地区,远销俄罗斯、蒙古国、韩国等国家和地区。

近年来,公司又根据内陆消费者的饮茶习惯与喜好,结合武义有机茶的原料优势,采用明前嫩芽和嫩度高的春茶陆续开发了多元化的创新黑茶产品,打破了内陆消费者认为黑茶就是"粗茶"的固有印象,给骆驼九龙的高端黑茶产品打开了内销之路。现在的骆驼九龙砖茶有限公司形成了"60%外销＋40%内销"的崭新销售模式。

随着养生与健康生活方式的兴起,骆驼九龙砖茶有限公司背靠"温泉名城,养生胜地"武义开发养生旅游文化新元素,将茶文化与旅游业充分结合。2016 年,"骆驼九龙黑茶养生文化园"开始对外开放(见图 1.6、图 1.7),文化园包括黑茶文化博物馆、游览区、体验区、品茶区等区块。祝雅松董事长希望能把公司打造成集文化、养生、旅游于一体的观光养生旅游企业,把黑茶历史文化、西域民俗风情、茶膳、茶艺等元素融合到一起,将黑茶企业做大做强。

图 1.6　骆驼九龙黑茶养生文化园(一)

1. 产品优势

骆驼九龙砖茶有限公司是全国民族特需商品定点生产企业、浙江省级骨干农业龙头企业、浙江省农业科技企业,同时也是黑茶国家标准制定单位之一,更是中国茶叶流通协会黑茶专业委员会委员单位,而"骆驼九龙"本身又是浙江省著名商标、浙江名牌产品以及浙江品牌农产品,自身品牌优势明显。

图 1.7　骆驼九龙黑茶养生文化园(二)

(1)系列化优势。骆驼九龙现有的五大系列产品覆盖高、中、低档,包括高端黑茶系列、特色黑茶系列、传统黑茶系列、年份黑茶系列、其他茶系列,每款产品各有特色,可以满足消费者多样化的需求。

(2)标准化优势。骆驼九龙早已通过国家 ISO22000 食品安全管理体系认证及 QS 认证,拥有先进的"自动化、连续化、清洁化"黑茶生产流水线,产品质量稳定可靠。

(3)先进化优势。骆驼九龙拥有省级科研平台——浙江骆驼九龙发酵茶研究院,为企业持续科技创新提供了保障。该研究院还专门聘请茶学专业博士、硕士及拥有多年制茶经验的老茶师组成技术团队,集聚经验、完善技艺,完美地融合了传统与创新。

(4)功能化优势。主要茶产品之一的茯砖茶,是一款真正有微生物贯穿始终的发酵茶,具有调理肠胃、消食去腻等功效,更能迎合现代消费者的养生需求。

2. 区域概况

浙江省是中国产茶大省之一,茶产业是浙江农业的支柱产业。骆驼九龙砖茶有限公司诞生于浙江省金华市武义县,该县坐落于浙江省中部地区,是个"八山一水一分田"的山区县,境内生态环境优越,适宜茶树生长,是中国有机茶之乡、名茶之乡和全国重点产茶县。目前全县茶园面积 12.35 万亩,其中获国家认证的有机茶园面积 3 万亩,有机茶规模居全国首位,茶叶资源十分丰富。

总体来说,骆驼九龙砖茶有限公司因区域位置而拥有的产业发展和竞争优势可概括为以下三点:

(1)地区总体生产规模稳定,茶叶生产优势明显。近年来浙江省茶叶产量逐年增加,茶产业发展态势良好。浙江用面积占全国 10％的茶地,做出了全国 20％的茶产量、30％的茶产值。

(2)茶科技创新应用显成效,茶品牌品质有保证。浙江茶叶品牌推广全产业链模式,生产和流通日益多元、生产与管理并举,重视茶叶质量安全。

(3)积极实施文化兴茶,服务美丽乡村建设。浙江省坚持树立"一片叶子,成就一个产业,富裕一方百姓"的发展思路,践行"绿水青山就是金山银山"的生态文明理念,积极响应党的号召,让茶文化服务于乡村振兴战略和美丽中国的新征程。

(八)发展趋势

近年来,随着生活水平的不断提高、人们对健康需求的不断提升,从边销茶历史实践中提炼出的黑茶健康养生理念逐渐被内地消费者认知,因此公司决定不仅要巩固边销茶市场,还要拓展黑茶新兴的内销市场。骆驼九龙砖茶有限公司领导决定针对不同区域、不同人群、不同消费习惯,在原有传统砖茶品种基础上开发多元化的黑茶产品。

(九)骆驼九龙三产融合动因分析

一个能够真正实现可持续发展的企业需要适应不断变化的复杂动态环境,即企业与环境是一种同生共源、相互依存的关系。一个企业的生存及发展变化,离不开所处环境对其产生的影响,企业需要主动调整生产经营策略,以期寻求在外部环境变化下的合理生存模式。

1. SWOT 分析

SWOT 分析,即基于内外部竞争环境和竞争条件下的态势分析。该分析方法可以将与研究对象密切相关的各种主要内部优势、劣势和外部的机会和威胁等列举出来,得出一系列相应的结论(见图 1.8)。

(1)优势(strength)

①茶文化热方兴未艾。随着中国经济的快速发展,日益扩大的消费市场为过

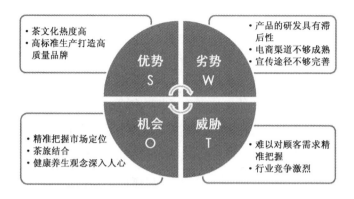

图 1.8　SWOT 模型

去阳春白雪的茶文化注入了全新的内涵,商业元素和利益诉求的加入对茶文化的整体发展有着不可估量的影响与带动作用。随着茶叶市场规模的扩大,茶文化经济导向特征日益明显,已经涵盖了农业、经济、社会、文化等各个领域。

②专注产品品质,通过高标准生产打造品牌价值。在原料上,骆驼九龙采用武义本地的高山生态茶园中的小叶种鲜叶,陈香味明显,口感醇和、淡雅,易被广大消费者接受,尤其是针对饮食相对清淡的沿海一带的人们来说,骆驼九龙黑茶非常适合他们的饮茶习惯,清饮、调饮均可;在制作工艺方面,骆驼九龙黑茶集聚 30 年的加工经验,不仅完整地传承了黑茶传统古老的加工技艺,同时依靠现代科学技术,进行了突破与创新。

（2）劣势（weakness）

每个企业都不可能尽善尽美,骆驼九龙在砖茶有限公司发展过程中也存在着一些问题,这些阻碍了向前发展的脚步,同时也成为企业急需产业融合的重要依据。

①在产品的研发创新方面:消费者的需求变化转化极快,难以把控,导致产品的研发滞后。

②在产品销售渠道方面:电商渠道不够成熟,在网店销售方面仍处于探索阶段,内销市场中线下门店也较少。

③在品牌管理方面:骆驼九龙缺乏品牌管理能力和经验,宣传途径不够完善,在边销市场上占据较大份额,而内销市场企业知名度还不是很高。

（3）机遇（opportunity）

在骆驼九龙发展过程中,企业也遇到很多发展机会,决策管理层人员在面临不同机遇时准确把握自身企业的特点,积极抓住了机遇。

①精准把握市场定位,走向简装时代。企业把目标投向精简包装成本,尽量做到包装的简约化与生活化,拒绝俗气的奢华;追求包装的设计感,在设计、材质、色彩等方面大胆突破,做出的产品包装简单、利落,色调清新、明亮。

②茶旅结合,打造生态文化园。骆驼九龙黑茶养生文化园集观光体验、茶文化传播、茶膳美食、休闲购物于一体,充分展示了丝绸之路神秘之茶的历史文化。目前养生文化园已成为国家 AAA 级景区、省工业旅游示范基地、全国茶旅精品线。

③生活和消费水平提高,养生趋势渐火。茶是健康的饮料,如何科学健康地饮茶是人们最关心的问题之一。骆驼九龙看到了当代人们对健康和养生的需求,积极推出了专为女性生产的"荷韵黑茶"以及相关保健产品。

(4)威胁(threaten)

骆驼九龙未来发展的威胁主要是消费者日新月异的个性化需求,以及行业竞争的加剧。

①随着经济的快速发展、居民生活水平的提高,人们对个性化产品的需求越来越大,骆驼九龙如何在复杂多变的消费市场上保持对市场和用户需求的准确把握,成为制约其未来发展的一个重要因素。

②黑茶以及延伸领域行业竞争极其激烈。黑茶在抓住机遇进入保健品、食品等新领域时,无疑会面临来自同行竞争者的激烈竞争和排斥,会面临能否在这些行业继续生存的巨大威胁。即使是在现有领域,茶叶行业的竞争也极其激烈。

2. 内部"自觉"求变

内部环境是指企业生存与发展的具体环境,是直接制约和影响企业营销活动的因素。骆驼九龙三产融合的实现离不开内部"自觉"求变的强大驱动力支持。

(1)极致匠心精神,助力乡村振兴

"无边瀚海人难渡,端赖驼力代客船。"两千年前,骆驼用坚毅的脚掌踏出了一条连接欧亚的"丝绸之路"。骆驼,是东西方文化灿烂文明的神圣载体;茶,作为丝绸之路上的一种重要商品,是驼队实现了茶文化的传播;九龙,既体现一种高度又表达一种愿景。而骆驼九龙,延用骆驼般执着的精神,一步一个脚印,制作出品质最好的黑茶,把骆驼九龙养生黑茶传遍中华大地。这是骆驼九龙砖茶有限公司员工都能解释出的品牌内涵,也是生产过程中始终抱有的坚定信念。

发展到现在,公司董事长祝雅松先生(见图1.9)主动聘请武义县当地的贫困村民为员工,手把手传授黑茶加工精制方式,打开了产品内销市场,解决了当地贫困户就业难题,拉动了地方经济发展。

三十多年的砖茶路,祝雅松先生秉承祖辈希望,凭借骆驼般执着的精神,始终秉持以"良心"做企业、以"匠心"求品质、以"放心茶"为产品根基,坚持"好茶是喝出来的"产品理念,形成了骆驼九龙经久不衰的精神核心。基于此,面对如何将骆驼九龙在现有基础上继续做大做强,如何将茶文化传播得更远的疑问,祝雅松先生的回答是"三产融合、工艺创新"。

图1.9　董事长祝雅松

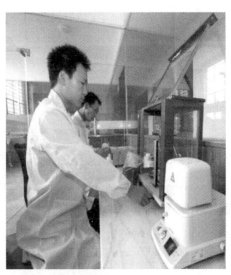
图1.10　生产加工图

(2)注重产品品质,追求持续发展

骆驼九龙一直将产品品质作为公司可持续发展的生命力,在产品生产过程中严格把控生产的每一步质量关卡,确保产出的每一份产品都在消费者期望之上,将每一环节做到一丝不苟(见图1.10)。

董事长祝雅松先生背着编织袋深入牧区,挨家给牧民免费品尝自己生产的砖茶,凭着质量优势以及独特的包装,依靠喝出来的口碑,骆驼九龙成功抢占边销市场,正式成为全国边销茶定点生产企业之一。而后,为保证稳定的品质和合理的价格,骆驼九龙主动让利经销商,赢得忠诚度,公司市场维护人员经常配合经销商深入市场一线调研,拉近公司与消费者和经销商的情感,掌握最新的市场动向,为开发新产品提供强大支撑。

骆驼九龙在追寻产品品质、企业可持续发展的道路上,势必面临着全新的挑战,寻求企业整体的产业融合是企业发展过程中必不可少的一部分。

3. 外部"压迫"改革

选择合适的时机实施企业的产业融合并不容易。首先,来自外界的压力会迫使产业融合的发生,包括社会、政治、经济等宏观环境以及市场和竞争等微观环境的巨大变化都直接带来了环境压力。而压力就是动力,当环境发生顺应潮流的必然改变时,企业的产业融合就自然而然地发生了。

对于茶行业的详细分析,我们可以从政策、消费者、技术三方总结外部压力。

政策推动:在大力推行乡村振兴战略以及城乡统筹一体化发展的政策背景下,骆驼九龙砖茶有限公司作为传统农业企业,将代表传统茶叶企业迈出成功产业融合的一步。

消费者引领:随着我国经济的蓬勃发展,多样化消费需求趋势明显增长,这促使骆驼九龙开发出不同类型的产品,以适应不断增长的市场需求。

技术革新:为适应目前信息技术的高速发展,公司一定要积极拓宽销售新渠道,运用现代科学技术为公司发展奠定良好基础。

图1.11是骆驼九龙转型升级动因模型。

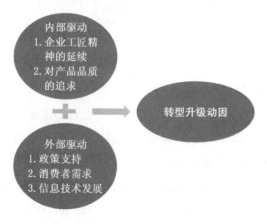

图1.11 骆驼九龙转型升级动因模型

（十）骆驼九龙三产融合过程分析

1. 骆驼九龙三产融合路径探索

茶叶经济中的三次产业若要形成融合，需要以有机融合为最终目标。以旅游服务业来黏合茶叶经济中的三次产业，则成为实现有机融合的合理选项。

（1）以消费市场为导向

在市场经济条件下，企业从各自利益出发，为取得更好的产销条件、获取更多的市场资源而竞争，通过竞争实现企业要素的优化配置。骆驼九龙的三产融合以目标消费人群即消费市场为导向，以市场引导为目标，实施品牌战略及市场领导者战略。

①品牌战略

品牌战略在与战略管理的协同中彰显企业文化。在科技高度发达、信息快速传播的今天，生产技术及管理诀窍等容易被对手模仿，难以成为核心专长，而品牌一旦树立，则不但有价值，并且不可模仿。

在产品与服务方面，骆驼九龙公司专注黑茶产业的传承与创新，现已成为一家集茶叶种植、加工、销售、研发、技术推广及茶文化传播于一体的省级骨干农业龙头企业。

在社会责任方面，骆驼九龙黑茶养生文化园吸收了俞源乡新九龙山村、王宅镇阳光村、桃溪镇上陈村等武义县下山脱贫村的 20 余名村民就业，他们或从事车间生产，或从事茶叶销售，或为游客提供讲解服务，每人每年能增加 4 万~5 万元收入。从种茶、采茶、制茶到推广茶叶、茶文化，浙江骆驼九龙砖茶有限公司充分发挥辐射带动作用，让村民们在这里学习技能、发挥所长、脱贫致富。

②市场领导者战略

所谓市场领导者，是指在同行业中居于领导地位的企业。它在相关产品的市场上占有最大的市场份额，并在新产品开发、产品定价、分销渠道及促销方面支配和领导着其他企业。市场领导者既受到其他企业的尊重，同时也往往会成为竞争者的众矢之的，因此企业必须选择正确的竞争战略才能巩固其领导者地位。

A. 发掘新的消费群体。根据南方人的饮茶习惯，骆驼九龙将边销茶进行精细化改良，先后研发出了"金花茯茶""红黑一品"等系列产品，受到热衷于养生保健人士的喜爱。针对年轻消费者,公司开发了更易于被年轻人接受的快手泡茶包、办公室养生系列饮品、限量纪念款,还推出了一系列茶文化文创产品,致力于开发新的消费者群体。

B. 开辟产品新用途。骆驼九龙在 30 多年的探索中,发现了茯砖茶经过"发化"工艺自然产生的一种益生菌,是国家茶行业中唯一被列为二级机密的保护菌种,该益生菌通过代谢可清除一系列对人体有害的功能性生物活性物质,对人体健康养生具有非常重大的意义。

(2)以研发产品为核心

研发产品是企业赖以生存的根本,只有在以市场为导向的前提下,适应环境发展,依据消费者需求不断地进行产品创新,才能使企业有能力持续生存。

①差异化战略

差异化战略,是指企业提供的产品与服务在产业中具有区别于同类产品的与众不同的特色。差异化产品在一定程度上更容易赢得用户的信任,划分企业特色经营区域,树立企业明确形象。对于生活水准越来越高的消费者而言,个性化和多样化是消费群体在消费过程中渴望得到的标签。

针对边销市场,骆驼九龙清楚地认知边疆人民因为生活习惯与方式带来的大量砖茶需求,依旧保持原有输出,大量供给,将"老底子"的味道贯彻到底,同时不断提升砖茶的精制程度;针对内销市场,人民生活水平普遍高于边疆地区,消费者的消费心理更偏向于用高价格购买高质量的产品与服务,骆驼九龙推出不同功效、不同目标消费者的多样化产品,以此满足消费者对于"个性化、多样化"的追求。

②产品开发战略

产品开发战略是指企业改进老产品或对现有市场投放新产品或利用新技术增加产品种类,以扩大原有市场的占有率并增加销售额。一个龙头企业,如何才能做到引领市场发展而不是跟随市场发展,如何从产品导向转为市场导向、满足顾客需求,这其实是对公司创新能力提出了高要求。

骆驼九龙砖茶有限公司初期产品开发创新能力并不强,在中后期发展过程中,由董事长祝雅松先生牵头决策,引进了大量茶业、茶艺研发类和技术手艺类人才,建立了省级科研平台——浙江骆驼九龙发酵茶研究院,以此为其持续科技创新提供保障。

（3）以拓展业务为支撑

业务拓展是为进一步加强和完善企业的业务结构体系，为企业开辟新的市场，保证企业在行业竞争中处于有利地位，从而实施的拓展企业业务链、提高经济效益的方式。

骆驼九龙砖茶有限公司就实行产业融合下的多样化战略进一步拓展业务，投资近亿元，打造了骆驼九龙黑茶养生文化园。骆驼九龙从加工环境着手，对生产车间改造优化，让加工过程一目了然，给工业旅游做铺垫；注重打造黑茶文化，注入绿皮火车、骆驼车队、蒙古包等随处可见的异域元素；开设黑茶历史文化、茶知识培训班，建设科普教育基地、民族团结教育基地；融入互动体验模式，让消费者亲身体验黑茶制茶过程；互通有无，以茶结缘，引进"一带一路"沿线地区少数民族的特色商品等，使文化园成为以"黑茶养生文化"为主题、以"丝路文化"为特色的集茶文化传播、培训、住宿、茶餐饮、教育、体验、购物和休闲于一体的国家 AAA 级景区，让每一个不曾到过边疆的人都能体验到黑茶文化带来的独特韵味。通过以上方式，骆驼九龙实现了一二三产业融合下的产业链延伸，拓展了企业业务。

2. 骆驼九龙三产融合实施策略

在实现三大产业有机融合的前提下，需要提升各项目之间的关联度，明确路线规划、项目之间的转换逻辑，形成整体化设计。为此，三产融合的最终实现需要多方考量。

（1）坚守品质，确立竞争优势

在生产行业，产品的表现很大程度上决定了消费者对企业的真实评价，影响着人们对公司品牌认知的形成。在传统农业特色行业急需升级发展的当下，在众多企业产品激烈竞争中，只有坚守产品品质与创新的品牌，企业才能存活。企业需要对产品与服务建立正确的认知，即质量是产品的基石，企业整体品牌的锻造与认同、企业产品在市场上真正稳定立足均要以高品质、可信任作为前提。

一个企业的"基因"往往决定了其在成长期乃至成熟期的发展走向。骆驼九龙从边销时期开始，依靠边疆人民对骆驼九龙产品品质的口碑建立并维系良好客户关系，找到当时最合适的销售渠道，赢得企业发展机会；到现在则坚守产品与服务品质，杜绝急功近利，在潜移默化中拓宽内销市场。骆驼九龙将对产品品质的重视放在第一位并贯穿企业发展历程，将产品细化并不断升级。

（2）开拓市场,优化销售渠道

从仅有边销到"边销＋内销"的崭新销售模式,骆驼九龙已经掌握时机初步开拓了市场。而如何进一步优化销售渠道,是其面临的崭新问题。

合理的销售渠道,是提高产品销售、扩大企业销售量的重要保证。在企业从产品导向转型至以市场为导向时,就意味着企业将客户满意度作为了主要目标。企业理应在确定理想客户群体后,通过接触客户群体重新评价现有销售渠道是否能够再应用,找出现有渠道存在的问题及优化的办法,并据此改善渠道策略,完善销售渠道管理,将销售渠道转移到以客户为中心,从而提高客户满意度与忠诚度。

（3）升级服务,提升品牌价值

产品与服务是体现企业品牌价值的重要载体,是骆驼九龙转型的重要组成部分。骆驼九龙从三方面着手提升整体服务水平:

一是从根本上提升产品与服务的品质。在经营过程中,保证品质、立足诚信,优化产品包装、改善产品功效;在黑茶文化园,聘请专门的茶艺师教授茶艺技能、专门的参观向导介绍产品生产加工等系列茶知识,增添茶吧、茶餐厅、茶博物馆等新的服务板块,以此完成服务升级。

二是加强服务过程管控。加强生产加工过程中对工作人员的监督检查,确保产品安全卫生,检查各渠道规范服务情况,譬如针对经销商,设立边销主要市场销售反馈的代理点,在杜绝经销商利用品牌随意提价消耗品牌价值的同时,及时反馈市场产品趋向,及时做出调整。

三是提升整体服务内容。加强职工服务理念教育,结合岗位特点进行员工培训,建立健全分等分级的维护体制,从员工培训与客户维系双向出发,完成服务升级,提升品牌价值。

（十一）骆驼九龙三产融合结果分析

骆驼九龙通过茶业向旅游产业渗透,通过包装、改进、营销等方式,将茶产品转化为旅游产品,提升产品知名度与品牌价值,使企业产业价值链向纵深延伸。

而农业主导型的茶旅融合模式从以下三个方面给企业带来了价值:

其一,通过旅游元素的融入,茶产品升级为旅游商品,将纯投入性的生产活动升级为价值创造过程,提升了产业价值;

其二,农业资源的旅游化推动了农业产业结构的升级和生产技术的进步,进而提升了农业生产效率,提高了企业产品服务附加价值;

其三,骆驼九龙的茶旅融合为武义当地带来了大量的游客,带动了农村衍生产业的发展,进一步延伸了农业产业链。

下面从企业自身绩效、利益相关者、社会价值效益三个不同层次分别进行结果分析。

1. 企业自身绩效

浙江骆驼九龙砖茶有限公司从 1985 年成立至今,历经 30 多年的不断探索,通过对一二三产业交叉融合来实现企业的升级,大大增加了产品的销售量和旅游收入,推动公司年营业额的持续增长。调查显示,2016 年,骆驼九龙砖茶有限公司产品销售量达 5 000 余吨,销售收入达 6 800 万元。2017 年公司生产黑茶 6 000 余吨,产品销售及旅游收入近亿元。从公司自身绩效持续增长角度来看,推动产业融合是企业经营过程中重大转折点。

2. 利益相关者

(1)供应商:扶持农户,共同发展

从 2005 年开始,公司牵头组建"边销茶专业合作社",有 100 多户茶农参加,走"龙头企业+专业合作社+基地+茶农"的发展之路。合作社与茶农签订了购销协议,以最低保护价的方式保护茶农利益,年底还依据当年产茶量给予分红。对于部分茶园资金有困难的社员,公司还通过免息资金借贷、贷款担保、预付货款等形式给予扶持。

武义县茶叶园每年有数千吨夏秋季修剪下来的枝叶,是制作压茶的优质原材料。骆驼九龙通过收购这些枝叶,一方面可以解决公司原材料紧缺的问题,另一方面还可以提高茶叶资源的利用率,增加茶农收益。目前,骆驼九龙生产的黑茶年销量达 5 000 多吨,在武义现有的 10 万亩茶园里,有 6 万亩供应茶叶给骆驼九龙,每年除了从这些茶园里收购春茶,夏秋茶的收购量也已达 5 000 余吨,原来只能以春茶为主要收入的茶农们每年能额外增收 3 000 余万元。

(2)经销商:确保服务,选择让利

目前骆驼九龙砖茶有限公司边销业务量占比大致为 60%,依旧占据公司销售主体地位。骆驼九龙专门在边疆地区定点开办销售点,对经销商实施质量控制与监督,并且通过顾客的反馈和建议加以改进。为提升企业品牌价值,确保产品与服务品质,企业选择在一定程度上让利给经销商。

骆驼九龙销售渠道的升级意味着企业将提供给原本已经与自己建立信任关系的经销商更多的产品、更宽的销售渠道进行选择。

3. 社会价值效益

(1)民族团结促发展

民族团结是我国处理民族关系的一项基本准则。在边疆地区,边销茶是广大少数民族生活的必需品,已有将近千年的饮用历史。1985年,武义县政府创办砖茶厂,其砖茶产品获得边疆地区人们的喜爱与支持,砖茶厂迅速扩大了边疆市场,使浙江黑茶"骆驼九龙"成为少数民族最喜欢的边销茶品牌之一(见图1.12、图1.13)。

图 1.12　民族团结馆 1　　　　　图 1.13　民族团结馆 2

在2018中国边销茶高峰论坛上,浙江武义骆驼九龙砖茶有限公司被授予"民族融合发展优秀边茶企业"荣誉称号,成为获此殊荣的八家企业之一。

(2)"一带一路"文化传播

2016年,骆驼九龙文化园对外开放。文化园建设的目的是将茶文化与旅游业结合,以此将茶文化传播给大众。通过游览文化园,游客可以感受到浓郁的西域风情,能够置身于茶马古道的历史长河中,领略中国古代丝绸之路、茶马古道黑茶的神秘风采。游客可近距离接触国内一流黑茶生产流水线,了解业内闻名的"发花工艺",参观黑茶博物馆;在亲子互动体验区,游客可以亲手制作黑茶;在综合服务区、民俗风情街和住宿区,游客能品茶鉴茶、品尝茶膳,感受古时以茶易物的茶市场景,体验以茶文化为主题的精品旅居生活。总之,茶文化园可以让大众充分体会到茶文化的魅力,更好地促进茶文化的传播。图1.14和图1.15是茶文化园内的"骆驼九龙列车"。

图1.14　骆驼九龙列车1　　　　　　图1.15　骆驼九龙列车2

(3)助力乡村引发展

骆驼九龙黑茶养生文化园以茶产业带动周边经济发展,变"输血"为"造血",为周边村民提供了就业岗位,全方位提升了村民能力,让下山搬迁户有了实现自我价值的舞台。骆驼九龙希望利用武义生态资源打造出以"养生"为主题的特色化、市场化、多样化、娱乐化与智能化的工业旅游胜地,不仅可以为企业创造旅游销售收入,同时可带动周边经济发展,并提供百人以上的就业岗位,为武义县生态旅游发展开辟新天地。

三、管理启示

(一)骆驼九龙现阶段问题

1.专业性人才欠缺,组织结构单一

由于黑茶制作工艺与传统茶类不同,需要大量的科研投入以及不断创新技术,因此需要科研人员的加入才能满足不断创新技术的需要。然而,由于地理区域以及规模的限制,骆驼九龙严重缺乏创新型人才,只能依赖以前的生产技术和生产线来生产产品;除此之外,骆驼九龙现行人员组织结构过于单一,依旧停留在产业初期的直链式结构,企业进一步的人力资源发展安排有待提高。

2. 自然条件影响,产业发展受限

茶作为一种自然资源,生长在大自然中,其生长品质受季节天气变化的影响很大。骆驼九龙每年需要收购 5 000 余吨茶叶,但天气的多变性也严重影响了初茶的品质,从而影响茶叶加工后的品质,加剧了企业生产茶叶产品的不确定性。原材料品质受限、加工生产也依靠外部温度与湿度的调节,在产品方面企业整体稳定性并不强。

3. 电商平台弱势,销售推广欠佳

骆驼九龙现阶段的商业模式是 B2C 模式,即将产品与服务直接销售给消费者,满足消费者的需求。骆驼九龙开发了公司网站,也入驻了阿里巴巴等信息共享平台、电商平台,但整体应用程度不高,这是骆驼九龙应该思考并且进一步改善的。

在如今互联网、物联网等信息技术高速发展的时代,大多数企业都会通过网络渠道来宣传产品和服务。骆驼九龙砖茶有限公司董事长祝雅松表示公司在产品与服务宣传方面的力度不足,对于互联网的运用也处于探索阶段,有待深入开发;除去产品与服务的销售推广外,公司销售渠道依旧主要依靠原有留存的渠道,在"互联网＋"的强势冲击下,并没有充分利用电商平台拓宽销售渠道,直接限制了企业发展。

(二)发展建议

祝雅松董事长希望骆驼九龙能够做长、做久、做稳、做精,成为黑茶行业的领军企业。在对骆驼九龙产业融合进行整体分析后,我们对骆驼九龙的长远发展给出以下三方面建议。

1. 互联网＋物联网:商业模式再创新

骆驼九龙作为传统农业企业,为实现企业的可持续发展,必定需要延伸农业产业链,拓展农业多种功能,大力发展农业新型业态,引导产业集聚发展,而这些都离不开"互联网＋"。

不论是为了开辟新的经济增长点,实现资源的深层次协同融合,还是拓宽销售渠道,打入年轻消费群体内部,骆驼九龙都需要以"互联网＋"作为商业模式创新的突破口,辅以物联网技术,将品质有保证的产品直接通过现代技术销售给消费者。

利用互联网打造垂直电商平台,通过微信小程序、公司官网、阿里巴巴电商平台等多平台引领消费;利用物联网打造新型管理模式,介入产品从原材料采购到生产加工再到售卖的全流程,完成产业链的全方位数据监管,在尽可能提高生产效率的同时完成企业商业模式的再创新(见图1.16)。

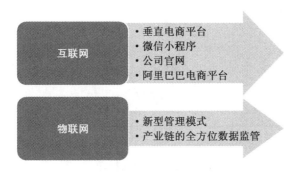

图1.16　互联网与物联网模式创新

2. 人力引进+重组:组织架构再变革

骆驼九龙现行的组织架构依旧停留在创业初期,茶叶经济发展的内驱动力是人力资本,而物质载体则是技术组织形态。为了使茶叶经济在全产业链格局下得到健康和可持续的发展,需要培育内在的人力资源和优化内在的技术组织形态。因此,缺乏人才、组织结构单一的双重问题是对企业组织人力资源的直接威胁与挑战。

对此,骆驼九龙应深入整合企业文化,对现有职员进行技能与服务培训,以此提升现有员工的多方面工作能力,同时加大人才引进力度,从高校、社会机构等多处挖掘人才,进行人力资源的更新与重组。除此之外,企业应清楚地认识到人力资源是企业发展的第一支持力与原动力,对人力资源的合理调配与组织架构的改革升级都能够让企业展现焕然一新的面貌(见图1.17)。

在人才有所保障的同时,再根据企业现有规模、发展阶段重新选择与企业相适宜的组织架构,进行人力资源重组。

3. 消费引导+细分:企业战略再调整

企业要有特色才能在市场中立足,企业要坚持品牌并有持续性,积极与市场结合,尽力做到引导消费。

骆驼九龙现在正处于由产品导向转至市场导向的转变时期,由于人民生活水

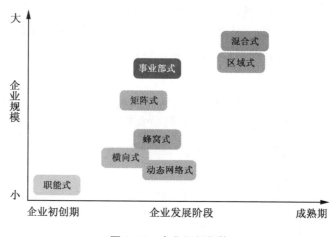

图 1.17　企业组织架构

平的提高以及消费观念的改变,他们对产品和服务的需求也呈多样化发展的趋势。骆驼九龙要以品质保证、健康养生功效、合理价位在市场中站稳脚跟,公司要生产出区别于其他黑茶种类的产品,为不同的消费市场和消费人群研发不同类型的产品,以产品多元化来刺激消费的增长。

(三)总结与启示

企业进行产业融合的根本目的是为了适应不断变化的环境,在动态发展中不断提升竞争力,实现企业升级。

浙江武义骆驼九龙砖茶有限公司从最初的依赖手工劳作的劳动力密集型企业发展成为一家集种植、生产、研发、销售、茶文化传播于一体的浙江黑茶行业领军者企业,其成功最重要的原因就是企业升级的实现。骆驼九龙从自身经营状况和市场需求的变动出发,致力于一二三产业的交叉融合,不断引进新的生产工艺设备,针对不同消费需求的消费市场和消费群体,创建骆驼九龙养生黑茶文化园,利用旅游业的发展向大众推介黑茶产品、推广黑茶文化,扩大了骆驼九龙的知名度和竞争力,初步实现了企业产业融合。

在企业实施产业融合的过程中,似乎存在着一对很难调和的"矛盾"。一方面,企业需要借助升级培养并提升核心竞争力,在经营过程中就必须注重对组织结构、产品研发、工艺设备经验的积累,尤其是那些难以传递与模仿的"诀窍"性的隐性知识(它是企业竞争力的重要来源,企业的可持续发展对此有较强的依赖性)。但另一方面,诸要素的积累会形成路径依赖,已有的经验在构成企业宝贵财富的同时也可能形成惯性,阻碍企业的升级。实践中大量企业由于不能处理好这对矛盾,导致了最终的失败。企业的升级才是中国下一轮经济健康发展的前提,我国大多数企业仍处于传统产业的中低端环节中,产业融合久推难转。

产业融合是企业在经营环境发生重大变化、经营管理面临关键转折的环境下,为实现发展目标的内部"驱动",对自身战略进行的方向性调整。其目的是通过组织构成要素及要素间关系的变动,使企业能够适应环境变化而实现企业的升级,最终达到可持续发展的目的。基于以上认识,一个传统农业企业若想乘着乡村振兴战略的东风实现可持续发展,必然需要把握市场机遇,以人才、技术、资本为有力支撑,做到企业功能有效集成,做到资源共享融合,从而实现效用最大化,实现企业品牌和企业文化的正面传播。

案例思考题

1. 骆驼九龙现阶段如何真正实现可持续发展?
2. 结合案例,谈谈现有的传统型农业企业如何更好地发展。

案例二

浙江天晟建材股份有限公司

一、相关理论

（一）动态能力理论

1. 动态能力的定义

1994 年，Teece、Pisano 和 Gary 首次在 Nelson 等人的演化思想基础上，将"动态"的观点引入企业能力的研究中，并正式提出了动态能力的概念，将其定义为：有助于组织在不断变化的竞争环境中适时调整、整合和重构内部资源、能力的组织流程，即"改变能力的能力"。

动态能力是一种特殊能力，体现了具有动态能力的企业适时、持续地对资源进行整合从而产生新能力，以保持持续竞争优势的固定流程。在此基础上，Helfat（2007）提出一个综合性的定义：动态能力即企业有指向性的创造或调整其资源基础的能力。

2. 动态能力的内涵

目前，管理学对动态能力的内涵并没有达成统一的认识，对该理论的研究和侧重点也有所不同，因而对于"动态能力"这一构念的定义和理解也千差万别，研究的视角也各不相同。有的学者从集中性学习角度进行研究,如 Zollo 和 Winter(2002)认为,动态能力是企业既得和固定的一种集体性学习行为,通过这种集体学习组织系统地产生和修正其运营惯例以寻求更好的发展效率。他们还指出,动态能力即使在低速变化的环境中也一样存在。通过总结,目前对动态能力的研究主要有战略管理视角、技术视角、组织学习视角和演化视角几类。具体如表 2.1 所示。

表 2.1   **动态能力的不同视角**

研究视角	企业假设	主要观点及代表人物
战略管理视角	企业是资源整合能力的集合	动态能力是企业整合、构建和重新配置内、外部能力以适应快速变化的外部环境的能力(Teece et al.,1997)
		企业的全球动态能力就是创造别的企业难以模仿的资源组合,从而为组织带来竞争优势的能力(Grififth & Harvey,2001)
技术视角	企业是一个包括技术人员和战略制定者在内的技术系统	动态能力是企业在有关自身业务技术知识演变过程中挑选和应用于自身现有知识基础相关的技术知识能力(Lansiti & Clark,1994)
		动态能力孕育于技术管理活动中,而且在技术管理的动态过程中强调了对现有技术能力的发展和不断利用,企业应该关注如何创造与部署现有资源以获取新的能力(Cetindamar,Phaal & Probert,2009)
组合学习视角	企业是个体与集体知识互动的集合	动态能力是隐性经验的积累过程、知识外在化和知识编码活动三个相关的学习机制的结果(Zollo & Winter,2002)
		动态能力是关于知识的创造和利用,以增强企业获取和保持竞争优势的能力(Zahra & George,2002)
演化视角	企业是一系列流程或常规惯例的集合	动态能力是企业随着市场出现、冲突、裂变、演化和衰亡实现新的资源组合的组织流程,动态能力的有效性随市场的动态变化而变化(Eisenhaedt,Martin & Martin,2000)
		动态能力是决策者以一种合理的方式来重构企业的资源和经营常规、惯例的过程(Zahra et al.,2006)

(二)核心竞争力理论

1. 核心竞争力的内涵

核心竞争力的概念最早出现在哈默尔与普拉哈拉德合著的论文《公司的核心竞争力》中,该书将核心竞争力定义为:能够给公司和客户带来收益的一类特别的技能或者技术。

哈默尔与普拉哈拉德指出,组织中的积累性知识特别是生产技能和有机整合多种技术流派的学识是企业核心竞争力的源泉。从他们对核心竞争力的定义可以看出,他们认为整合的学识是企业的核心竞争力,而这在一定程度上存在着片面性。随着研究的深入,哈默尔和普拉哈拉德又把企业的核心竞争力进一步完善,并将其划分为短期核心竞争力和长期核心竞争力。他们指出,短期竞争力主要受产品质量和性能的影响,长期竞争力受企业管理学识的影响。随着核心竞争力概念的提出,企业之间的竞争不再是规模和商品价格的竞争,而是企业的核心竞争力之间的竞争,这也成为国内外学者研究的热点问题。哈默尔和普拉哈拉德之后,也有许多学者对"核心竞争力"理论进行了发展和补充。这些理论的共同基点就是注重对企业内部的资源、能力的分析,他们认为"影响一个组织的内部社会因素如果不是技能,至少与外部市场环境一样影响到组织的成功机会"。

2. 建筑企业核心竞争力的定义

在建筑行业中,企业的核心竞争力本质上是人力资源能力与物质资源能力相融合的结果,所以能力与资源的强度与融合程度决定了建筑企业核心竞争力的大小。而专业技能或管理人才以及人力资源也成为决定建筑企业核心竞争力的最重要的因素。

(1)建筑企业的技术人员、管理人员、劳务人员作为企业的劳动者具有企业资源属性。

(2)在企业生产经营的同时,企业的技术人员、管理人员、劳务人员又是企业的载体,其具备的专业知识与技能是企业能力的主要体现。

对于建筑企业来说,其具备的能力对于提升企业核心竞争力具有更加重要的实际意义,而企业中所有劳动者的能力与知识也是企业的重要资源。劳动者具备较高的知识与能力也会体现出较高的企业能力,进而使企业在具备一定的资源的同时能够创造更多更有效的价值。

二、案例分析

(一)公司概况

浙江天晟建材股份有限公司是国家战略性新兴产业企业,公司生产预制桥梁和房屋预制构件,属于水泥基础材料制造和新型墙体材料制造,是新型建筑材料制造行业中的重点产品,被列入国家"节能环保产业"范围,属于"绿色节能建筑材料制造"。

浙江天晟公司创立于2004年,注册资本金8 200万元,是一家以桥梁构件、房屋预制构件工厂化生产、机械智造为主业的新三板创新层挂牌公司,是上海证券交易中心上市培育企业,浙江省"凤凰计划"推进企业;是国家工信部确定的"后张法预应力混凝土空心梁板""预应力混凝土T型梁板""后张法预应力混凝土带翼箱梁"三项梁板行业标准第一主持起草单位。浙江天晟公司还是自主拥有5项国家发明专利的国家级高新技术企业。公司在华东地区拥有7家子公司,10个梁板生产基地,3个建筑装配式PC构件生产基地和1个机械智能制造工厂。公司每年为全国300座以上桥梁提供梁板,年生产PC构件10万立方米,每年可为配套辅助生产所需的桥梁、钢箱梁、PC构件、水泥预制品等高精度钢模万吨以上。浙江天晟公司还是国内中铁、中交、中冶、浙江大成等大型建设集团,龙元建设、安徽水利开发等上市公司的供应商。

浙江天晟公司坚持以科技创新为核心竞争力,加大研发投入,以科技促发展,以创新求生存,先后获评国家级高新技术企业、浙江省高新技术研发中心、浙江省名牌产品、浙江省科技型企业、浙江省创新型示范中小企业、浙江省隐形冠军企业培育对象、纳税超千万企业、浙江省工商行政管理局AAA级守合同重信用单位、金华市高成长标杆企业、金华市工业亩均产值十强企业、金华市著名商标、金华市百佳信守银行信用企业。下属各子分公司连续多年被当地政府授予纳税大户称号。天晟股份一直积极响应国家住建部倡导的建筑产业化的号召,坚持工厂化、专业化、连锁经营的发展模式,以高新技术改造传统产业为企业定位,秉承真诚守信、锐意进取的经营理念,努力成为行业的领头羊。

15年前,浙江天晟建材股份有限公司的创始人(即现在的董事长)刘世伟先生从浙江正方控股集团有限公司(简称正方集团)辞职,并于2004年1月13日在金华市工商行政管理局登记成立浙江天晟建材股份有限公司。公司董事长刘世伟毕业于同济大学道路桥梁专业,是国家注册一级建造师、高级工程师,拥有研究生学历;总经理李玲俊是高级经济师,拥有研究生学历;公司高管团队成员稳定,为企业持续健康发展提供了有力支撑。

2006年的龙丽高速建造工程,是天晟建材股份有限公司成立后承接的第一个大型工程。工程施工期间,董事长刘世伟始终坚守在第一线,与工人同吃同住,监督工程进展,精益求精,不允许出现任何差错,最终在五家企业的标段评比中连续六次斩获第一,不仅保证了龙丽高速的顺利通车,也让天晟股份在同行业中获得了良好的口碑,逐渐得到了客户的认可,业务量骤增。公司以"引领梁板行业发展成为受社会尊重的企业"为目标,以"真诚守信、锐意进取"为经营理念;为客户提供省心、放心、安心、称心、舒心的"五心级服务",不以低价为竞争手段,在抓好产品质量、做好售后服务的同时,坚持走品牌发展道路。公司产品"预制桥梁梁板"获得"浙江省名牌产品"等多项荣誉,已经在桥梁梁板预制行业内形成了一定的品牌优势。

天晟建材股份有限公司具有超强创新力以及追求高品质社会价值观的理念,在其发展历程中,董事长刘世伟对公司的严格要求,以及为达成公司上市目标而付出的不懈努力,为企业动态能力提升提供了源源不断的动力,树立起了标杆,推动着公司不断进步。创立初期,公司面临技术缺乏并且资金来源不足的困难,在不怕苦不怕难的优良传统下,公司技术层人员刻苦钻研,面对技术上的难题,千方百计地利用各种途径去寻找解决办法,最终攻克一个个难题。在本次采访中,总经理助理徐金晶先生回忆到这里时,半开玩笑地说:"我们当初就是一群草根,一步步从草根走到今天。"或许就是像徐先生这样的天晟人的不懈坚持,才使天晟集团发展至今。

(二)绘制波士顿矩阵的产品组合

1. 问题产品业务(Question Marks)

它是指高市场增长率、低市场份额的业务。所在产业市场增长率高,需要企业大量投资以支持其生产经营活动。其相对市场占有率低,能够产生的资金量很小(见图2.1)。为发展问题业务,公司必须大量投资以便跟上迅速发展的市场并超过竞争对手。根据天晟企业的实际情况,市政工程和公路工程以及桥梁机械、模板、模具设计、研发、生产、销售等业务都有比较高的市场增长率,但是在天晟总业务量中,相对市场占有率比较低,属于问题业务,需要企业大量投资来支持其生产经营活动。这种业务能够产生的资金量很小,若要继续发展问题业务,需要公司投入大量的资金来提高相对市场占有率,有机会发展为公司的金牛业务。

2. 明星产品业务(Stars)

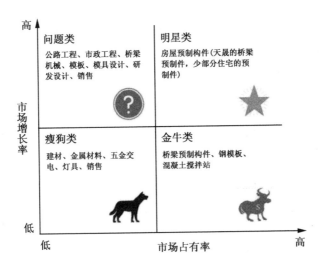

图 2.1　波士顿矩阵产品组合

　　它是指市场增长率与市场份额较高、竞争强、利润大的产品业务组合。该象限内产品市场增长率高并占有支配地位的市场份额,是否能够获取正现金流量,取决于产品对投资的需要量。该类产品市场还在高速成长,企业必须继续投资以保持与市场同步增长,并击退竞争对手。明星型业务要发展成为金牛业务适合采用增长战略战术。房屋预制构件是天晟的明星型业务,市场增长率很高,而且相对市场份额占有率也比较高。该业务有国家相关政策的支持,发展前景宽广,短时间内业务量占到了公司总业务量的半壁江山,持续高投资必定会有高回报。最终相对市场占有率逐渐稳定以后,要发展为公司的金牛业务,为公司创造稳定的利润,为其他业务提供资金源。

　　3. 金牛产品业务(Cash Cows)

　　它是指低市场增长率、高市场份额的业务。处在这个领域中的产品产生大量的现金,但未来的增长前景是有限的。它是企业现金的来源。由于市场已经成熟,企业不必大量投资来扩展市场规模,可以为企业带来大量现金流。企业往往用金牛业务收入来支持其他三种需大量现金的业务。桥梁预制构件、钢模板、混凝土搅拌站等业务,市场增长已经较为稳定,相对市场占有率高,是天晟公司发展了多年的业务,已经能稳定地为公司创收,为其他业务提供资金源,但未来的增长前景是有限的。由于市场已经成熟,企业不必大量投资以扩展市场规模。

4. 瘦狗型业务(Dogs)

它是指低市场增长率、低市场份额的业务。这个领域中的产品既不能产生大量的现金,也不需要投入大量现金,这些产品没有希望改进其绩效。一般情况下,这类业务常常是微利,甚至是亏损的。瘦狗型业务适合采用收缩战略,目的在于出售或清算业务,以便把资源转移到更有利的领域。建材、金属材料、五金交电、灯具销售等业务,是天晟公司初期发展的业务,目前市场增长率很低,且相对市场占有率降低,已经不能为企业吸纳大量的资金,也不需要投入大量的资金,是公司的瘦狗业务。一般这种业务适合采用收缩战略,以便于公司将资源用在盈利能力更高的业务中。

(三)内部经营对企业价值的影响

天晟公司作为金华地区成立最早的专业的预制桥梁梁板生产企业,主持起草了后张法预应力混凝土空心板梁、预应力混凝土 T 型梁 2 项全国桥梁梁板行业标准。公司目前拥有 26 项国家专利(5 项发明专利,18 项实用新型专利,3 项外观专利),具有较明显的规模、技术、品牌优势。天晟公司不以低价为竞争手段,在抓好产品质量、做好售后服务的同时,坚持走品牌发展道路,凭借专业的技术、优秀的管理能力及市场的先发优势,推动公司发展。

1. 项目经验优势

天晟公司自 2004 年成立以来,一直从事桥梁梁板的生产制造业务,经过十几年的经验积累,在梁板构件预制的研发与生产中打下了坚实的基础,积累了丰富的经验。公司参与永康 330 国道改建工程、义乌佛堂互通等多个项目构件生产制造。目前公司在浙江、江西、安徽等地区已拥有较高的知名度和信誉度,得到众多建设单位的肯定,具有较好的客户黏性。

2. 品牌优势

天晟公司以"引领梁板行业发展,成为受社会尊重的企业"为目标,以"真诚守信、锐意进取"为经营理念;为客户提供省心、放心、安心、称心、舒心的"五心级服务",不以低价为竞争手段,抓好产品质量、做好售后服务的同时,坚持走品牌发展道路。公司产品"预制桥梁梁板"获得"浙江省名牌产品"等多项荣誉。公司被浙江省经济和信息文化厅评为浙江省创新型示范中小企业以及浙江省隐形冠军企业培育对象,已经在桥梁梁板预制行业内形成了一定的品牌优势。

3. 技术研发优势

截至 2018 年底,天晟公司共承担了 6 项浙江省新产品试制计划、1 项金华市级重点科研项目、1 项金东区重大科研项目,已经获得了 26 项专利技术。公司主持编制的《后张法预应力混凝土空心板梁》(标准编号:JC/T2358-2016)、《预应力混凝土 T 型梁》(标准编号:JC/T 2359-2016)两项行业标准已经国家工信部批准,于 2016 年 7 月 11 日发布,2017 年 1 月 1 日正式实施,2017 年又承担了《后张法预应力混凝土带翼箱梁》行业标准的起草工作。公司参与编制了国家标准《先张法预应力离心混凝土异型桩》(标准编号:GB31039-2014)。公司于 2017 年 11 月 13 日第二次被认定为高新技术企业,取得浙江省科学技术厅、浙江省财政厅、浙江省国家税务局、浙江省地方税务局联合颁发的《高新技术企业证书》(证书编号:GR201733003533,有效期 3 年)。2016 年公司引进浙江大学、浙江工业大学博士两名,公司下属研发中心被认定为省级高新技术企业研究开发中心(中心名称为:"浙江天晟新型建材省级高新技术企业研究开发中心")。

4. 创新生产模式优势

天晟公司采用创新的生产模式,将零散的梁板制造业统一在一起,有效地节约了资源,提升了梁板的质量,这也符合新型建筑工业化发展趋势。传统的桥梁施工工艺中,通常需要在工地上修建临时场地进行梁板预制,每修一座桥便需要一个预制场地,这造成施工单位租地和临建费用高、耗时长,影响施工进度;工程结束后,在当地修建的基础设施还要挖除、废弃,再用种植土进行复耕,费工、费时、费钱、费土地。而公司将常见的零售业连锁经营模式创新化地引用到工程建设桥梁梁板生产领域,所属工厂规模化、批量化生产,成本低、质量好,优化了传统桥梁施工企业的建造工序,解决了传统桥梁施工企业预制场地建设时间长、费用高及土地破坏严重的问题,使桥梁梁板施工变得便捷、经济、环保。此外,公司产品主要根据订单生产,即在客户预付定金之后才开始生产,因此各种产品的产销率较高。随着市场竞争的激烈程度不断加深,企业也不得不承受更大的压力。市场优胜劣汰的法则,让企业不得不进行创新,以满足不断变化的顾客需求。天晟建材集团要走在行业的前端,引领整个行业的发展,就必须根据自身优势、劣势与经营环境进行重新定位,通过整合价值链上其他企业的优势,建立合理的合作经营模式,实现价值链企业的共同发展。

5. 与科研单位的合作经营模式

通过对科研单位与梁板企业关系的分析可以发现,科研单位在梁板企业价值链整合过程中具有举足轻重的地位。梁板企业要实现长远发展,必须确保产品质量,与科研单位尤其是高等院校合作。通过合作经营,不仅可以改善产品工艺,还可以利用企业自身的条件为科研单位提供方便的实验场所。天晟建材集团与科研单位的合作经营模式分为短期与长期两种模式。

(1)短期合作经营模式

价值链整合与价值链优化相似,是一个不断根据现实情况进行调整优化的过程,具有一定的动态性。天晟建材集团应实时根据企业发展与客户需求的变化,对产品进行创新。基于此,公司可以与专业强、资质好、信誉高的院校进行短期合作,跟进企业的动态发展。天晟建材集团在此方面已具有一定的实践经验:集团曾多次邀请浙江大学桥梁专家,对公司的梁板抗压、抗震等数据进行测算,经过实地实验得到梁板的极限承载能力等;曾与同济大学、苏州混凝土制品研究院等科研单位共同主持起草梁板行业标准;与北钢联研究院共同研发自动化梁板生产线,提高梁板的劳动效率,实现梁板工艺的提升与变革。接下来,天晟建材集团将会借力政府,继续与当地高等院校(如浙江师范大学、浙江大学等高等院校)对接,不断寻求产品创新,研发更加适用于我国桥梁道路施工的梁板,更加适合本集团发展的模式,实现与科研单位的短期整合。

(2)长期合作经营模式

长期来看,随着我国桥梁梁板技术的不断革新与发展,梁板企业与科研单位的关系将会变得更加紧密,而且梁板企业也会更为注重人才培养,注重人才专业化和办公自动化。企业发展将更加科学,更为贴近时代需求。甚至有些实力强的梁板企业为提升竞争力,用科技创新突破企业发展瓶颈,投入大量资金建立企业核心研发队伍,创新整合模式以抵御整合过程带来的风险。随着梁板行业专业化程度的不断提高,低门槛、产品与经营模式易复制的梁板企业将会逐步被市场淘汰,相关企业所需要生产的梁板必须要通过行业标准认定才能投入使用。为了节省企业成本和提高企业竞争力,梁板企业价值链的整合势在必行,这也是企业发展长远之计。

6. 与竞争者的合作经营模式

梁板企业之间的经营主体关系不仅仅局限于竞争关系,天晟建材集团可以通过与竞争者的合作创造更大的价值。

第一,扩大企业规模,与其他梁板企业合作,形成资源共享,提升实力。由于梁板制作难度小,工艺可复制性较强,行业内中小型梁板企业往往都是独立生产,各自经营,缺乏对市场与竞争者产量的预估。这些因素导致了梁板企业的供应量大大超过市场需求量,供需失衡,市场竞争激烈。面对这种局面,天晟建材集团应与同行竞争者联合起来,通过资源整合、技术合作、共享信息,提高产品附加值,延伸产业链,带动整个行业的发展,实现集团本身和竞争者的"双赢"。天晟建材集团专业从事梁板预制,高效的合作经营将会成为企业走向梁板行业制高点的战略方向。

第二,引进国外先进的梁板预制工艺和管理经验。通过去国外先进大型的梁板企业考察,学习其先进的梁板预制工艺及建筑企业独特的管理经验,并将技术与经验与集团实际结合,以实现技术科技化、管理先进化。

第三,与供应商与运输安装商的合作经营模式。

第四,与供应商建立新型订单管理系统。

第五,与运输单位建立信息追踪系统。

第六,对安装队伍进行专业培训。

三、管理启示

(一)传统建筑企业必须坚持技术创新

随着市场经济竞争激烈程度的加剧和市场化进程的加速,各大企业为了能够在市场经济中占有一席之地,都在想方设法地壮大自己的综合实力以及探索发展出路。对此,当下各企业,尤其是较大规模的建筑施工企业都争先恐后地通过转型升级来提升竞争力,而转型升级的首要因素是要坚持技术创新。浙江省天晟建材股份有限公司通过多年的发展深刻感悟到:要管理好一个企业,就必须做好对技术的管理,现代高新科技越来越成为经济发展的首要因素,技术已成为企业竞争的制胜法宝。对此,公司要不断推行技术创新,充分发挥科技在推动企业发展中的"助力器"作用,引领企业向强实力、快发展的目标迈进。在企业技术创新过程中,还应加强各部门、人员间的合作,将技术实现、组织创新、市场需求和制度环境等各个环节结合起来进行集成创新,进而优化企业资源配置,形成创新网络。

(二)企业管理方面需要不断完善

管理见成效,管理出效益。企业管理创新是对企业的变革和改进,它可以帮助企业建立起自身的核心竞争力,使企业在激烈的市场竞争中立于不败之地,在企业的生存和发展过程中起着不可替代的重大作用。制度创新是企业管理创新的保证,它是管理创新的最高层次,是管理创新实现的根本保证。因此,企业要准确把握产权制度、治理结构、经营管理方式、激励约束机制以及经营机制等具体制度和形式的相互联系的统一整体,以创新制度建设,推进机制改革。需要强调的是,装配式建筑不能等同于"传统生产方式+装配式技术",而应该是"现代科学技术+现代化的管理",即从生产力和生产关系两个方面实现建造方式的变革,没有技术就没有产品,没有管理就没有效益。

1. 管理创新的重点

装配式建筑的管理创新重点要解决"三个一体化"管理层面的问题,即设计、生产、施工一体化的问题。通过管理模式创新,整合、优化整个产业链上的资源,才能使工程建设实现最大化的效率和效益。

2. 管理模式的创新

目前,我国的建筑工业化处于发展的初期阶段,多种发展模式并存。天晟建材股份有限公司可以借鉴和参考以下几种模式:以房地产开发为龙头的工程管理模式(研发设计+应用平台+资源整合),以万科为代表;以设计为龙头的工程总承包管理模式,以中国建筑西南设计研究院等为代表;以施工为龙头的工程总承包(EPC)管理模式,以中建科技有限公司为代表。

3. 发展方式和路径发展方式

大力推行以工程总承包(EPC)为龙头的设计、生产、施工一体化管理模式。该模式的发展路径是从市场实际出发,采取以点带面的方式,逐步推进,协同发展的路径。从"点"来讲,要建立一支专业化、协作化、工业化的工程总承包队伍和管理模式。在研发设计、构件生产、施工装配、运营管理等环节实行一体化、现代化的企业运营管理。

（三）建筑企业增强核心竞争力必须坚持以人为本

1. 装配式人才需求

有别于以往的现浇混凝土结构,装配式建筑从设计、生产到施工组装本质上改变了过去的建造方式,各相关利益方在建造过程中面临新的要求和挑战。任何精湛的技术和完善的标准,不能没有人才支撑,培养新型人才队伍是装配式建筑发展的重中之重。构件化的装配式设计流程和施工过程给设计和施工带来新挑战的同时,也给行业的技术和管理人员带来了挑战。目前从事装配式建筑的高素质人才较少,现有的装配式建筑需要大量的资金、人才和技术投入,企业不再需要大量如钢筋工、混凝土工等工种的现场作业人员,取而代之的是需要掌握装配式建筑流程、懂得现场装配和构件吊装的产业化工人,拥有设计、生产、施工和管理等能力的装配式建筑技术人才以及拥有工业化管理思维的项目管理人才。

2. 具体解决措施

在人才培养方面,应从技术人才培养和管理人员培训与考核两方面进行人才队伍建设。目前天晟建材股份有限公司已成立天晟学院,专门培养相关专业人才以应对装配式建筑业务规模不断扩大的现状。在已有的天晟学院的基础上应建立更完善的职业技术培训长效机制,最好由政府牵头,采取政企合作的方式成立培训机构,围绕装配式项目的设计审查、施工管理、质量监督和验收规定等开展人员培训,更专业更有效地加快培养装配式建筑专业技术人才,全面增强装配式建筑发展软实力;鼓励天晟学院开设装配式建筑相关课程,以装配式建筑发展为目标,利用项目实践、校企合作等多种形式,着重培养该领域的专业技术人才。在经济新常态的背景下,人才竞争是建筑企业的竞争核心,建筑业要实现转型升级和可持续发展,必须建设一支业务熟练、专业素质高并且忠诚可靠的人才队伍。建筑企业及所有利益方都必须清醒认识这一现状,准确把握建筑业转型升级的方式和人才培养的模式,将资源聚集形成合力,促进建筑业转型升级,培养适应建筑业现状的复合型人才队伍。努力把建筑业打造成为技术先进的现代产业、节能减排的绿色产业和带动力强的支柱产业,以适应新常态下建筑业产业结构的不断发展和创新。

（四）建筑企业变革创新的发展策略

浙江天晟建材股份有限公司从传统建筑建造企业向装配式建筑企业发展与升

级需要处理好三个重要关系。

一是处理好业务全面推进与重点发展的关系。要积极营造发展氛围,但不可一哄而上,也不可能一步迈入现代化。要处理好"目标"与"目的"的关系,不能混淆偏颇,要明确重点,通过试点探索、示范引领,带动全面发展。

二是处理好短期效益与长期发展的关系。要抓住机遇迎难而上,但不可急功近利。要有长期战略思考,装配式建筑的发展是一个长期的发展过程,要从技术和管理两个方面点滴积累、逐步完善。

三是处理好项目建设与能力建设的关系。要通过政策手段,大力推行工程项目采用装配式建造方式,但不可忽视能力建设。要利用好有限的工程项目,通过工程项目的实践,将重点放到培育企业的核心能力上来,而不是仅仅为了"数量"。

(五)装配式建筑新业态的发展建议

首先,大力推广装配式建筑,促进装配式建筑发展,要做好顶层设计、建立协调机制、重视管理创新、培育企业能力、树立革命精神。坚持技术创新和管理创新的融合发展。其次,装配式建筑发展是一个长期的、艰苦的、全方位的创新过程,需要科学的管理组织,需要建立一个高效的管理体制,更需要站在行业发展的高度做好顶层设计,主要包括三个方面重大任务:一是建立先进的技术体系;二是建立现代的建筑产业体系;三是建立高效的管理体系,做到三位一体。在国家建筑行业优惠政策的鼓舞下,在时代经济发展潮流的推动下,随着建筑类企业的不断升级与创新,我们衷心希望天晟建材股份有限公司在建筑市场的浪潮中大展宏图。

案 例 思 考 题

1. 装配式建筑有什么优缺点? 国家为什么要大力发展装配式建筑?
2. 天晟建材股份有限公司如何通过提升企业动态能力增强企业的核心竞争力?

案例三

武义婺源黑陶文化园

一、相关理论

（一）扎根理论

作为一种质性研究方法，扎根理论（Grounded Theory，GT）的主要宗旨是在经验资料的基础上建立理论。研究者在研究开始之前一般没有理论假设，直接从实际观察入手，从原始资料中归纳出经验概括，然后上升到理论。这是一种从下往上建立实质理论的方法，即在系统收集资料的基础上寻找反映社会现象的核心概念，然后通过这些概念之间的联系建构相关的社会理论。扎根理论一定要有经验证据的支持，但是它的主要特点不在其经验性，而在于它从经验事实中抽象出了新的概念和思想。

扎根理论是由社会学者 Barney Glaser 与 Anselm Strauss 于 1967 年在其专著《扎根理论之发现：质化研究的策略》中首先提出的，其方法的形成与来自哲学和社会学的理论思想有关：一是美国的实用主义，强调行动的重要性，在问题解决中产生方法；二是芝加哥社会学派，该学派广泛使用实地观察和深度访谈的方法收集资料，强调从行动者的角度理解社会互动、社会过程和社会变化。

（二）4P 理论

4P 理论是从企业与管理者的角度出发,将影响企业营销业绩的因素分为四个进行探讨分析。首先,产品方面包括产品的实体与服务、品牌与包装等,即企业向市场提供消费者所期待与喜爱的产品[①]、服务来实现营销目标。其次,价格指的是企业为了产品销售而根据市场定价、调价,其中包括为营销目的而设计的一些代金券、折扣等技巧。再次,渠道分销是企业为了达到营销目标对渠道的选择,包括渠道类别、渠道地点、运输方式等。最后,促销是通过合适的沟通促进企业的营销业绩上涨,包括广告推销、销售人员推销等方式。

二、案例分析

（一）文创企业发展状况

经过 40 余年的改革开放,目前中国已成为中等收入国家,正在努力迈向高收入国家的队列。除了发展新兴产业外,我们还须推广文创产业。目前,我国大部分文创企业几乎没有较好的商业模式。也正因为如此,政府对文创企业的发展愈加重视,积极扶持文创产业发展,使得文创产业结构优化,义创企业数量持续增加、规模逐渐扩大,政府对文创产业发展起到了重要的作用。2019 年上半年全国文创企业营收 40 552 亿元,比 2018 年上半年增长 7.9%。与此同时,文创服务业与制造业的差距也在逐渐缩小。

随着人民生活水平的提高,人们的消费观也发生了变化。从曾经的物美价廉到关注产品的环保等问题,再到追求产品的文化价值,消费观念的变化也促成了文创产品市场需求量的增大。传统工艺文化属性的回归再加上政策的有效助力,使得不少手工艺人选择了回乡创业。当地特色工艺的传承与创新,使文创产业迎来了发展的春天。

随着产业模规的扩大,我国文创企业品牌化发展问题也接踵而至。首先,缺少对品牌核心价值的发掘。新品牌如何发掘其文化价值是企业的当务之急,原有品牌文化与新品牌的融合在扩大品牌影响力的同时,还能够做到品牌的创新推广。

---

① 包括产品的材质、规格、样式、质量等。

其次,品牌知名度低。因品牌影响力不足而不能吸引到更多的人才从而导致品牌经营愈发艰难,陷入"影响力不足——吸引不到人才——经营困难——影响力下降"的恶性循环中。最后,品牌忠实度低。多数消费者的消费方式趋于单次消费,消费方式的出现为商家带来的影响便是品牌忠实度的降低,在一定程度上会导致产品的内在价值降低。

近年来,我国陶瓷文化环境不断改善,新的产业业态大量涌现,乡村产业发展取得了积极成效,但也存在对中华传统文化的现代性转化不足,在赋予民族传统文化以时代精神和适当形式等方面的研究和实践的欠缺。以金华的陶瓷工艺品消费市场为例,金华市总人口 585 万人,市区总人口 110.77 万人,其中婺城区 76.89 万人、金东区 33.88 万人。金华市区的查询结果显示,市区有实体陶瓷店 212 家(金东区 98 家、婺城区 114 家),多数店铺不在人群密集区或城市商圈中(其中包括各类零售批发店、淘宝等电商平台约 40 家店铺)。金华市区人口中,购买陶瓷或者将会购买陶瓷的人数仅占比约 30%,且购买力一般。计算得出,平均一家店铺服务约 0.13 万人口[110.77×30%/(98+114+40)],故定制陶瓷远未达到市场饱和状态,具有良好的发展前景。

(二)九里烧简介

九里烧源于在很久以前诞生于九里村的一种烧制工艺。窑炉炉壁分为三层,内壁用生砖宽约 12 厘米,外壁为熟砖宽约 20 厘米,中间一层为砂、石、泥混合,宽约 30 厘米。窑炉大约源于汉代,至今未变。其特殊的烧制工艺流传至今,历经沧桑,藏于民间,造福历代。2016 年,徐君琳先生投入自己所有的积蓄建立了一家陶瓷制造企业。

选择做黑陶是因为徐君琳先生有着自己的志向。随着社会的不断发展、生活水平的提高,人们越来越重视养生,而喝茶不失为一种养生方式。人们对茶壶的质量、款式提出了更高的要求,但当时国内茶壶质量参差不齐、以次充优等现象层出不穷,徐君琳先生决心打破这种局面。

徐君琳对文化产业如何发展进行了了解。文化产业最为重要的首先是文化,其次是产品。黑陶淡出人们的视线并不是因为其产品不好,究其根源是黑陶所代表的文化太少且不具备吸引力。良渚文化遗址的发掘对徐君琳来说是一个好消息,他欲将黑陶文化与良渚文化相衔接,将黑陶的知名度先打开。对于文化板块的现实情况,徐君琳计划自己出书进行弥补,短时间可能难见成果,但对文化的传承发展是至关重要的,徐君琳的目光并没有只关注眼前的效益,而是对整个黑陶文化的传承与发展进行了考虑,也许黑陶这两年不会火,但是未来的时间里,九里烧黑陶或许能在他的传承发展下与景德镇陶瓷齐名。表3.1是九里烧的相关介绍。

表3.1 九里烧介绍

目标	传承千年陶文化,创品牌企业,传承武义精粹,让"武义黑陶"走进更多文化人的生活
续缘	黑陶等了我们几千年,我们为它奉献一辈子,把它推向新的高度,希望有更多的机会能让更多的人了解这份情缘
品牌	我们获得的不仅仅是金钱,更多的是乡情,是武义的荣耀,是社会价值与文化的传承
信念	我们要继续传承这个历史名窑,将这项非物质文化遗产发扬光大,创作出更多的优秀作品

九里烧企业现有两大业务。其一,制作黑陶茶壶。茶壶款式达到百余种,圆壶款式偏多,方壶相对较少。其方壶款福禄六方现已被金华市博物馆收藏。与瓷器相比,黑陶透气性更加优良,适合煮茶、盛水。最能体现黑陶这一特点的代表产品是凉水壶。其二,陶艺培训。目前九里烧在武义青少年宫内举办了培训班,该项目由政府扶持,目的在于降低体验课程的价格,降低学生学习成本,该项目目前年盈利30万元左右。

首先,对于一个手艺人来说,在沉下心做好手艺的过程中,很难兼顾销售。九里烧的核心痛点在于销售,因为每个壶的独特性和唯一性,使得其无法量产,所以黑陶的目标客户是中高端市场,目前其主要客户来源是璟园周边的高端商务人士。这类目标客户追求的是精致、大气、低调,唯一性在黑陶上有着不错的体现。目前徐君琳尝试着通过抖音视频进行推广,设备、人员都已经就位,利用抖音主要目的是进行黑陶宣传,精品视频同时在微信更新,以吸引更多的目标客户。因为陶器受众较小,客户的宣传更为重要,在维护客户关系方面,徐君琳全部承担了陶器售出后的修复服务。同时,销售的主要方式以璟园的店面销售以及高端茶楼的寄售为主。

其次,由于手艺人的术业专攻问题,徐君琳部分订单需要委托其他手艺人制作,因此,九里烧跳出了全自产,已成为一个品牌,而不是一个手艺人的代表。同样,委托代工的形式降低了九里烧部分订单的成本,也提升了九里烧在同行业的知名度与影响力。

最后,疫情对于九里烧的影响并不大,甚至推动了九里烧的发展。疫情使得人们沉下心来生活,对生活的品质有了新的认识,对黑陶的需求不减反增。疫情对人们生活态度的影响或将推动九里烧的进一步发展。

在"互联网+旅游+养生"的模式下,倡导健康的时代给了"武义黑陶"前所未有的机会。九里烧更加注重利用新媒体、新技术,注重体验、精细化管理。

(1)通过新媒体创造新商业模式。以短视频的方式展现,门槛大幅降低,可跨越语言、年龄的界限。

(2)优秀的文创注重体验。九里烧将中国审美融入茶饮,目标是成为金华网红打卡景点,成为众人皆赞的禅意小院。

(3)商业活动管理精细化。九里烧在管理精细化方面具有明显优势。

九里烧的商业模式如图3.1所示。

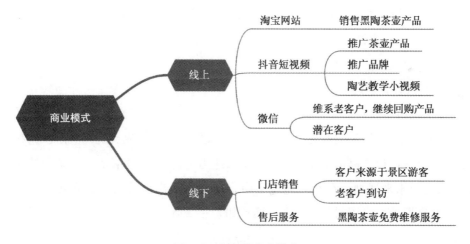

图 3.1　九里烧商业模式

为了企业文化传承,继承和发扬黑陶文化,徐君琳目前在工厂内以及青少年宫设有给幼儿、青少年学习制作黑陶的场地,并且举办与黑陶有关的夏令营,来吸引小朋友学习制作瓷器。另外,徐君琳了解到金华的某些学校开设了陶瓷体系相关课程,并且其本人也有校企合作的意愿,因此相关合作项目正在逐步推进当中。目前企业也已经成为"金华黑陶实践基地"。在后续的政府支持以及企业自身的努力下,可能会达成更多的校企合作项目。

在短短几年的时间里,九里烧通过技术改革、设备改造、材料精选而使得自身品牌为更多人熟知。通过精细制作,利用周边的利好发展,九里烧将会把握每一次发展机会,从销售茶壶产品到入驻文化园区,从推广商赛到教学陶艺,以期达到创造并且传递生活美学的最终目的。

目前,有很多景区给予九里烧3年免租与补助的福利,这也有助于九里烧品牌继续推广。

在校企合作方面,九里烧在武义职校开设了培养学校匠人的项目,校方投资10万元作为学校培养匠人的经费。该项目在2019年已正式开始。

在接下来的5年规划中,九里烧将利用更加丰厚的资源,加大生产、培养匠人、开设不同风格的门店,做好互联网品牌。

(三)九里烧核心价值模型分析

现基于扎根理论设计九里烧文创品牌核心价值模型,并进行改善与优化。

扎根理论的实践运用需要在前期设计访谈提纲,然后实地进行访谈,最后将所收集到的资料进行分析整理。详情如下:

1. 资料收集整理

本次调研访谈针对企业的特性选择了定性研究访谈,相比定量研究访谈,其访谈内容有所不同,访谈问题更为直接,问题开放性强。团队成员研究决定以问题引入话题,访谈过程中以被访谈者针对话题叙述为主,让被访谈者更充分地介绍企业的发展以及未来规划。在其叙述过程中记录有关本次调研的重要问题并提出问题,以获得原始信息资料。访谈主要话题如表3.2所示。

表 3.2   九里烧访谈话题

话　　题	所需信息
为何做陶艺企业	企业的发展起因与过程
传承黑陶技术	企业的生产技术情况以及产品更新
黑陶优缺点	详细了解产品在市场上的优势
产品销售	产品销售方式以及市场份额

话 题	所需信息
陶艺体验	企业获利多元化以及服务状况
政策扶持	扶持的具体形式以及效果
未来发展	领导者对企业未来的规划
制陶圈子	知名度以及同行业互补状况

研究团队首先于 2020 年 4 月着手设计九里烧黑陶的访谈话题,因疫情影响于同年 6 月 20 日到达武义婺源黑陶文化园对其创始人徐君琳进行访谈,并进行录音与拍照。结合访谈话题整理出访谈简报。后续徐君琳通过微信详细补充了企业财务状况等涉及企业核心的相关情况。

访谈前团队成员通过多份新闻报道以及天眼查对企业做了详细了解并初步提出了访谈话题提纲,在此基础上进行了企业调研并整理出访谈简报。表 3.3 为九里烧简报资料来源:

表 3.3 九里烧简报

资料来源	核心信息
武义新闻网	九里烧企业发展
金华新闻网	徐君琳个人访谈,工匠精神传承
互联网＋项目计划书	九里烧发展现状、预期以及财务状况
天眼查	企业结构与社会资源

2. 扎根编码分析

扎根理论的操作程序一般包括以下几步:(1)从资料中产生概念,对资料进行逐级登录;(2)不断地对资料和概念进行比较,系统地询问与概念有关的生成性理论问题;(3)发展理论性概念,建立概念和概念之间的联系;(4)理论性抽样,系统地对资料进行编码;(5)建构理论,力求获得理论概念的密度、变异度和高度的整合性。对资料进行逐级编码是扎根理论中最重要的一环,其中包括三个级别的编码,具体流程如图 3.2 和图 3.3 所示。

(1)开放性编码

开放性编码是指将原始资料逐步进行概念化和范畴化,并把资料进行记录以

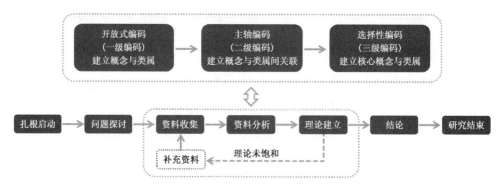

图 3.2 三级编码

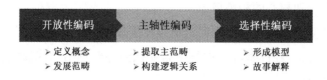

图 3.3 扎根编码

及提取的概念"打破""揉碎"并进行重组的过程。开放性编码的程序为定义现象（概念化）→ 挖掘范畴 → 为范畴命名 → 发掘范畴的性质和性质的维度。在进行编码的过程中，我们先从企业的内部资料入手，如其项目计划书等。尽可能在第一时间消除编码者对企业的个人主观猜想和影响。经过调研后获得更多的资料。借助资料对其进行整理并提取标签概念，团队成员集体讨论得出范畴编码。从而进行扎根编码。

经过讨论，我们得出有关的标签概念，如：传承核心技术、产品精准定位、客户黏性、产品服务、产业链延伸等33个相关概念。

（2）主轴性编码

主轴性编码分析是指借助分析因果条件 → 现象 → 脉络 → 中介条件 → 行动策略 → 结果，通过同行业典范模式将各个范畴联系到一起，将所获得资料组合到一起的过程，根据开放性编码提出的25个相关概念进行主轴性编码分析，提出10个范畴，分为5大要素：柴窑工艺、原矿烧制、大师传承、私人定制、品牌活化。

根据访谈资料、新闻资料等实质性材料的对比和分析，从中来验证和支持10个范畴之间的逻辑关系和具体对应的范畴和概念，以下是对五个主要范畴的相应解释和呈现。

①柴窑工艺

当下各个制陶企业为降低成本同时能够更稳定地生产产品,选择了气窑或者电窑。而九里烧因其企业所追求的价值理念选择了柴窑烧制。柴窑不同于柴烧,对柴、人、窑、土、火的要求更具体更严苛。相比气窑电窑,其产品也富有更独特的韵味。研究团队针对该板块进行了主轴性编码分析,如表3.4所示。

表3.4　　　　　　　　　　　　　　柴窑工艺

范畴	概念化	标签
烧制人	烧制技巧	烧制人能否掌握烧制技巧进而决定产品质量?
	烧制经验	能否面对不同窑内布局或者环境变化想出应对方法?
	烧制时间	能否在两天的烧制时间中出现问题时及时解决?
燃料	烘焙木柴	烧制陶器进窑后是否烘干水分?
	升温木柴	温度提升的两个阶段能否及时提供不同木材?
	恒温木柴	烧制后期需要温度缓慢上升能否维持恒温?
窑体	窑内温度	窑体能否尽可能保温升温,提高木柴燃烧效率?
	窑内火焰	能否控制木柴燃烧火焰走势减轻对产品的影响?
	窑内烟雾	柴窑烧制烟雾是否会影响产品最终品相?
燃烧火焰	火焰种类	火焰是否会影响窑内陶器表面?
	火焰温度	能否控制不同燃料的温度?

柴窑其烧制难度较大,工艺复杂,并且其讲究色泽温润、均匀、饱满,合适的控温使得产品表面更为和谐,与生活更加贴近。

②原矿烧制

陶土的选择可谓是制陶的第一步,目前制陶产业众多,也有专门的陶土加工,而批量工业化产出的陶土却丢失了艺术中的偶然性,所生产出的陶器产品保持着一样的质地。而九里烧选择了原矿土烧制,其采用原矿土进行人为加工,剔除杂质,保留矿土中所含金属元素等(见表3.5)。因此,九里烧黑陶具有一定的艺术偶然性,其产品多富有银色光泽,在质朴的感觉中发现一丝惊喜。

表3.5 原矿烧制

范畴	概念化	标签
陶土选择	产地	能否识别不同产地的陶土的不同特性？
	品质	能否使用优质的陶土品种？
陶土加工	人工加工	人为加工能否精准分析陶土所需加工程度？
	保留金属元素	产品表面在烧制过程中产生变化时能否保留金属元素？

陶土从选择、加工到烧制由人进行控制，使得制作产品的陶土是最为优良的，同时也为产品增加了艺术的偶然性，产品在烧制过程中由于金属物质的存在而使得表面产生变化，极大地提高了黑陶的艺术性与价值，产品品质得以提升。

③大师传承

传统黑陶制作工艺所制作的产品较为质朴，多为生活用品，其质地粗糙，不能够满足当下消费者对精致生活的需求。九里烧创始人徐君琳先生于早年间前往景德镇龙泉等地拜访黄斌、林正茂等陶瓷届大师，学艺后将部分瓷器工艺改良后用于黑陶制作，提升了黑陶产品的品质。回到金华后，徐君琳凭借自身高超的技艺迅速在当地制陶圈站稳了脚跟，成为业内领军人物，取得成就奖项如表3.6所示。

表3.6 徐君琳所获奖项

时间	奖项
2014年	在浙江旅游商品大赛上，其作品《陶瓷龙壶》获得铜奖
2015年	在金华市第四届工艺美术精品展上，其作品《古魂茶盏》斩获金奖，茶壶《希望》获银奖，茶洗《忆古城》获铜奖
2015年	在第十届中国（义乌）文化产品交易会上，其作品《期望》获得金奖
2016年	在第三届金华市工艺美术精品展上，其作品《西施壶》获银奖
2016年	在武义县"互联网＋"大赛上，婺州窑黑陶拔得头筹，获一等奖
2017年	在中国（浙江）工艺美术精品展上，其作品《祥瑞》获银奖
2020年	被评为工艺美术师

④私人定制

工业化陶器充斥着生活却也缺乏了生活的滋味，对于追求高品质生活的消费者而言，这远远不够。针对这一市场需求，同时为了保证九里烧品牌理念，徐君琳选择每一件产品亲手制作,针对客户不同的需求进行个性化定制。同时,对于部分有需求的客户进行私人定制,根据客户的性格以及需求等进行创作,让客户满意(见表 3.7)。

表 3.7　　　　　　　　　　　　　私人定制

范畴	概念化	标　签
个性化定制	个性化需求	能否满足针对定制客户的需求?
	纪念性需求	能否针对特殊纪念意义选择产品款式或定制?
私人定制	宣传定制	对定制产品进行宣传,以中等宣传高等产出的形式能否降低客户心理负担?
	定制服务	能否定制由需求到制作再到售后全程服务?
	定制工作	定制工作能否根据不同客户需求特定?

⑤品牌活化

九里烧黑陶这一传统手工艺品牌,具有强大的品牌文化价值,在不断提高每一个作品质量的同时,徐君琳还致力于树立优秀的品牌形象,不断维护品牌形象,树立品牌文化延伸性,进而实现品牌的价值转化(见表 3.8)。

表 3.8　　　　　　　　　　　　品牌活化扎根表

范畴	概念化	标　签
品牌价值	消费者心理认同感	获得消费者发自内心的品牌认同
	品牌影响力	其品牌价值影响的范围与程度
	品牌故事	宣传品牌价值的故事载体
品牌定位	产品定位	针对目标客户的精准定位
	品牌理念	品牌价值体现于企业管理理念之中

(3)选择性编码

选择性编码就是处理范畴与范畴之间的关系,确定核心范畴,借助已经发展的若干个主要范畴,阐明"故事线",找出核心范畴与次要范畴,以此铺陈整个观察或访谈所得的个案资料。这里的"故事线"是这些主要范畴的关系构成,是指概念化后的故事,即核心范畴。

通过对 25 个范畴和 5 个主范畴持续深入分析以及扎根编码主轴性编码的整

合,我们一致认为要在九里烧黑陶发展的基础上,总结提炼出一个模型,使该模型适用于九里烧企业发展,其内涵是坚守价值内核的基础,展开品牌管理模式的构建与发展,并通过不断完善模型要素,进一步促进企业发展。

3.模型炼化

九里烧企业创立较晚,对于企业自身文化内核价值缺乏清晰的模型,以较为模糊的企业文化发展至今,为更进一步发展企业,内核的清晰提炼迫在眉睫。在企业创始人和指导老师的指导下,我们将九里烧企业的价值内核进行清晰化提炼。

基于前期扎根编码得出关键要素完备性,我们进一步分析与探索要素个体特征、要素内部关联关系和要素间传导机制的特殊性,进而将各个概念象形化,得出综合模型(见图3.4)。

图3.4 九里烧综合模型

要素传导路径:

根据上述选择性编码可知,几个主范畴要素并不是相互独立的而是有所关联的,具有一定逻辑关系,我们通过进一步分析和研究总结出传导图(见图3.5)。

根据扎根编码分析以及要素的传导路径与模型的炼化,最终将其品牌化建设模块整合,将新企业对于品牌化建设与自身情况相结合,围绕企业核心价值拓展开来,构建其品牌文化。

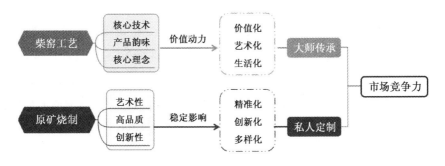

图 3.5　要素传导路径

（四）4P 策略

1. 产品策略——聚焦三大战略

如何将文化与产品相结合是文创产业发展的核心,在社会主义市场经济体制下,国民收入水平的提升与生活质量的大幅度提高促使消费者的消费趋势逐渐改变,追求精神文化延伸至产品消费之中,文创产业迅速发展。文创产品批量化生产以满足需求的同时,个性化定制的需求又随之产生。如何以老工艺融合时代文化与个人需求成为企业需要解决的问题。原有产品款式落后,缺乏创新,符合当代人审美的产品急需设计生产,并需要在第一时间投入市场。面对客户日益增长的需求如何满足,进而吸引到消费者关注流量,增加客户数量,提升企业的品牌价值。接下来将从以下三方面来阐述九里烧产品策略。

（1）定制化服务

近年来,越来越多的游客选择以私人定制形式来购买商品。私人定制行业的发展受益于不断扩大的市场、消费需求以及市场对个性化服务的追求。过去,私人定制行业主要面向高端市场,提供一对一的全程产品顾问服务。随着私人定制产品逐渐走入大众视角,出现过种种挑战,包括资源获取、技术沉淀以及人才稀缺。而市场的变化却从未减慢脚步,个性化的需求越来越多,这些趋势对私人定制机构的供应链、技术掌控以及定制师的经验提出了更高的要求。2020 年以来,受到新冠肺炎疫情的影响,市场迎来了新的变化,需要九里烧更高效地产出应对策略。

（2）产品组合策略

对于九里烧而言,不应当生产某一种产品,而应当同时生产多种产品来分担风险。九里烧当前的主要产品组合是各类茶壶和茶杯,这两种产品具有较大的关联度,而且都是九里烧手工生产,其性能的高低取决于九里烧陶艺大师的制作速度。因此,围绕这类产品的组合策略,九里烧不断挖掘两种产品的深度和广度,不断优化产品质量。为实现上述目标,九里烧自 2020 年以来,管理层高度重视对公司的产品进行梳理,以解决过去产品多而不精、杂而交错的问题。在确定三大品牌的前提下不断调整具体重点产品,目前已基本确立聚焦"凉茶壶""泡茶壶""煮茶壶"三大战略单品。

九里烧也在不断追求技术和产品创新。经济发展、时代进步也推动客户需求不断改变,这就敦促企业时刻谨记和保持技术和产品创新,提升黑陶产品的生产效率和黑陶制品的应用范围。九里烧应当不断追求向上,充分利用现有优势提升产品技术水平,不断创新产品,同时降低产品成本,以便继续保持和扩大黑陶产品在行业内的竞争优势。

(3)品牌内核活化

就目前高端产品的消费情况而言,高端产品总是以买在手中不舍得用的形象出现在大众眼中,文创产品多以"老工艺+新文化"呈现在大众视野中,而此类产品均是实用产品,打破高端产品的原有认知是九里烧步入新高端产品市场的第一步。徐君琳深刻地认识到这一点,以"个性化定制+独特产品"的方式面向消费者。其个性化定制不仅仅局限于消费者的个人需求,更是针对消费者的个性、习惯、喜好而设计,独特产品不以独特外观呈现,而是通过将产品捐赠给博物馆或社会各文化单位进而创造产品的独特性,如图 3.6 所示。

图 3.6　福禄六方

《福禄六方》一共 4 件,其中一件被金华市博物馆收藏,而其余 3 件迅速以高价售罄。敢于打破原有市场认知更有利于企业占有市场。对于九里烧黑陶的市场定位精准把控，赋予产品在市场中独一无二的地位才能保证企业的发展。

但九里烧依托品牌孵化冲击高端市场仍需较长时间。而对历史情怀浓厚的文创品牌，在品牌孵化之时一是需要以深厚的文化底蕴为基础，讲好文化故事；二是需要数十年的时间进行消费者培育。二者都需要悠久的物质或非物质基础沉淀，而目前高端市场"分级定档"的格局更加稳固，新品牌难以直接定位为高端。

2. 价格策略——进入全面控价模式

九里烧的收入来源分为多种，分别是黑陶产品销售、黑陶培训收入、展览业务收入。由于九里烧目标是打造属于自己的品牌 IP，因此其市场价格偏高。但是九里烧同样会设置一些产品来回馈对本公司业务支持的新老客户，提升用户支持率和满意度，并增强用户品牌忠诚度。

九里烧一直对产品进行升级，不断推出新品，如：车载杯。过去几年九里烧与经销商议价能力较弱，管控终端价格能力较弱。2020 年新冠肺炎疫情之后，九里烧全面导入控价模式，公司管控终端价格能力有所提升。重塑产品价格体系本质上是理顺产品价值链，激发各主要渠道商活力。

文创企业以合适的价格占领市场的同时，以适当的价格给品牌特点做价标，以九里烧为例，针对中高端市场的客户特点进行定价，对其品牌下产品的内核价值进行推广，使得其品牌化在价格上得以体现推广。

3. 渠道策略——实行分工经销

在九里烧营销渠道策略的制订中，整个渠道做好企业与顾客的链接，以渠道的自控力与辐射力进行企业品牌化的宣传，将渠道成员发展为伙伴关系，更好地推广品牌，宣传品牌价值。我们将其分为线上和线下两部分进行营销。

(1)线上

根据对产业链上下游及互联网巨头分析，由于产业链上下游分散且充分竞争，具有供应链优势、规模人设打造的销售模式会获胜。"直播＋电商"模式为一种新的推销手段，以直播为工具、电商为基础打破了网购存在的虚假宣传，客户被误导以及实体店铺存在的价格贵、花费时间长和出行成本高的两大弊端。说得通俗易懂一点，就是能够让消费者切身体验到商品和商品的部分加工流程及源头，关键在于提高客户对商品的信赖度，从而提升购买力。

九里烧在各大电商平台开设店铺并开设公众号,通过定期直播的方法来推广黑陶产品。短视频本质是品牌方对私域流量渴望的体现,直播电商重塑人、货、场三要素。

网络营销可以说是时下最为有效的一种推广方式,通过建立的公众微信和微博账号,定时发布产品、活动等信息,并通过微信、微博进行推广。

(2)线下

近年来短视频行业的火爆,九里烧在线下销售推广产品时,可以同时为顾客设计私人定制的短视频用作纪念以便为客户带来更好的销售体验。九里烧契合未来的新零售时代,以大数据、物联网为驱动,以消费者体验(满足消费者能体验购物场景、生产流程)为核心和目的,形成线上、线下的人、货、场三要素融为一体的商业形态。

4. 推广策略——大师传承文化黑陶

九里烧创始人徐君琳在放弃原工作后,开始学习陶艺的制作,学习过程中带来的安静与享受使得他彻底沉迷其中,便开始了自己的黑陶制作之路。学习黑陶期间徐君琳也将曾经的积蓄慢慢花光,这些钱多被用于拜师学艺,徐君琳去景德镇、龙泉等多个著名产瓷地进行学习,各地陶瓷的优缺点她都了如指掌。正是通过在多个产地的学习,徐君琳对黑陶有了自己的见解,并对其进行了改良,便有了现在的黑陶。现在,徐君琳在制陶圈有了一定的名气,参加过良渚文化遗址的陶器修复工作,其个人作品被存放在金华市博物馆中。

在推广策略中,强化品牌形象,推广产品的同时强调产品所代表的企业的特色形象。这也是品牌化推广最为重要的一环,同时对于客户的及时反馈有助于品牌形象的树立。

(1)体验营销,口碑相传

九里烧主要通过口碑计划进行营销,口碑计划包括投放老客户介绍、参与抽奖等活动。通过到店"零距离"体验黑陶制品生产等多渠道进行全方位的广告,务求迅速打响知名度,产生品牌效应,使广大消费者认识到公司服务的优势,信任公司的服务。

①展览演示。在璟院开设展厅并与附近的培训机构、小区物业等合作,在现场演示黑陶制作,让大众参与体验,培养大众对陶瓷制作的兴趣,提高九里烧知名度。

②现场销售。采用赠代金券和优惠券等方式,对消费满一定数额的消费者赠送代金券或优惠券,让他们得到价格优惠和心理满足,达到让顾客重复消费的目的。

(2)借势营销,文创助力

在政策方面,2018年国家文化部、旅游局合并为文化和旅游部,统一协调;在市场方面,中国正从中等收入水平国家迈向高收入水平国家,"+文创"需求将大量涌现。九里烧的品牌营销可提升文化自信和文化软实力。我们深入研究当下的现象级文创,为九里烧提供借鉴案例。

黑陶文化传承不应拘泥于博物馆、历史书,可通过再创新、再表达,融入现代商业生活。文创,对内可提升生活审美、文化自信,对外可提升文化软实力。当下,具有成功的"+文创"商业模式的企业寥寥无几。但随着市场需求的兴起,叠加对成功案例的借鉴,我们预测九里烧会引发星火燎原之势。

(3)科技融合,电商结合

九里烧未来应利用新媒体、新技术,实施精细化管理:①新媒体可创造新商业模式。通过电商服务高频消费、高转换率的粉丝,施行与传统的销售旅游纪念品有差异的营销模式;过去,中国式田园牧歌存在于诗歌中,仅为少数文人士大夫所领略。九里烧以短视频的方式展现这一场景,门槛大幅降低,可跨越语言、种族、年龄的界限,带给游客体验强烈的穿越感,助力金华客流超越杭州;可将中国审美融入黑陶,成为金华打卡景点;把璟院打造成仿古而不复古、众人皆赞的禅意小镇。②用高科技再现黑陶制作故事;在夜晚用灯光秀展现游客想象中的盛世。③商业活动需要管理精细化,好的商业模式往往会被复制并带来众多竞争者,所以管理精细化具有明显优势。

九里烧不断与时俱进,采用高性价比的宣传。近年来,九里烧更加注重微博、微信、抖音等平台的运用。在当前网红经济热度非凡的情况下,不排除公司未来加重布局抖音、直播等传播途径,营造各类热点,不断提升其品牌形象。

(4)产业正兴,政策扶持

九里烧所处的文创产业近年来受政府大力扶持,同时九里烧所在的璟院作为乡村振兴的"桥头堡"应该合理利用自身优势向当地县级人民政府负责传统工艺美术保护工作的部门提出要求保护的品种和技艺的申请,并利用政府补助扩大优势。

九里烧搜集、整理黑陶相关材料,并建立档案;保护收藏优秀代表作品;对其工艺技术秘密确定密级,依法实施保密;资助研究,培养人才。

三、启示与建议

(一)启示

通过深入分析,提炼出九里烧成功的五大要素,即柴窑工艺、原矿烧制、大师传承、私人定制、品牌活化。我们可以发现这五个要素并不是独立存在的,而是环环相扣、互相影响、互相作用的。我们要以企业价值内核为中心,进行品牌精准定位,不断发展品牌,开拓市场,增添影响力与竞争力。在环境的支持下,良好地服务于精湛的传统技术产出完美的产品,而这个产品又需要独特的营销策略将其带入市场。由此可见,文创产品企业的价值内核主要是以品牌为中心,再结合其他要素打开市场,在品牌建设方面有以下几个启示:

1. 挖掘品牌深度,创建乡镇实体经济新动力

创新传统工艺,提升传统文化价值,离不开企业对产品品质的把控和产品价值的精准定义。在消费转型升级的大趋势下,要抓住新一代消费者对生活品质的追求日益提升的潮流,为消费者提供工艺精美的产品,将传统非遗与现代的审美相结合,同时满足消费者精神需求的升级,让产品成为闲暇时欣赏、点缀家居环境的上佳之选,为消费者品质生活增添色彩。

提升品牌建设,开放非遗文化共享。企业、政府和高校三方的共享与合作可以促进彼此向上发展,企业作为三者中最关键的一环更需要打好基础,推动企业、高校和政府的互动联结,建设和维护好三者的合作关系,在多方的对接中做好渠道的构建与优化。

2. 拓展品牌宽度,构建现代化经营体系

开拓品牌工艺,勇立文创潮头。随着经济的发展和时代的进步,人们的消费观和价值观发生了转变,产品的品质和性价比逐渐被人们重视。做工精致且性价比高的传统工艺品也随之受到青睐。把创新和艺术融入产品中,把工艺品生活化,赋予产品温度和灵魂,使之有亲切感,形成独具特色的品牌工艺,这不仅满足了现有陶瓷工艺品消费者的升级需求,还关注了广大年轻群体的需求,拓宽了传统市场,

使企业向文创潮头不断前进。

3. 优化经营体系,借力实体光纤

在"互联网+"的大趋势下,精细化生产能降低长期平均成本,使传统企业拥有互联网优势,一般互联网企业拥有实体优势,结合两种经营模式的优缺点,优化企业的经营体系。

(二)建议

通过对武义九里烧黑陶企业的研究,将理论结合实际扩展到文创行业,对文创企业的发展提出以下五个方面的建议:

1. 借势政策春风,推动乡村振兴

推广传统手工艺,政府支持、企业运作、社会配合,都是很重要的因素。其中,政府作为主导力量从宏观的层面去促进文创企业的发展是重中之重。

支持文创企业与相关职业院校合作,共建"民间手艺人工作室",鼓励传统手工艺传承人到学校授课,培养和弘扬工匠精神,实现传统技艺代代相传。

落实传统手工艺文创企业采用"互联网+"的发展模式,引进网络销售平台,开发网络销售产品,发展网络销售。引导文创企业与电商平台对接,支持设立文创专区,集中推广。

帮助传统手工艺走向世界,将手工艺作品通过"一带一路"宣传,利用国内外的优质资源,举办传统手工艺作品的活动,提升文创企业的知名度,开拓国内外市场。

促进行业协同发展,鼓励城市打造专门的文化特色商业街,聚集各类传统手工艺店面,引入特色产品,带动文创企业的聚集发展。整合市场资源,建立大型传统手工艺基地,健全技术、销售等平台,帮助文创企业融资、引进技术、开发市场,让文创企业蓬勃发展。支持文创企业店内店外联合活动,促进文化消费和区域文化传承。

推动企业优势互补,加大力度培养一批具有社会影响力的传统手工艺文创企业,让其发挥行业龙头的引领作用;改造有一定品牌辨识度和市场认可度的文创企业,不断提升市场竞争力。带动文创行业不断发展,满足居民对文创产品和服务的需求,充分发挥文创企业的标杆作用,促进区域经济、社会、文化的发展。

2. 打造文化旅游景观,促进非遗文化传播完善文化产业的规划,传统文创主题更鲜明,景区更具特色,成为人们休闲度假的必选场所。建设文创体验场所作为旅游、休闲、体验之地。除开设体验培训班之外,文创企业还可以在文化园中建设传统艺术体验厅(陶吧)和印模厅,寓教于乐,让成人和孩子们从中找到儿时的乐趣并感受传统手工技艺与现代文化艺术相传承的紧密联系。

提高传统文创产品的档次,扩大规模,增加文创产品收藏,并借助声、光、电等现代技术,向社会公众集中展示文创产品精品,让人们从中了解传统文化的历史、发展和光明前景。通过宣传传统文化,提高社会各界对传统文化的认知度。对现有的旅游资源进行整合,做好旅游纪念产品的开发,设计具有城市特色的传统文创纪念品,促进非遗文化的传播。

3. 栽培艺术工作者,用人才振兴促经济振兴

培养艺术工作者,让他们积极参与到文创企业的产品创作中来,提高创作、创新的主动性。传统艺术具有质朴、高雅、可塑性强的独特艺术语言,艺术工作者们应尊重传统又不拘泥于传统,勇于探索、不断创新,把传统文化语言广泛地应用于壁画创作、雕塑创作、综合绘画、工业设计、装饰设计之中,拓宽传统文化语言的应用度,丰富传统文化的艺术语言,挖掘传统艺术的潜力。除此之外,文创企业内部员工应积极努力争创精品、珍品。传统文化是一种艺术表达形式,不是工匠式的操作,它呼唤"高精尖"人才,也需要"高精尖"创作。传统艺术工作者应坚持严谨的创作态度,不断丰富自己的文化内涵和知识,提升审美品位,提高自己的工艺技巧和艺术水平,在实践中积累传统工艺的经验,争创传统艺术精品,提升传统艺术品质。只有这样,才能确保技术的纯粹与产品的质量。

4. 依托实体经济,拓展新经济形式

在"互联网+"蓬勃发展的大趋势下,九里烧依托自身在制造业耕耘多年的积累,秉持质量至上的发展理念、通过精细化生产大大降低了长期平均成本,同时拥有了传统企业缺少的互联网优势和一般互联网企业缺少的实体优势。

传统制造企业应巩固升级在实体经济领域内积累的优势条件,同时,借助"互联网+",获取原先不具备的销售渠道、消费者覆盖面、流量吸引等方面的互联网优势,实现实体优势基础上的再发展。

5. 求同存异,发展乡村经济新业态

　　企业以更加开放的态度迎接时代的变迁,完善自身的建设,更好地与政府和高校对接。企业、高校和政府作为职责和功能不同的三者,要深入挖掘彼此之间的共同利益,求同存异,保持开放共享的态度,让彼此的核心元素在其中流转,促进三者的螺旋式上升发展。

案例思考题

1. 扎根理论如何应用于九里烧的品牌活化活动?
2. 结合案例说明对非遗产品进行品牌活化有何意义。

案例四

天能控股集团

一、相关理论

（一）数字化转型

数字化转型是建立在数字化转换、数字化升级基础上，进一步触及公司核心业务，以新建一种商业模式为目标的高层次转型。数字化转型的目的是开发数字化技术及支持能力，以新建一个富有活力的数字化商业模式。

"数字经济"的基础设施建设核心就是"数字化企业"，全力发展数字化企业是构建中国数字经济基础的最关键步骤。传统企业完成数字化转型才可能形成中国经济发展的内驱力。如果不能让中国大部分企业快速地实施数字化，仍旧采用传统的低效运营、管理、市场、销售方式，即使拥有了先进的数字化技术，这样的企业仍旧不具备可持续发展的能力。只有大部分国内企业实现了数字化转型，中国数字经济的发展才能取得最终的胜利。因此，快速、高效地进行中国企业的数字化转型，进而形成中国数字化企业的产业集群，是未来中国用数字经济构建核心竞争力的重要保障。

（二）工业互联网

工业互联网是新一代信息通信技术与工业经济深度融合的新型基础设施、应用模式和工业生态。通过对人、机、物、系统等的全面连接,构建起覆盖全产业链、全价值链的全新制造和服务体系,为工业乃至产业数字化、网络化、智能化发展提供了实现途径,是第四次工业革命的重要基石。

工业互联网不是互联网在工业上的简单应用,而是具有更为丰富的内涵和外延。它以网络为基础、平台为中枢、数据为要素、安全为保障,既是工业数字化、网络化、智能化转型的基础设施,又是互联网、大数据、人工智能与实体经济深度融合的应用模式,同时也是一种新业态、新产业,将重塑企业形态、供应链和产业链。

当前,工业互联网融合应用向国民经济重点行业广泛拓展,形成平台化设计、智能化制造、网络化协同、个性化定制、服务化延伸、数字化管理六大新模式,赋能、赋智、赋值作用不断显现,有力地促进了实体经济提质、增效、降本、绿色、安全发展。

（三）产业升级理论

产业升级就是使产品附加值提高的生产要素改进、结构改变、生产效率与产品质量提高、产业链升级。从微观来看,产业升级是指一个企业中产品的附加值提高。产品附加值提高的途径包括企业技术升级、管理模式改进、企业结构改变、产品质量与生产效率提高、产业链升级等。从中观来看,产业升级是指一个产业中产品的平均附加值提高。产品平均附加值提高的途径包括同一产业中的各个企业技术升级、管理模式改进、企业结构改变、产品质量与生产效率提高、产业链升级等。产品附加值提高的动力机制表现为:同一产业中的各个企业为了提高自己生产产品的边际效率和企业利润率不断提高自己产品的附加值,最后使整个产业的产品的平均附加值提高。产业升级、产品平均附加值提高不仅仅是产业的平均利润率提高,而是最终表现为产业结构升级。

二、案例分析

（一）天能控股集团简介

1. 集团概况

天能集团创立于 1986 年,集团位于江苏、浙江、安徽三省交界的"中国绿色动力能源中心"——浙江长兴,距离上海、杭州、南京、苏州及芜湖均在 200 千米以内。天能集团是中国新能源动力电池行业的龙头企业,是一家以电动车环保动力电池制造与服务为主,集成储能配套为辅,集新能源汽车锂电池、汽车起动启停电池、风能太阳能储能电池的研发、生产、销售,以及废旧电池回收和循环利用、城市智能微电网建设、绿色智造产业园建设等为一体的大型高科技能源集团(见图 4.1)。

图 4.1　天能集团总部外景图

2007 年,天能动力以"中国动力电池第一股"在香港主板成功上市(股票名称:天能动力;代码:0819.HK),正式进军国际资本市场。目前,天能集团已拥有 70 多家国内外子公司,23 000 多名员工,已在浙、苏、皖、豫、黔五省建成十大生产基地。天能集团综合实力位居中国企业 500 强第 139 位,中国民营企业 500 强第 30 位,中国民营企业制造业 500 强第 14 位,中国轻工业百强企业第 5 位,中国轻工业电池行业十强第 1 位,浙江百强民营企业第 5 位。天能顺应 5G 时代工业化、信息化深度融合的发展趋势,正加速构建绿色智造产业链和循环经济生态圈,全力打造服务型、平台型企业,为全球消费者、工商业及公共机构提供绿色能源系统解决方案。

2. 发展历程

天能集团从 2016 年开始构建数字化建设,将整个板块分成了"3+1"四块内容,分别是 2016 年到 2018 年的"唱山歌"阶段、2018 年至今的"小合唱"阶段、未来的"大合唱"阶段和最后意欲达成的"交响乐"阶段(见图4.2)。

图 4.2　天能信息化到数字化发展历程图

(1)"唱山歌"阶段

天能集团仅仅是将实现信息化的部门用来充当一个供应者或者需求者,并未与太多业务部门产生很好的互动。因此,2016—2018 年天能只是提出了信息化的概念,初步建立起 IT 应用线路图和 IT 技术应用图。通过 IT 组织创新、搭建平台,加快现有系统的推广,创立天能特有的业务系统,以此完善信息化的覆盖,满足企业运营需求。

(2)"小合唱"阶段

现在天能依旧处于"小合唱"阶段,经历了前期"唱山歌"的过程,天能集团不断深化信息化建设,逐步建立起 IT 与业务的关系,促使系统可以支撑业务优化与改善。之后天能集团逐步走向了数字化建设转型,开始建立数字平台,开发数字产品,让 IT 基础应用对五大基础板块有一个基础覆盖,发挥了数据在经营中的支撑作用。

(3)"大合唱"阶段

在未来,天能将进入"大合唱"阶段,数字化与业务的关系也将转变为合作伙伴。天能集团将引入"5G"技术和其他新兴技术,以数字化发展路线来指导业务的创新和变革,推荐各业务建立完整的数字化转型路线。

3. 企业理念

（1）核心价值观

天能坚持"责任、创新、奋斗、分享"的核心价值观，以奋斗者为本，以价值为导向，强化责任担当，坚持创新驱动，不断激发内生动力，提升核心竞争力，实现持续高质量发展，为客户创造价值，为员工提供平台，以实际行动回馈社会。

（2）使命

"奉献绿色能源 缔造美好生活"是天能集团的企业使命。天能坚持走绿色发展、生态友好的文明发展道路，力图为新能源行业提供丰富可靠的解决方案，为消费者提供更多绿色产品和优质服务，满足人类日益增长的美好生活需要和优美生态环境需要。

①为客户缔造美好生活

天能以高质量的产品和服务，为客户创造最优质的绿色能源解决方案，以及崭新的生活方式和消费体验，满足客户的"美好需求"。

②为员工缔造美好生活

天能为员工创造实现自我价值的职业平台，不断满足员工日益增长的物质与精神需求，使每位员工都在工作中活出生命的意义，以共同发展成就员工的"美好价值"。

③为股东缔造美好生活

天能追求稳健地增长，降低经营风险，为企业持续创造效益，以持久保值增值实现股东资本的"美好增长"。

④为战略伙伴缔造美好生活

天能坚持友商、共赢商理念，帮助合作伙伴提升价值，以共创多赢的生态发展系统成就战略伙伴的"美好财富"。

⑤为社会缔造美好生活

天能在做好企业自身发展的同时，积极从事社会公益活动，做优秀的企业公民，以高度责任助力社会"美好发展"。

（3）愿景

"成为最受尊敬的世界一流新能源公司"是天能人追求的梦想。天能以"创新、协调、绿色、开放、共享"的发展理念为引领，放眼全球，胸怀世界，以技术和品质为支撑，坚持通过高尚的社会责任立德，坚持通过卓越的产品和服务立业，坚持通过优秀的企业文化立言,打造具有影响力的一流平台、一流企业(见图4.3)。

一个总目标
成为全球领先的绿色能源
解决方案供应商

两大转型
生产制造企业向服务制造企业
转型、传统型企业向平台型企
业转型

**五年
再造一个
新天能**

五大要素
客户为要、创新驱动、产融结合、
文化综领、生态共享

四大平台
全球科技创新平台、柔性智能制
造平台、大数据云驱动平台、聚
智众筹创新平台

三化战略
智能化、平台化、全球化

图4.3　天能集团愿景

(二)天能集团数字化战略分析

1."两网一云"的出现和困境

天能集团是一个主打绿色智造的企业,为了使"全球领先的绿色能源系统方案解决商"这一企业愿景得以实现,天能集团全面启动了数字化建设,初步构建了"两网一云"数字化战略,使企业可以通过信息化和数字化两者的结合成为"绿色智造"的领先者。"两网一云"是指企业信息化网、工业互联网和"云上天能"。企业信息化网聚焦内部管理流程,打通了财务、营销、客服、供应链等各个环节和企业内部一切能变成数字化的方向和业务,实现了企业数字化;工业互联网通过工业化和信息化的融合,在生产端实现智能制造,特别是导入了绿色发展的新思维,进一步升级为"绿色智造",更进一步实现了企业数字化。企业信息化网和工业互联网的端口连接在一起,打破了传统的数据孤岛,充分实现了企业内部数据的自由流通,共同支撑"云上天能",将天能集团打造成一个以信息化、数字化为主的"云上天能"。企业信息化网和工业互联网相互融合、贯通,"两网一云"的数字化战略不仅仅使天能集团在产品研发上贯彻绿色理念,更使天能集团将绿色化发展理念贯彻到整个集团的发展,将天能集团打造成了一个以数字化为核心的智能制造企业(见图4.4)。

随着天能集团的人员对于"两网一云"数字化战略的探索和实践,他们发现"两

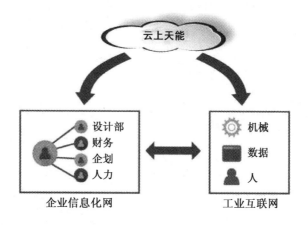

图 4.4 "两网一云"概念结构图

网一云"数字化战略还是有一些不足之处。

(1)信息化和数字化认识不清晰

天能集团在"两网一云"数字化战略当中仅仅是提到这两张网在天能集团中发挥的作用,使企业更好地实现信息和资源的共享,但并没有完全分清楚这两张网在整个数字化建设中所具有的地位和两者之间的关系,也没有分清楚信息化和数字化在企业运营中所具有的地位。这导致企业很有可能会发生无法分清是采用信息化来推动企业发展,还是用数字化来推动企业发展的情况。企业因此陷入一个迷茫的状态,无法将企业内部的"管道"打通。这样企业在面对较为巨大的项目任务时,可能会发生项目流程混乱和产品把控不严格的问题。

(2)用户和公司关系不明确

用户是每一个企业都必不可少的资源。企业需要通过客户的增加来不断地发展和壮大。而在"两网一云"数字化战略当中并没有明确提到客户群体在企业当中的作用,也没有将用户群体和企业的产品进行有效的链接,这可能会导致企业在面对用户群体时没有一个有效的应对方式。用户也会因为与企业产品之间缺乏有效的链接,而对公司产品产生质疑,从而不去选择公司的产品,最终可能会导致客户流失。

(3)核心产业与新兴业务发展不匹配

由于天能集团大力开展数字化建设会让公司开发出更多的新兴业务,而新兴业务与核心业务的融合也成了面临的挑战。新兴产业主要以数字化为中心来进行衍生,而集团的核心产业却是以电池为主。如果新兴业务和核心业务无法进行完美地融合,将会导致核心业务不适应新的战略愿景,而新兴业务也只适应企业原有的发展模式,从而发生新兴业务被排异的现象,使公司无法在数字化建设之下有一个稳健的发展。

2."一云三平台"模式

(1)"一云三平台"的基本结构

天能集团通过企业的信息化,建立了一个强大的共享平台,使公司所有部门的数据可以得到有效的共享和利用,极大地推动了数字化的建设。而且在公司产品生产方面,信息化使产品的数据更加透明化和标准化,并且极大地减少了人力的浪费,使公司可以全身心投入对数字化建设的研究和挖掘,使企业发展得更加壮大。同时企业将数字化作为企业愿景和宏观调控的手段,以信息化为基础,使天能集团的愿景得以实现,成为企业发展的驱动力。在这一强大的愿景之下,天能集团提出了"一云三平台"数字化战略。

"云"相当于大规模的信息或数据处理系统,将所有的数据和资源放入"云"中就可以形成一个共享平台,使不同事物之间相互联系和共通。在这个共享平台中,信息化的覆盖和业务流程的标准化起到了非常重要的作用。

天能集团就是通过对"云"的利用和开发,打造了属于天能集团的共享平台。这一平台使天能集团中财务、人事、IT、法务、采购这五个部分可以逐渐信息化并且更好地相互融合,以此使五个部门更为有效地运作,为天能集团开展数字化建设打下基础。而对于天能集团的共享平台来说,最核心的两个部分即资源的集约化和流程的标准化。

资源集约化是指当共享平台建立起来,其中所有数据都是集中的,需要统一处理。以天能集团的财务部门为例。在天能集团还未采用数字化建设战略愿景时,公司专门配有两个财务人员去负责公司整体的财务部分,这对于财务部门的人来说是非常大的一个挑战,因为必须利用仅有的人力物力将公司整体财务的运作情况整理清楚。但是在采用资源集约化之后,这些财务情况可以直接被数据化,通过扫描和OCR管理发布到共享平台上面,打通数据孤岛,让公司员工可以直接进行查看,不需在整理和计算公司财务这一方面耗费更多的人力,甚至还可以将多出来的人员投入到其他部门发挥作用,极大地提升了人力资源的共享能力。

流程标准化是指每一件事情都有一个具体规定好的流程系统,这样可以减少人力资源的浪费,使人力资源共享达到高效。以天能集团的生产流程为例。天能集团的产品生产有一套专门的流程系统,每一台工作机器都按照标准化流程进行产品生产。这样的好处就在于如果有产品出现问题,公司可以立刻发现问题并且进行修改,这比起人为进行的产品生产更具专业性。除此以外,对于其他部门来说,流程标准化更加具有透明性,公司内外部可以更好地观察公司各部门的运作方式,让客户对产品更加放心,让领导对公司更加放心,让公司可以更好地发展。

"云上天能"的出现可以帮助天能集团更好地将公司规范化,使公司减少在各项业务流程之间的管理,也可以更加全面地把控公司整体运作状态,把公司的一手资料掌握在手里。由于"云上天能"的存在,业务流程的速度也极大地提升。天能集团的负责人表示,因为共享平台的出现,天能集团门店的销售数据可以快速做到"秒结",并汇总到营销数据平台上面去。因为"云上天能"的存在,公司的人力资源共享程度变高,浪费率变低,企业整体效率也变得更加高了。

(2)"一云三平台"的出现

为了解决数字化环境下的客户管理问题,天能集团对"两网一云"进行了战略升级,维持原本数字化天能的愿景与理念,推出了以客户为中心实现企业全面数字驱动的全价值链运营为愿景的"一云三平台"数字化战略。换句话说,就是将用户生态圈运营平台和工业互联网平台相互结合,从而达成一个基于数字化的企业智能制造平台,通过"云上天能"达到资源共享,成为国际领先的绿色能源解决方案供应商。

"一云三平台"的出现帮助天能集团打破了"两网一云"的局限,让天能集团可以更为注重用户、信息化和数字化建设以及业务发展的问题。对于用户来说,用户生态圈运营平台可以使天能集团的用户更加快速地实现交互、交易、交付三者之间的流程,让用户可以第一时间看到产品的情况,做到透明化处理,让客户满意和放心;对于信息化和数字化的关系来说,"一云三平台"明确地表明了信息化作为基础,数字化作为驱动力,两者相辅相成。在数字化建设的驱动下,天能集团开设了属于自己的共享中心;对于天能集团的业务来说,公司取其精华,去其糟粕,将核心业务发展的模式保留下来,然后运用到新兴业务上,并且利用信息化分析的方式,做到核心业务的保持和衍生,以及新兴业务的发展和契合。有了"一云三平台"的突破和创新,天能集团距离实现数字化建设的愿景越来越近。

①用户生态圈运营平台

为了使用户也可以享受到数字化带来的便捷和舒适,天能集团在建设数字化战略时,采用物联网技术使用户和集团之间可以达到交互、交易、交付三者之间的融合。用户可以直接在线上和线下快速便捷地购买物品,并且还有专门的服务部门,可以随时随地地为客户进行解答。用户在购买产品的时候可以实时看到产品的性能情况,这样他们可以有选择性地购买产品。如果产品发生问题,用户和天能集团也能及时查看到问题出现在哪里,并且可以及时对产品进行维修,而维修和保障检测这些流程都是透明化的。这种透明化处理让用户可以更加安心地去购买天能集团的产品,也能使天能集团和用户之间达到平衡,促成协调有效的和谐发展。

对于天能集团来说用户生态圈运营平台的发展可以更为充分地把握客户群体,做到以小带大,用旧用户带动新用户,充分发挥信息化为天能集团和用户所带来的便利,让用户对天能集团的产品更加放心,也会更多地去选择天能集团作为新能源提供商。总之,用户生态圈运营平台的建设可以增加天能集团的用户黏性,使天能集团走向绿色新能源的供应商的领先者。

②工业物联网平台

工业物联网平台主要是针对产品生产管理和后续服务等问题推出的,该平台通过信息化和数字化运用使产品的远程服务、故障检测、维护可以得到及时有效的保障和解决。

首先是产品生产管理。天能集团为了使绿色能源生产能更有效地发挥作用,通过运用信息化和数字化打造了一个产品大数据平台。该平台将产品生产过程统一采用机械机器来进行生产和制造,并且通过信息化设备将每一个产品的具体情况实时发布到大数据平台,将产品的质量检测、故障问题及时地在大数据平台中呈现。当员工发现数据平台有故障显示,就会及时派人去故障出现的位置,进行修改和精化,等修整结束之后,数据平台就会自动变成绿色。

其次是产品的后期维护。由于有大数据平台和共享平台的支持,天能集团对产品的后期维护和检测也采用较为优质的方式。当一位用户在购买完产品之后,公司系统会自动将这一产品的具体信息发布到检测人员的手上,检测人员可以及时查看产品的性能和电池的情况。如果发生产品性能下降和电源不稳定等问题,公司就会及时派遣专门的维修人员进行维修;当产品情况严重时,则会专门将产品送回到车间进行整改和维修,以防止产品因性能发生问题而带来不利的影响。

工业物联网平台的发展极大地减少了天能集团产品生产流程的管理,因为共享平台的出现,生产模式变得流程化,再加上智能机器的替代,生产流程逐渐变得可以控制,甚至于不需要人为操作,只需要进行产品成果的检查,大大减少了员工因为产品生产问题而引发的职业病。在出现产品问题时,管理人员也可以更加快速地发现哪一个步骤发生了错误并且及时去改正,不需要再耗费大量的人力从头进行产品的检查,降低了企业人力资源的耗费率,也能使天能集团的产品研发人员可以更加专心地投入到产品的研发和升级之中,使天能集团可以创造出更多绿色新能源产品,成为绿色新能源系统的供应商。

③以企业数字化为核心的企业制造平台

天能集团秉持企业数字化这一愿景,将数字化建设作为宏观调控的手段。在"云上天能"、用户生态圈运用平台、工业互联网平台三个平台的运作之下,天能集团逐渐成为数字化统一体,实现数字化营销、数字化研发、数字化集成供应链、数字化制造、数字化物流、数字化服务、数字化人力。不仅如此,还使公司可以实现绿色出行产品及服务解决方案和绿色能源管理及服务方案两大方案,进而使天能集团做全球领先的绿色能源系统方案解决商。

以企业数字化为核心的企业制造平台这一愿景的树立,使天能集团可以全身心地投入到数字化建设之中,不断地探索信息化、数字化之间的联系和变化,不仅让天能集团在数字化建设的道路上有无限的发展可能,也使天能集团所有员工可以心无旁骛地投入到数字化建设的实施中,最终使天能集团作为全球领先者的绿色新能源系统的供应商这一目标成为现实。

"一云三平台"的出现可以使天能集团提高生产率,减少原有模式所带来的运营成本,花更多的精力去研发绿色能源,为企业带来全新的商业机会,创造新的价值链,最终将天能集团打造成一个数字化企业(见图4.5)。

信息化代表了信息技术的高度应用及信息资源的高度共享,从而使得人的智能潜力以及社会物质资源潜力得以充分发挥,使得个人行为、组织决策和社会运行趋于合理化的理想状态。同时信息化也使 IT 产业发展与 IT 在社会经济各部门扩散的基础之上,不断运用 IT 改造传统的经济、社会结构,从而通往如前所述的理想

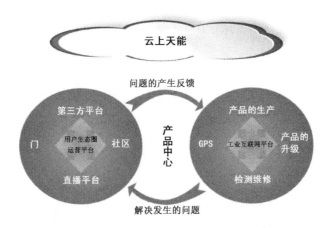

图4.5 "一云三平台"概念结构图

状态。随着计算机技术、网络技术和通信技术的进一步发展和应用,企业信息化已成为品牌实现可持续发展和提高市场竞争力的重要保障。信息化建设包括企业规模,企业在电话通信、网站、电子商务方面的投入情况,在客户资源管理、质量管理体系方面的建设成就等。信息化建设是品牌生产、销售、服务各环节的核心支撑平台,并随着信息技术在企业中应用的不断深入显得越来越重要,未来甚至许多企业就是只依靠信息化建设而生存。将许多复杂多变的信息转变为可以度量的数字、数据,再以这些数字、数据建立起适当的数字化模型,把它们转变为一系列二进制代码,引入计算机内部,进行统一处理,这就是数字化的基本过程。数字化的基础就是将企业信息化。数字化和信息化是相辅相成、相互作用的。信息化作为基础,打通了整个公司的运作,形成了一个强大的共享平台,让企业可以一步一步实现数字化转变。而数字化成为驱动力,使企业为了达成这一愿景而不断地探索和发展,最终得以实现企业的最高愿景。

(三)天能数字化创新路径分析

1. 管理模式创新

传统管理给天能集团带来了便利,也带来了局限。在企业的前期,传统的管理方式是有利于公司发展的,但是随着时代的变化,信息化、数字化成为潮流,传统管理模式也不再适用于企业现在的发展。而此时天能集团快速打破了传统模式给企业带来的僵局,改变了企业的管理模式,开拓和挖掘信息化管理模式和数字化管理模式,研发出属于自己的信息化和数字化相结合的新型管理模式(见图4.6)。

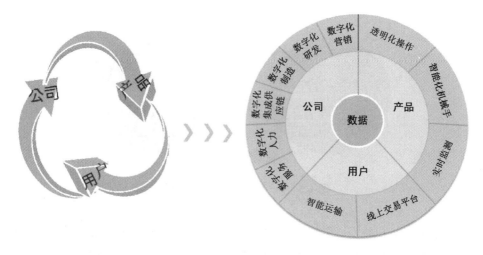

图 4.6 管理模式创新思路

天能集团将信息化管理作为公司发展的基础,将公司内外部数据打通,形成一个属于天能集团自己的资源数据共享平台,为天能集团在绿色新能源生产发展、用户发展以及公司整体的数字化建设奠定了牢固的基础。为了快速适应数字化建设,天能集团才会发现信息化管理在数字化管理中起到的作用,才会萌生一个全新的想法,将信息化管理作为地基、数字化管理作为驱动力,大力发展天能集团的数字化建设,使天能集团成为一个以企业数字化为核心的智能制造平台。

在信息化管理和数字化管理的创新之中,企业都会遇到无法将企业整体内部数据的贯通性打破的问题。虽然采用了信息化技术,但是却没有重视信息化、数字化发展之下,企业应该要有什么样的准备去适应信息化和数字化一起带来的冲击。天能集团却能打破这一僵局,把眼界拓展到整个企业的发展,它们不仅仅局限于公司的内部管理模式的改变,而是力求公司整体的改变。在这一诉求之下,天能集团打造了属于自己的信息化和数字化相结合的管理模式。天能集团将信息化作为打通企业内部数据的工具和企业数字化的基础,把数字化管理作为天能集团宏观调控的管理方式,成功打造成属于自己的"一云三平台"数字化战略。

"一云"即"云上天能","两个平台"即用户生态圈运用平台和工业互联网平台,采用信息化管理模式,将"云上天能"打造为天能集团自己的共享中心。共享中心将企业内部每个部门的数据和信息打通,让企业可以更好地调控整个公司的运作状态。通过资源集约化使数据可以被统一处理和解决,不需要耗费多余的人力和其他资源,让公司可以更加集中于产品的创新研发,相关部门得到深入挖掘和发展。通过流程标准化让天能集团每一个部门和项目的流程变得更加透明,让公司可以更好地管理整个流程。因为有"云上天能"的支持,用户生态圈运用平台和工业互联网平台在信息化管理的作用之下,使天能集团产品生产流程和后期用户服务变得透明化。用户可以直接了解产品的具体性能,而天能集团内部人员则可以了解整个产品的具体情况,一旦出现危险问题就会立刻进行故障检测和修补,使用户和公司之间达到无隔绝、透明化的契合,也为天能集团的整体管理带来了便利。因为有标准的约束,每一件事情都不再过多地受到人为的控制,而是受到了客观的标准的限制。因为有信息化管理的约束,天能集团整体的数字化管理才能得以实现,才能使所有部门变得数字化,让天能集团管理者对公司的整体发展有一个宏观的管理和调控,极大地减少管理人员管理公司所带来的精力和时间的浪费,也使天能集团可以达到人力资源的不浪费和共享,使天能集团逐步成为数字化战略的领先者。

2. 物联网模式创新

天能集团为了抓住用户这一群体,首先采用将大数据和物联网结合的方式,让生产基地的大数据平台中的产品信息发布到用户购买平台上,把产品的性能和功能发布到用户生态圈运营平台上,让用户在购买的时候可以第一时间看到产品的具体情况,按照自己的意愿去购买产品。其次是利用区块链和物联网的结合,让天能集团可以实时追踪和检测卖出去的产品的去向和情况,甚至还可以及时追查是哪位用户购买了产品。如果产品出现了性能和电源不稳定的问题,天能集团能及时察觉到这一问题并且立刻寻找专业人员对产品进行性能的检测和修改,或者直接与用户联系,让用户将产品送回到生产基地进行修改和完善。而大数据作为天能集团"一云三平台"战略中工业互联网平台最为核心的一部分,将工业互联网和物联网结合在了一起。由于物联网和大数据、区块链和工业互联网的应用,使天能集团将大数据、区块链、工业互联网平台和物联网四个部分结合起来,让用户和天能集团以及天能集团的产品之间建立起一个心理契合点,使用户更加相信天能集团的能力,并且愿意去购买天能集团的产品,这也让天能集团拥有更加强大的产品大数据平台(见图4.7)。

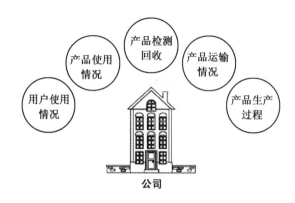

图 4.7 物联网模式创新思路(公司)

对于用户来说,物联网管理的创新可以解决目前社会中信息不对称的问题,将用户和公司之间沟通的桥梁打通,让用户可以随时随地关注到自己购买的产品的问题,也让公司可以快速有效地对产品有一个实时的把控和监测,使用户对天能集团的产品更加放心。对于天能集团来说,物联网管理的创新使天能集团的客户黏性越来越强,天能集团的效益也越来越高。这样也为后续天能集团研发新的绿色能源产品建立起稳健的基础,并为发展成为全球领先绿色新能源解决方案的供应商打下了坚实的基础(见图4.8)。

图 4.8 物联网模式创新思路(用户)

3. 工业生产模式创新

传统工业生产模式所带来的人力资源的浪费和产品的偷工减料在信息化工业生产模式之下可以得到解决。信息化工业生产模式将天能集团的产品生产流程标准化,使天能集团生产流程变得更为透明化,也可以更好地加以管理。通过统一采用机械手代替人工手,减少员工在进行产品生产时而引发的身体健康的问题,还可以减少员工因为操作的不规范而产生的产品质量问题。由于有标准的存在,天能集团在生产产品时,可以随时随地检测到产品生产中出现的问题,并且直接派专门的管理人员去进行检查和修改,再加上信息化处理的数据平台,不需要到生产车间里面就可以知道问题出在哪里。这样管理人员就可以更加快速地做出反应并去面对产品生产问题和后续管理问题(见图4.9)。

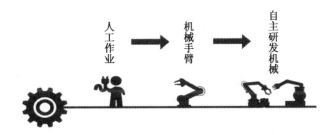

图4.9 工业模式创新过程

但是目前信息化工业生产模式只是在产品生产过程中实现,在产品生产结束之后的质量检测还没有完全普及信息化,需要人工进行检查。天能集团也表示,在目前虽然没有涉及产品成果的检测,但是已经在往这一方面努力,后续会开发出专门的信息化产品成果检测的方式,并且还会再进行信息化升级,将5G技术投入到产品生产基地中。

4. 商业模式创新

数字化发展趋势之下,天能集团通过"一云三平台"数字化战略实施开阔了眼界,将绿色能源无限延伸,变成绿色能源解决方案的供应商。通过数字化发展带来的数据共通和精准分析,天能集团将自己的绿色能源发展模式和方法应用于其他需要发展绿色能源的地方,并且自己还可以进行实时的监控和调整。再加上数字化发展带来的快速和效率,天能集团可以更全面地去深入挖掘和分析绿色能源。

因此,天能集团改变了原先的单一电池供应商的商业模式,通过数字化和绿色化相结合的理念,提出绿色能源解决方案供应商的商业模式(见图 4.10)。天能集团为用户提供的不再是一小块电池,而是一个系统较为全面的能源解决方案。从消费者角度来说,天能集团会更加专注于绿色出行这一角度,为用户研发出更为优质的绿色发电模式;从商业角度来说,天能集团会和一些地区政府合作,给他们提供发电站的解决方案。

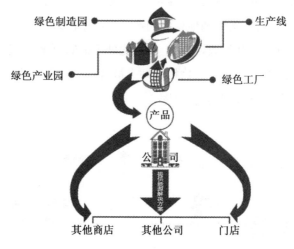

图 4.10 商业模式创新过程

三、案例总结和启示

(一)重视用户生态圈建设

关于用户生态圈建设的问题,我们越来越重视企业与顾客之间交互的重要性。交易和交付的核心竞争力在于实现企业和消费者之间的信任关系,这就启示着广大企业要注重建设用户生态圈的问题,要把顾客变用户,打造用户驱动下的生态圈。除了关注用户增长的问题之外,更要实现把过去的顾客变成真正的用户,再变成终身用户这样一个质的变化。这就需要企业创建开放的生态,实现大规模定制,将用户参与的体验迭代至定制引领,这是线上和线下、现实和虚拟的高度融合。当然要做到这一点,需要我们依靠更强大的物联网技术和平台,实施智慧共建。

（二）加强内部资源的整合

到目前为止，从工业发展的角度来说，实现工业互联网真正落地的企业并不多，而工业互联网的落地重点在于智能制造。企业需要寻找自己在新形势下的经济增长点，有了经济增长点就有了新的动能，而这些都来自新技术、新产业、新业态和新模式的成长，同时也来自对企业传统经济增长模式的改造升级。要按照市场现在和未来发展趋势的要求，在现代产业体系建设的过程中加快提升自己的核心竞争力。要抓住计算机技术由先导性技术转变为普遍适用技术的契机，在企业生产经营工作中促进互联网、大数据、云计算、人工智能的深度融合。要积极迎合共享经济、数字经济、现代供应链等新业态和新模式，迅速找到企业能够接入新模式的结合点或环节。在这一基础上，我们需要大力鼓励企业依托工业互联网平台加快组织管理变革，发挥平台的赋能赋智作用，推动组织网络化、管理扁平化，构建"责权利"统一的组织管理体系；创新利益分配和协同管理机制，打破企业组织边界，探索构建资源共享、价值共创、风险共担的创新生态；强化设备、网络、控制、应用和数据的安全保障能力，实现对工业生产系统和商业系统的全方位保护；通过工业互联网平台存储并计算数据，同时挖掘有利用价值的数据进行分析整合，而后经过上层人、电脑的决策优化产业的薄弱环节，实现效率和生产力的提升，从而提高企业成本优势和核心竞争力。

（三）坚持企业的两化融合

两化融合是信息化和工业化的高层次的深度结合，是指以信息化带动工业化、以工业化促进信息化，走新型工业化道路；两化融合的核心就是信息化支撑，追求可持续发展模式。两化融合管理体系为企业在信息化条件下做好综合管理体系的顶层设计提供了一个总体框架，可以帮助企业在信息化环境下不断优化原有的管理体系，并赋予它们信息化时代新的特征，促进不同体系深层次的融合，从而全面提升企业的现代化管理水平。两化融合通过信息技术与工业要素相关的集成和渗透，逐渐形成软硬一体化的工业装备，目标是提高工业能力和锤炼工业素质。通过集成、协同和能力建设，形成企业的创新设计平台、现代管理平台、快速响应的制造平台和综合集成的平台，真正构建起新型工业能力。只有形成了这样的工业体系和工业能力,才能充分保证现代工业的发展。

案例思考题

1. 传统行业进行数字化转型的关键是什么?

2. 企业进行数字化转型的条件是什么?

3. 结合案例说明数字化转型对传统制造业有何意义?

案例五

婺州染坊

一、相关理论

（一）精益一体化战略

精益一体化战略（Lean Integration Strategy）是以企业全价值链为改进方向，突出企业全部门产生价值功能，以企业整体经营效果的变化为依据，反映企业综合改善实力，并以战略方针、目标引领和战略实践课题为导向的精益全系统管理模式。

精益意味着速度和快速响应。快速响应与敏捷是企业成功的关键，而精益的思想和方法是加速企业全价值运行的最有效方式。精益一体化包括周期短、多样化、效率高和质量好等方面的精益研发、精益价值链、精益制造和精益营销。在精益研发过程中企业需要培养出自律、自觉和自发的精益研发团队，制造精益产品，制定严谨的研发计划，建立柔性的研发流程和定义顾客的人群与价值。精益价值链需要达到快速反应、优化品质、降低成本和准时交付，满足顾客所需的产品在正确的时间内、按照正确的数量、正确的质量和正确的状态送到正确的地点，并使成本达到最佳化。在精益制造方面需要根据机制的变革，弹性地适应需求变化，并减少各个环节上的浪费。最后一项精益营销即为优化销售过程,建立快速响应精益的销售模式,第一时间发掘客户需求,明确购买意向,签单交付回款,不断改善客户体验和获取客户的最高满意度。经营改善模式下的精益一体化战略主要通过精益研发、精益制造和精益营销三个方面体现。

1. 精益研发

精益研发是一种以精益为目标的研发方法,它通过精准定位目标群体,根据市场变动灵活反应,对人才的深度培养和根据潮流热点积极创新等方式实现产品质量跨越式提升。在复杂产品的研发中,如何满足客户最关注的产品功能和性能指标是一项复杂的系统工程。在精益研发技术产生之前,产品的功能和性能指标等各种质量数据是分散在各个系统之中的,在设计任务下达以后,产品的总设计师很难动态掌握各分系统及零部件的设计对整体功能和性能指标的满足及影响程度。但通过精益研发的方式可以把目标产品的各项因素系统、清晰、稳定、动态、完整地掌握在设计者手里,让产品的质量与可靠性有了系统的保障,让产品创新有了质的飞跃和效率的提升。

2. 精益制造

精益制造包含及时响应(Just-in-Time,JIT)、约束理论(Theory of Constraints,TOC)、精益生产及敏捷制造等概念。精益制造主要专注于客户的增值项目上,减少生产的废弃物以及提倡不断改进生产过程的方法。精益制造的重点是员工也可以参与其中。员工可以在生产过程中提出意见,以改善制造的过程,这有助于提高员工的积极性及生产效率。精益制造的前提是形成一套完备的精准一体化生产链,再通过技术革新减少不合格的产品返工现象、提高劳动利用率等方式简化生产流程,最终通过与 JIT 生产方式的融合实现精益制造。

3. 精益营销

精益营销以占有有效市场为目标,采用细分市场、聚焦、速度等策略建立根据地市场和战略性区域市场,提高营销的战略管理能力,对战略性市场进行有效规划,依据市场规划进行营销资源的合理配置和安排,对战略性区域市场进行精耕细作。

(二)供应链一体化

供应链一体化(Supply Chain Integration)是指通过前馈的信息流和反馈的物

流及信息流,将供应商、制造商、分销商、零售商直到终端顾客连成一个整体的管理模式,是核心企业将供应商、生产商、销售商和终端顾客作为战略联盟而联结起来的一种"横向一体化"的集成管理战略。在供应链一体化的构成要素中,核心企业、供应商伙伴关系、顾客关系是核心三要素,供应链结构、产品设计与制造、物流管理、营销渠道、信息技术和决策支持系统则是围绕核心三要素展开的供应链运行的必要条件。

供应链一体化的基础是伙伴关系和顾客关系。供应商合作伙伴关系可以使供应商与本企业双赢,获得如下优势:其一,增加产品价值;其二,改善营销进程;其三,强化运作管理;其四,降低资本成本,提高资本收益;其五,提高顾客价值。顾客价值是顾客关系管理的核心问题,它驱动供应链的改变和改善。一方面,通过完善顾客服务,提高顾客价值来提高核心竞争力是企业的内在追求;另一方面,顾客需求和市场竞争的压力也迫使企业不遗余力地去争取顾客、维持顾客,提高顾客价值。要做到这些,供应链必须能够适应顾客关系的变化而调整。

供应链一体化以企业的核心竞争力为核心。企业的核心竞争力主要具备以下几个特征:价值优性、异质性、不可仿制性、不可交易性和难以替代性。如今激烈的市场竞争使任何一个企业都不可能具有全面的核心资源,它们只能以联盟整体的力量与其他竞争企业抗衡,以维护企业的共同利益。企业间的互相协作、互相服务使得价值链(供应链)中的企业创造核心价值、掌控比竞争对手更具有竞争力的关键业务,对于非核心业务则通过供应链上的资源高效配置来快速响应需求从而赢得市场先机,这也是供应链一体化理论目前被企业广泛应用的原因。

二、案例分析

(一)婺州染坊简介

1. 企业介绍及文化理念

金华市婺州染坊采取中国传统特色的手工染色技术。它拥有专业的扎染团队,专门的染料种植基地和先进的扎染技术——板蓝根和中药配置染料,以及线上线下多种销售渠道。婺州染坊采用现代的信息化经营管理模式,设置了从染料提取、扎染、裁剪、缝纫到刺绣全套工艺的展示和体验。其产品主要以草、木、花、果、根等植物材料为主要原料。公司秉承为消费者提供健康安全的产品,加快乡村现代化发展步伐。

扎染悠久的历史背景决定了它丰富的文化底蕴,现今婺州扎染已经申遗成功,主要代表的是传统文化的传承。其中,婺州染坊项目将传统技艺与现代潮流两种文化相融合,不仅提高了自身文化软实力的竞争力,同时也提升了扎染文化的融合力及吸引力(见图5.1)。

图 5.1　婺州染坊文化艺术

公司以"助推乡村振兴可持续发展"为使命,遵循"禾木之所,和合而居"的核心价值观,倡导"以文化为灵魂,以体验为支撑,以产业促发展"的经营理念,围绕非遗产业化这一主线,融合非遗与生态农业、乡村旅游、乡土文化、传统教育、健康养生等多种业态,为乡村文旅融合发展提供卓有成效的解决方案和配套服务。

随着国家对非遗文化的保护与支持政策日益完善,人们对非遗文化的热情也日益高涨,婺州染坊项目应运而生。天然健康的产品迎合了现代人追求健康、向往自然的心理愿望,同时也符合人们对传统扎染文化不断了解、吸收与发展的文化购买意识需求,对热衷中华民族文化的中外消费者来说则更具吸引力。与此同时,婺州染坊的成立与发展也是对婺州地方特色文化的弘扬与发展。婺州染坊成立之初,便秉持"传统的高贵感,舒适的体验感,健康的责任感"三大原则,研发了床上四件套、茶席、抱枕、书皮、扇子、香包等现代生活中的家饰产品。婺州染坊将以"舒适""健康"为代名词的日常用品引入人们的视野,与崔氏扎染技巧一起,带给现代人健康、传统又不失高贵的生活感。

2. 企业产品及其特色

婺州染坊的代表性产品及其特色罗列如下(见表 5.1)。

表 5.1　　　　　　　　　　　**企业代表性产品及其特色**

类别	产　品	介　绍
精美服饰系列	民国记忆——长衫 	蓝染长衫采用板蓝根纯植物染料,手工制作而成。棉质内衬,麻料外衣,挺拔又轻便,穿上后站如松、行如风,复古且不失前卫
	蓝染运动袜 	纯棉布料,能够完美地吸收脚汗;板蓝根染料,能够有效地预防脚臭;袜子有两处弹性松紧,能更好地贴合脚部,而不紧绷
	文艺围巾 	材质分别有纯棉、丝绵、羊绒、真丝。淡调的颜色,简单而显得高贵,凸显出时代的美感;不同的材质带来不同的美好体验,保暖而又富有美感;淡雅装饰,惬意人心,便是传统的时尚之魂
美丽箱包系列	蓝染口金包 	普通款:27×24×8 厘米 迷你款:25×15×7 厘米 　　手提把为细竹手工折弯,天然环保。拥有古铜色口金,与复古扎染相得益彰。口金设计令开合方式更为方便,内藏有里袋,便于收纳分类

类别	产　品	介　绍
美丽箱包系列	蓝染单肩包 	用扎染方法制作纹路,有山、水、草、木等不同形状,自然和谐,清新文雅
	蓝染手腕包 	包带一长一短的设计让手腕包不必锁扣,不用安装拉链就能轻松防止物品掉出。棉麻腕带较宽,方便锁住手腕,让包不易掉落,帮助用户的手与肩膀都得到空闲
优雅床品	蓝染家庭抱枕 	尺寸:50×50 厘米 　　内里填充棉絮,手感柔软,花纹淡雅清新,是居家必备良品

类别	产　品	介　绍
实用创作系列	防尘口罩 	扎染板蓝根艾叶口罩外层采用纯植物染料板蓝根制成,经过与自植艾叶混合水煮之后的内里绸缎,带着植物草本的清香,同时在一定程度上可以增强抵抗力。口罩可更换滤片,可永久使用,能够有效隔离烟尘尾气,绸缎面料透气亲肤,减少佩戴不适感 　　口罩有五行刺绣(金、木、水、火、土),以及纯扎染渐变、纯色及云染几种款式
	五星香包 	福禄寿喜财五星共贺香囊,纯植物板蓝根染料扎染布料,纯手工刺绣,针针匠心创造的祝福字体封号,内里包裹自植的艾叶薰衣草,前者驱蚊辟邪,后者安神助眠,以美好的祈愿融合大自然淳朴的气息,是带给亲人、朋友的绝佳礼品

类别	产　品	介　绍
实用创作系列	祝福香囊 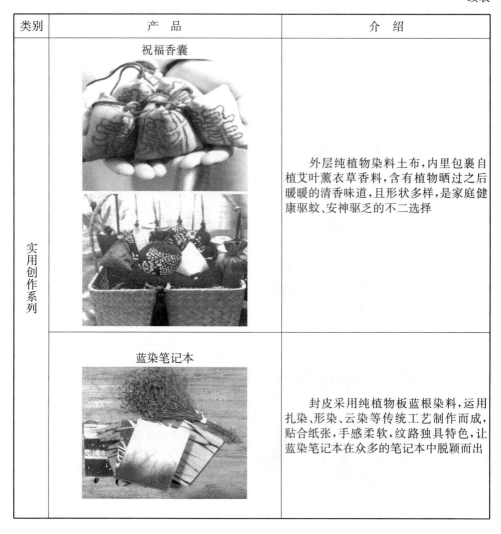	外层纯植物染料土布,内里包裹自植艾叶薰衣草香料,含有植物晒过之后暖暖的清香味道,且形状多样,是家庭健康驱蚊、安神驱乏的不二选择
	蓝染笔记本	封皮采用纯植物板蓝根染料,运用扎染、形染、云染等传统工艺制作而成,贴合纸张,手感柔软,纹路独具特色,让蓝染笔记本在众多的笔记本中脱颖而出

　　以上系列产品品质保证,每一件产品都将非遗与现代需求、现实生活相结合,倾注了制作人的心血;每一件产品都独具匠心,既美观又实用。除此之外,婺州染坊还提供产品定制服务,以此来满足顾客需求,打造高端产品。

(二)婺州染坊在精益一体化模式下的经营改善活动

1. 基于精益一体化的研发

婺州染坊的目标客户群体面向婴儿、青少年、中老年等,合作客户包括事业性单位及酒店民宿、艺术馆等。染坊主要售卖的产品包括肚兜等母婴产品、含有煮过的艾叶作为隔芯的书本及各种特色的生活产品、摆件挂饰。

(1)把握群体,精准定位

市场细分是指营销者通过市场调研,依据消费者的需要和欲望、购买行为和购买习惯等方面的差异,把某一产品的市场整体划分为若干消费者群的市场分类过程。每一个消费者群就是一个细分市场,每一个细分市场都是具有类似需求倾向的消费者构成的群体。

①市场细分(S)

所谓市场细分,就是企业根据市场需求的多样性和购买行为的差异性,把整体市场划分为若干个具有某种相似特征的顾客群,以便选择确定自己的目标市场。经过市场细分的子市场之间的消费者具有较为明显的差异性,而在同一子市场之内的消费者则具有相对的类似性。因此,市场细分是一个同中求异、异中求同的过程。

婺州染坊在染织产品方面,根据不同年龄阶段对于产品的不同需求,将其分为老年群体产品和青少年群体产品。老年群体更偏向于购买床上四件套以及香囊等实用性较高的物件,而年轻群体更偏好于定制汉服以及笔记本等艺术性较高的产品。

个人与企业方面的商品需求也是不同的,个人购买主要是为了满足使用及收藏等用途,而企业购买主要是二次销售或通过产品达到宣传的目的。因此个人会选择艺术性较高的产品,与青少年群体的目标选择类似,同时与之相同的还有出口商品等。企业一般采购成本较低的产品。

②目标市场(T)

在市场细分的基础上,企业根据自身优势,从细分市场中选择一个或若干个子市场作为自己的目标市场,并针对目标市场的特点展开营销活动,以期在满足顾客需求的同时获取更大的利润。染坊将市场细分为几大群体,根据群体的不同,推出不同的商品和服务,并对其进行不同理念的宣传。对于青少年群体和出口业务,着重宣传扎染的艺术性,并根据其对于网络通信技术的发展较为敏感的特点,加大在网络店铺上的营销,且将定制服务这一方面设定得较为详细。对于老年群体,则加大在线下市场的投入,将扎染棉被等实用养生类产品投入线下市场。对于企业客户,则主要是与有需求的企业形成长久的合作,提供商品的持续输出。在服务方面,将文化传播作为卖点与学校进行合作,对于游客则主要展示其艺术性。

③市场定位(P)

所谓市场定位,是指企业在选定的目标市场上,根据自身的优劣势和竞争对手的情况,为该企业产品确定一个位置,树立一个鲜明的形象,以实现企业既定的营销目标。婺州染坊对不同的市场进行不同的市场定位,进行差别化输出,对于需求量较大的企业输出中低端产品,如手帕等小物件。而在个人客户以及出口方面,始终将定位瞄准中高端市场,主要提供定制服务以及床上四件套,且销售理念以养生健康为主。染坊将市场与化学染料的市场错开,避免迎头直上的错误。

(2)针对市场,快速反应

面对市场变动,企业能够迅速做出调整,在最快的时间内修改出最合理的方案,是一个企业能够壮大发展的关键。婺州染坊能从产品和价格两个方面对市场变动进行应对调整,做出最佳的方案,从而使得自己的利益最大化(见图5.2)。

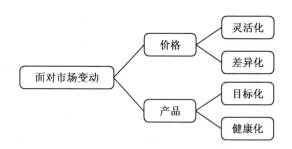

图5.2 产品面对市场的反应

①产品迅速调整

在产品方面,婺州染坊根据目标市场所区分的不同客户人群,进行不同的商品推广和服务。

②价格灵活变动

在产品价格方面,购买者对婺州染坊内价值不同的产品价格的反应有所不同。对于价值高、经常购买的产品的价格变动较为敏感,所以婺州染坊用在大型扎染艺术品上进行捆绑销售或打折的方式来刺激消费者的购买力。而对于价值低、不经常购买的产品,即使单位价格高,购买者也不大在意。此外,购买者通常更关心购买、使用和产品退换的总费用,因此婺州染坊适量把产品的价格定得比竞争者高,取得较多利润。

在同质产品市场,如果竞争者降价,企业必随之降价,否则企业会失去顾客。某一企业提价,其他企业随之提价(如果提价对整个行业有利),但如有一个企业不提价,最先提价的企业和其他企业将不得不取消提价。

在异质产品市场,购买者不仅考虑产品价格,而且考虑质量、服务、可靠性等因素,因此购买者对较小价格差额无反应或不敏感,则企业对竞争者价格调整的反应有较多自由。

婺州染坊在作出反应时,会先进行分析:竞争者调价的目的是什么? 调价是暂时的,还是长期的? 能否持久? 婺州染坊面临竞争者应权衡的得失包括:是否应作出反应? 如何反应? 另外还必须分析价格的需求弹性,产品成本和销售量之间的关系等复杂问题。

与对手的竞争,不仅仅在于价格竞争,更重要的是产品或服务的认知价值之间的竞争。在定价之前,首先,应将自己的产品或服务的各种要素与竞争对手进行比较,然后才能作出决定。顾客所支付的价格,也并不是仅由产品本身的特点和性能所决定的。在估计自己的产品或服务的价值时,应考虑到如下因素:产品的维修成本;产品或服务的能源消耗;向顾客提供服务的能力;交货时间与速度;产品或企业的声望;企业与顾客之间的关系。

在考虑以上因素后,婺州染坊还秉持人性化定价的原则。作为一款集手工艺与非遗文化于一体的系列产品,定价却是相对亲民,大部分产品的价格在五十元到二百元之间,这是大部分消费者都能接受的价格。

基于以上的产品策略和价格策略,面对市场变动,婺州染坊能够迅速调整,以最佳的解决方案去面对市场变动带来的挑战。

(3)掌控热点,紧跟潮流

抓住市场机遇、紧跟市场潮流一直以来都是企业得以生存和壮大的关键因素。在疫情暴发后,婺州染坊推出了口罩系列产品。该系列产品外层采用纯植物染料板蓝根制成,而经过与自植艾叶混合水煮之后的内里绸缎,带着植物草本的清香,在一定程度上可以增强抵抗力。口罩可更换滤片,可永久使用,能够有效地隔离烟尘、尾气,绸缎面料透气亲肤,减少佩戴不适感。这些口罩一经推出就受到了消费者的欢迎。除此之外,随着现代复古风的盛行,婺州染坊也推出了民国长衫、口金包等一系列复古产品,在精益产品上破陈出新,迎合了市场潮流,为企业带来了很好的盈利。

(4)人才培养,助力研发

在市场竞争中,人才是短缺的。什么是人才?有了文凭不一定就是人才,适应企业发展需要的人才是人才。人才,不仅仅是指技术人才,也包括销售人才、管理人才和优秀的操作工,学科带头人、行业领军人则是更高级的人才,可遇不可求。有些企业依靠引进一个人才,主抓一个产品,主管一项技术,从而创造一个领域,带动一个产业,这就是一个很好的经验。

企业得到人才的最佳方法是靠自己培养,而不是招聘。目前我国很多行业产能严重过剩,大家还在不断上马新项目,设备投资增加了,人才怎么办?只能靠"拿来主义",挖同行企业的墙角。行业对人才的需求是无限的,但是行业内的优秀人才是有限的,远远不能满足需求,企业应该更多地立足自己培养人才。因此,企业应该两条生产线并行:一条是制造人才的生产线,另一条是制造产品的生产线。

企业要大力营造尊重人才、尊重知识、尊重劳动、尊重创造的氛围,形成人才辈出、人尽其才、才尽其用的良好局面。既要确保企业核心人才队伍稳定,也要加强人才梯队建设,为企业的未来培养人才,特别是培养认同企业愿景和价值观的职业化人才。精益一体化人才培养最重要的是快速高效建立起一套适合当今企业发展的人才流程(见图5.3)。

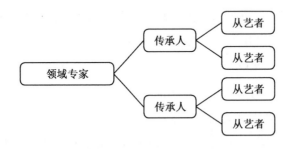

图5.3 精益研发人才流程

①高校联合行动

婺州染坊通过与高校的合作,达成人才培养协议。高校与婺州染坊共建乡创学院、人才培养基地,定向培养文创与扎染人才。经过高校培养的人才会具备更加全面的素质基础与道德水准,与高校的合作也有利于婺州染坊培养企业的人才,增加人才的凝聚力。

②线下体验课程

婺州染坊通过开设线下扎染体验课程来招揽一批对扎染感兴趣且拥有好学勤奋品质的人才,开班定向培养扎染人才,使得对技艺有着一定要求的产品制作能够扩大规模,量化生产。

③激励招聘机制

其一,外部招聘。婺州染坊对于人才的渴望是非常强烈的。婺州染坊通过网络招聘与大学生兼职来进行外部招聘。在互联网发达的现代社会,网络信息传播的速度极快,网络招聘有利于快速地招揽人才,而大学生兼职则有利于给企业带来新想法和新创意。

其二,内部招聘。婺州染坊在内部采用提拔晋升的激励机制,让有能力且实干的员工拥有晋升的机会,此制度公平公正公开,有利于激发员工工作的积极性与工作能力的提升,进一步培养更优秀的人才。但其不足之处是有可能会让员工产生对提拔的员工"不服"的心理,毕竟不是所有人都能做到十全十美的,所以企业也会采取外部内部同时招聘人才的方法(见图5.4)。

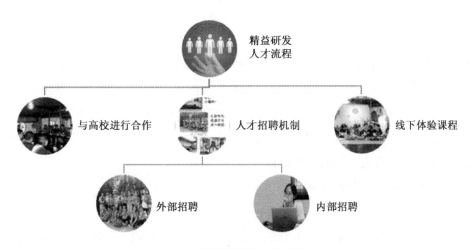

图5.4　婺州染坊人才培养方法

(5)精益研发,创新产品

产品创新可分为全新产品创新和改进产品创新。全新产品创新是指产品用途及其原理有显著的变化。改进产品创新是指在技术原理没有重大变化的情况下,基于市场需要对现有产品所作的功能上的扩展和技术上的改进。全新产品创新的动力机制既有技术推进型,也有需求拉引型。需求拉引型就是企业根据市场需求从而做出产品的创新。

产品创新源于市场需求,源于市场对企业的产品和技术需求。也就是说,技术创新活动以市场需求为出发点,在明确产品技术研究方向的基础上,通过技术创新活动,创造出适合这一需求的适销产品,使市场需求得以满足。在现实的企业中,产品创新总是在技术、需求两维之中,根据本行业、该企业的特点,将市场需求和该企业的技术能力相匹配,寻求风险收益的最佳结合点。产品创新的动力从根本上说是技术推进和需求拉引共同作用的结果。婺州染坊一直将传统工艺与现代潮流作为项目理念,一方面将传统工艺继续传承下去,另一方面将现代新兴的潮流推向市场。由于扎染独特的制造工艺,每一件产品都是独一无二的,可以给予顾客独一无二的扎染体验。

婺州染坊遵循"传统的高贵感、舒适的体验感、健康的责任感"三大原则,旨在给现代人群带来舒适、安心的生活体验。婺州染坊力图将扎染与现代需求结合、将非遗融入生活。纯植物,是其一直以来的方式和底线;健康,是其坚定的原则;舒适,是其永恒的追求。由于扎染技术的独特性,每一件产品都是独一无二的,每一件产品都是专注于客户的绝版。婺州染坊产品的新颖、独特性还在于它恰恰迎合了现代人那种追求天然健康、回归自然的心理愿望,也符合人们对非遗文化认识、了解发展的潜在文化购买意识。随着人们需求的增加,为了使消费者群体更加广泛,婺州染坊打破传统,丰富了现有的产品类型,推出了箱包系列、服饰系列、生活用品系列等多种产品,在原有产品类型上进行精益生产管理,让顾客拥有更全面的选择,让企业拥有更丰富的消费群体类型。

2. 基于精益一体化的制造

(1)精益制作链

所谓"一体化",是指把若干分散的部分联合起来,组成一个统一的经济组织。企业实行一体化经营的方式有纵向一体化和横向一体化两种。婺州染坊制作的扎染产品从原材料的种植到成品的包装已经完成了高度的一体化,且在发展过程中不断精简增益(见图5.5)。

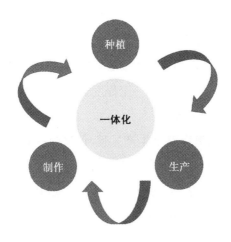

图5.5　精准一体化生产链

（2）原材料种植

婺州染坊拥有自己的种植基地和种植技术，雇请当地精通种植的村民来进行一系列的原材料种植。在培育原材料的过程中不断摸索方法，用更低的成本培育出更优质的原材料。因此其产品制作所需的染料全都是由自产的天然植物所得，自制原材料的策略越过了原材料中间商的环节，只需承担生产费用，一定程度上节约了企业的成本。

（3）染料制作

扎染原材料种植完成后，植物经过采摘、晾晒、研磨等工序，会有专人提炼最终制得所需染料。制作过程中不会产生太多的污染物，绿色环保，所得染料无毒无害，不会对人体健康造成任何伤害。

（4）成品制作

扎染对于技术有一定的要求，婺州染坊聘请了婺州扎染传承人、婺州布衣传承人做技术指导，由从事服装工艺制作三十余年的老师进行产品制作。婺州染坊顺应时代潮流，用古法扎染制作出现代人所喜爱的产品，工艺精美，制作流畅。

（5）精简生产流程

改进生产流程和达到量产化是现今企业追求的方向与未来的重要目标。古技法扎染自身的特性决定了生产流程的烦琐性与复杂性，这也是导致其在短期内难以形成量产局面的重大原因之一。改进生产流程是重要的步骤。

（6）更新技术

现今所有的产业依旧存在产量较低的情况，做出技术更新是必要的。在现代技术的加持之下，相较于传统不变的古技法扎染，有许多技术是可以方便化的。短期内应做到产量跟得上需求量，并在一定程度上做到货物稍有富余的局面。

（7）消除质量检测和返工现象

把"出错保护"的思想贯穿整个生产过程，保证每一种产品只能严格地按照正确的方式加工和制作，从而避免生产流程中可能发生的错误。消除返工现象主要是要减少废品产生，严密注视产生残次品的各种现象（比如设备、工作人员、物料和操作方法等），找出根源，然后彻底解决。

（8）提高劳动利用率

提高劳动利用率包括两个方面，一是提高直接劳动利用率，二是提高间接劳动利用率。

提高直接劳动利用率的关键在于对工人进行交叉培训，使一人能够负责多个项目的操作，使生产线上的工人可以适应生产线上的任何工种。交叉培训赋予了工人极大的灵活性，便于协调处理生产过程中的异常问题。虽然实行难度较大，但是对于非遗文创产品这种灵活度较高的产品来说，给予一定的课程培训，教授基本的生产文化知识，产出批量的多样性人才是可行的。为了培养复合型交叉人力资源，开设定期的扎染工艺流程课程提升现有员工对于工作的熟悉程度，将人才的利用率提升到最大。

间接劳动利用率主要是消除间接劳动。从产品价值链的观点来看，库存、检验、返工等环节所消耗的人力和物力并不能增加产品的价值，因而这些劳动通常被认为是间接劳动。若消除了产品价值链中不能增值的间接活动，那么由这些间接活动引发的间接成本便会显著降低，劳动利用率也相应得以提高，有利于提高直接劳动利用率的措施同样也能提高间接劳动率。

（9）简化生产流程

现今的扎染生产存在生产周期较长，生产程序较为繁杂冗余等缺点，即使经过较长时间的沉淀与改进之后，依旧存在以前的问题。

所以删除冗余程序、合并相似程序是最主要的目标之一。在现代技术的加持之下，全新的设备加持加上现有内核工艺不变，使得现今扎染流程的精简与革新有了较大的可能。在传统扎染产品工艺流程中,由于技术条件的限制,染料布匹的制作都是生产环节中的一部分,而正是这两者大大延长了制作时间。这也是现今扎染产品制作的误区之一。染料的制作并不是卖点之一,所以婺州染坊应删去染料制作周期,自身提供原料,将其作为一个代加工项目外包给其他企业,这样不仅能减少人力物力的使用,并行的流程更能大大减少产品生产的周期。

产品的制作也是导致生产周期较长的原因之一,传统的纯人力手工也应该逐渐被淘汰,机械工艺与人力手工相结合,在保证艺术性的前提之下,将人力制作辅以机械生产二合一,而不是将两者相分离,从而达到一个较平衡的点。

在不断的流程优化中删去与合并现有流程,是保证量产化的重要程序之一。

(10)精确 JIT 生产

JIT 生产方式的基本思想是"只在需要的时候、按需要的量、生产所需的产品",也就是追求一种无库存或库存达到最小的生产系统。JIT 的基本思想是生产的计划和控制及库存的管理。

通过 STP 等多种方法进行市场调研,充分了解消费者心理,做好充分的市场预期规划,从生产初期掐成本,降低库存量,彻底排除浪费,从而使成本得到改善,以此提高利润率,达到经营目的。

保持物质流和信息流在生产中的同步,实现以恰当数量的物料,在恰当的时候进入恰当的地方,生产出恰当质量的产品。这种方法可以减少库存,缩短工时,降低成本,提高生产效率。

生产同步化,工序间不设置仓库,前一工序的加工结束后,使半产品立即转到下一工序,装配线与机械加工几乎平行进行。在生产原料、布料配置等必须成批生产的工序,则尽量通过缩短作业更换时间来缩小生产批量。

婺州染坊得到大量市场真实调研数据以及进行产品定位后,通过精益供应链和敏捷的市场反应,在消费者发出需要信息前,准确地将低端量产的产品进行"约大于"的生产,从而及时提供产品。

3. 基于精益一体化的营销

运用 JIT 思想和方法,优化销售过程,建立快速响应精益销售模式,第一时间挖掘客户需求、明确购买意向、签单交付回款,不断改善客户体验,获取客户最高满意度。

(1)精进渠道策略

①微信营销、激发客群

在互联网时代,即时通信已经成为一个极为有效的信息传播手段。婺州染坊利用当下微信发展的便利,使用微信公众号进行推广,每周给用户发送包含本周热门活动、本周好友动态等内容的推送,让潜在用户更加了解婺州染坊网站,从而增加用户的黏度。

②鼓励用户、推广宣传

用"成功邀请送优惠券、线下体验券"的方式,鼓励用户主动向朋友推荐婺州染坊网站及手机应用;在用户的允许下,婺州染坊可以给用户通讯录里的好友发送好友邀请,以此吸引更多人注册,还可以为这种"朋友群体"的用户提供一些特色化的服务。

③在线广告、线上活动

在线广告形式多样,利用高人气的网站帮助染坊进行推广,使得更多人了解婺州染坊、访问婺州染坊的网站、下载婺州染坊的手机客户端。同时与国内著名门户网站合作,支付相应的广告费用,将婺州染坊的广告放置于这些网站的首页,让更多人看到其推广信息。和国内知名的视频网站合作,将婺州染坊的广告植入视频的开头,达到宣传效果。

同时和一些用户较多的手机应用或 PC 客户端商家进行合作(比如微博、QQ、酷狗、腾讯视频、优酷视频等),将广告推送至用户的个人主页或者登录界面,达到宣传的效果。婺州染坊将在自己的网站、论坛(运动信息汇)和其他知名论坛上开展联合线上营销活动,举办了一些主题活动,如"外国友人参观讨论,中小学生经典研学"等。这些活动对用户参与方式有一定的规定,然后在有效参与的用户中抽取幸运用户进行奖品奖励和论坛合作,通过竞价方式争取成为论坛首页的推荐广告,向论坛用户宣传婺州染坊的网站。

④合作链接、过程便捷

婺州染坊和其他一些网站合作,建立友情链接,联合宣传彼此的网站信息,扩大推广范围;允许国内一些著名的互联网网站账号关联婺州染坊网站,在使用其他账号的情况下也可以直接访问婺州染坊网站,免去了用户烦琐的注册登录过程,同时可以利用用户原有账户里的好友关系进行进一步的推荐营销,增加婺州染坊网站的网络外部性价值。

⑤合作联盟、增强合作

选择拥有自己的实体商铺,而且有一定知名度的线下合作商。在历年发展过程中,染坊逐渐拥有了数量庞大的线下合作商,包括民宿酒店生活用品的提供商、文艺馆摆饰的提供商、古风爱好群体等。来往于这些场馆的人流一般都是扎染的爱好者,这些人正是婺州染坊的目标顾客群。染坊要求这些合作商在其运动场馆放置婺州染坊的宣传册和宣传海报,宣传海报上印有二维码;另外向合作商提供特殊的注册码,可以在注册之后领取代金券,每个账号只限使用一次并且注册码只通过信息方式发给合作商家,根据实际情况对合作商进行奖励。这样既有利于增强与线下合作商的合作,又能吸引更多新用户。

通过相关合作商来吸引大量顾客,激发顾客对扎染工艺品的兴趣,做到精准销售,达成精益化渠道销售的目的。

⑥线下活动、宣传吸睛

婺州染坊定期推出线下相关扎染活动。部分由染坊独立举办,部分与线下合作商联合推动,同时,线上活动与之配合展开,起到充分的宣传作用。与合作商联合的活动现场布置时,张贴婺州染坊网站的宣传海报,陈列与品牌相关的产品,打响品牌知名度。

⑦媒体广告、提升认同

染坊在电视、广播等具有直观、动态效果且受众广泛、传播迅速的视听媒介上进行广告的投放;同时在人流密集的地方购买广告牌;在地铁、公交车内进行广告的投放。通过以上方式以达到充分的宣传和极大的推广力度,吸引众多顾客。

以报纸杂志为主的静态广告的广告效益也不容小觑。平面广告以健康、活力为主题,简洁醒目,抓人眼球,旁边附二维码,让看到海报并感兴趣的人可以马上进入婺州染坊的网页介绍或微信公众号界面。视频广告则以健康安心、品质生活为主题,向人们诉说婺州染坊"手工打造,天然无害"的主张,激发消费者的认同感,然后主动成为婺州染坊消费者的一员。

(2)精准推广策略

婺州染坊采取精炼的促销手段,方便厂商、顾客、消费者之间的相互沟通,了解顾客和消费者不断变化的需求。卓有成效的促销,既是对消费行为的一种指导和刺激,也为消费者提供了购物和消费的方便。

精炼的促销坚持以消费者现实的和潜在的需求为导向,精心设计受众欢迎的促销产品,选择适当的传播媒介,并注意传播过程中信息的双向沟通,为消费者提供便利的指导。

①事件推广、潜在后期

婺州染坊在企业的整个发展过程中,与浙江省非物质文化遗产组织、金华市文化研讨会联手开展"浙中小镇"计划,让人们更多地了解到婺州扎染健康安全——采取植物染料,利用纯手工制造。遵从消费者心理,给顾客带来质朴、纯净、舒适、安全的体验。

为了让人们从了解到逐渐深入扎染的文化底蕴,婺州染坊利用各种营销策略在金华鼓励人们参观交流,研学婺州扎染这门大自然带来的纯天然文化。这样有利于树立良好的企业、品牌形象以及社会形象,进一步提高品牌知名度,在消费者心中留下一个正面的形象,为后期推广活动积累潜在顾客群体。

②体验推广、信任合作

婺州染坊将不定期地举办扎染线下体验活动,让顾客群体通过亲自动手制作扎染工艺品来更深入地感受婺州扎染的丰富文化底蕴,并且亲眼见到婺州染坊产品是以纯天然、安心、健康、无污染的植物染料来手工制造的,从而提高顾客群体对婺州染坊的信任度,以便后期建立长期的合作关系。

③直播推广、知名提升

婺州染坊开通直播账号,通过网络直播的形式,向更多人展示婺州特色扎染香囊的制作工艺,吸引手作爱好者的兴趣。同时,婺州染坊还与相关传统节日相结合,增加其宣传力度,饱含中华深厚文化底蕴。

以代言人形式参加助企活动并进行现场直播等,有利于加强顾客信任度,提高品牌知名度,营造优秀企业社会形象,做到使顾客更安心更放心,同时对企业产生好感,从而加大消费力度。

④校园推广、亲自亲民

由于国家倡导对学生群体进行传统文化的熏陶,婺州染坊将广大在校学生定位为主要目标客户群。联合各高校的公益、志愿团体,举办各式各样的校园推广活动,通过微博、微信公众号、校园新闻、广播、设点宣传等方式在校园内进行宣传,提高品牌影响力。在扩大用户注册量的同时,进行产品服务的销售、公益思想的宣传;让高校学生成为企业公益活动的主力军,提高品牌影响力和亲和力。

三、管理启示

婺州染坊通过采取精益一体化经营改善活动模式,从研发、制造和销售三个方面进行了深入的分析和研究。精益一体化经营改善活动模式不仅仅为消费者带来了更优质的体验,同时能够在最短的时间内研究出最适合当前市场的产品,而且在专业团队、专业相似流程的加持之下,现有研发成本会大大降低,减少了库存,增加了销量。婺州染坊以周期短、成本低、多样化、效率高、质量好、变更少为主要竞争优势,扩大了品牌影响力,为非遗文创产品树立了很好的榜样。

(一)政策响应、文化传承

婺州染坊的经营模式是响应国家政策,推动文化输出与非遗保护工作。以中国传统文化为基础创立企业售卖产品,以此为基准扩大传统文化的影响力,建设一套完整的文化产业链,让人们做到从知晓传统文化逐渐转变成支持传统文化。加大中国传统文化的输出,让人们体会到中国传统文化的魅力,做到企业与文化相互促进。

婺州染坊相较于传统企业,其独特的企业模式所拥有的潜在意义是值得深究的,所有的企业模式是结合当地的情况进行不断发展与优化的。

(二)高效优化、传统创新

婺州染坊的古技法扎染产品,在金华是首选。其实对婺州染坊威胁最大的产品是工业染料制品。相较于婺州扎染市场面更大、消费习惯较为固定的扎染产品,避免了迎头直上的错误,不只是盲目地与化学染料去竞争现有市场,而是选择性地加大化学扎染难以触及的中高端市场投入。

化学扎染所具有的优势主要为出产量较大,所具有的目标群体较广,能够根据不同的市场情况进行较快的调整。而染坊的产品主要优势为其设计,都是独一无二且都蕴含着中国特色文化。面对化学扎染千篇一律的样式,艺术性与新颖性占据较大优势,如原汁原味的汉服定制与扎染画作等。所以该企业根据现有情况,在不放弃低端产品的前提下,加大对中高端产品的经济与人力投入,邀请扎染方面的专家进行设计与创新。

扬长避短,将自身的优势发挥到极致,为此类产品进入市场提供了方向。

(三)养生宣传、平台推广

婺州染坊的产品不仅仅具有精美独特的特点,更具有健康养生的功效。所以该企业将它作为一个主要卖点进行宣传。在独特耐用的前提下,将健康养生的理念逐渐作为一个较大优势慢慢渗入人们的消费习惯:不仅仅是普通的布料产品,更多的是一个养生健康延年益寿的好伴侣,让人们形成一个"婺州扎染产品就近乎等于养生产品"的理念。

宣传方式也在不断地进行改变与更新,从开始的广告区域宣传到线上线下结合。抓住现今所有的热点,如抖音直播等,将一开始的广告硬输出逐渐转变成潜意识的软输出。让人们从一开始的主动了解信息到被动接受信息,让人们在潜意识里对婺州扎染产品有一个大致理念,增加现有潜在客户。同时根据时代的变化对不同的宣传方式进行不同占比的投入。

(四)生态建设、扶贫振兴

1. 打造独特企业文化

古技法扎染不是一个暴利行业,在产量较低的情况下,其可以说只是一个微利行业,而生产中所需要的染料制作、产品绘制、人力投入,包括工厂电力等占据了很大一部分成本。而在这种情况下,员工往往对企业并不抱有良好的期望,导致出现工作热情与积极性较低的情况甚至是离职的状况。所以在不降低人力成本的前提下,在最大限度内保有公司现有骨干员工是企业现在的目标。

公司在办公区域、企业地点、文园布景都选择了与婺州扎染相关的布置,而且招收的员工都是在保证能力的前提下对此方面有所兴趣的员工,并且很大一部分员工是在结合当地扎染生计大背景下所招收的,所以员工与扎染黏性较高,不会出现岗位空缺与离职等情况。

之所以花费较大的成本打造一个文化园区,是为了打造一个良好的文化氛围,将工作与文化的输出进行结合,做到工作与文化熏陶相结合,把热爱作为工作驱动力与产品理念,营造一个良好的企业氛围,是实现其他目标的重要前提(见图 5.6)。

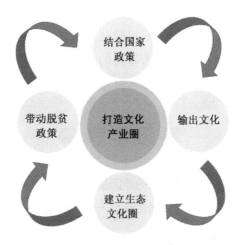

图 5.6　文化产业圈的打造

2. 创建学习教育机构

婺州扎染并不只是一个商家,更代表了一个文化体系,所以除生产产品之外,更多的是文化上的输出。婺州染坊专门与某些教育机构和学校达成共识,开设有效的课程与参观体验,在以弘扬传统文化的目标引领之下,达到扎染文化入校园、青少年爱上扎染的目标。在这样的文化熏陶之下,对于企业的形象建立具有非常大的作用,同时也在最容易接受新事物的青少年群体中做了一个最好的宣传。

3. 建设好生态文化圈

婺州染坊的建立与发展离不开国家政策的支持。随着近年来国潮热的兴起与国家政策的支持,让逐渐淡忘在人们记忆中的古技艺文化非遗产业重新浮现,人们对于文化非遗产业的支持也超出了企业之前的预期。所以维持住人们的热情,在现代工艺技法思想的加持之下,不断地创新与发展是不能停止的。

婺州染坊深知产品的文化输出是不够的,是有局限的,更多地只能维续短时间的文化需求,单向地在文化产品中进行投入是不可行的。所以该企业更多的是打造一个以婺文化为主体,扎染作为主要方向的生态文化圈。结合当地情况,建设扎染文化园区、婺文化园区、原料种植园区等,形成多维发展的局面,使得单调枯燥的扎染文化与婺文化进行融合,可以进一步提升其文化价值,也可以最大限度地维系文化所带来的新鲜感与价值感。

同时该产业与当地岩头村情况相结合。岩头村自古以来就有种植扎染原料、制作扎染产品的习惯与传统,所以该企业的投资支持的介入在一定程度上推动了农村脱贫进程。文化产业的发展与农村脱贫现状相结合,雇佣当地农民进行种植与生产,推动了农村脱贫的进程,也为原料的来源创造了一个很好的基地,可以形成一个双赢的局面。

案 例 思 考 题

1. 婺州染坊精益一体化战略成功的原因是什么?

2. 结合案例讨论什么样的企业适合精益一体化战略布局。

案例六

田　歌

一、相关理论

（一）产业结构优化理论

罗斯托主导产业理论。该理论认为经济成长是一个逐渐起飞并成熟的发展过程。在这个过程中，资本积累率达到 10％以上是实现经济起飞的首要条件，第二个条件则是选择和扶植主导产业实现产业结构优化。主导产业应该选择那些具有较大的市场需求、较高的技术创新率、较快的成长速度、较强的产业扩散效应能力的部门。主导产业通过前瞻、回顾、旁侧等扩散效应，将主导产业的优势辐射传递到产业关联链上的各产业中，以带动整个产业结构的升级，促进区域经济的全面发展。

赫希曼产业关联理论。赫希曼认为，产业关联是优化产业结构的一种方式，其作用途径主要是基于产业之间存在较高的关联度，其他产业通过关联产业产生的前向关联效应、后向关联效应、波及效应来实现优化，其本质是社会生产中不同部门与不同行业之间的技术结构以及产品的需求结构，是社会生产力发展的一种空间结构状态。该理论的实质是通过选择并支持那些能带动其他产业发展的产业来实现产业结构的优化。在经济发展中,一个产业部门的前后向关联效应越大,引致其他产业部门发展的伸展能力就越强,发展的条件就越充分,机遇就越多,对经济增长的贡献率就越大。

(二)产业转型的创新驱动理论

创新理论最早可追溯到亚当·斯密和马克思关于技术发明的相关论述。而关于创新的系统性阐述见于熊彼特于 1912 年出版的著作《经济发展理论》。熊彼特认为经济发展的根源是创新,经济增长的主要源泉是技术创新,创新是经济增长的内在动力,创新是企业家将一种从来没有过的关于生产要素的"新组合"纳入生产体系。虽然创新在经济发展中占据如此重要的地位,一直以来却并没有得到主流经济学的认可,直至 20 世纪 50 年代,传统经济增长模型无法解释以微电子技术为核心的新一轮科技革命带动的全球经济高速增长,以技术创新为核心的经济发展理论以及创新经济学理论体系得以逐渐确立,技术创新和创新因素亦从最初的外生变量过渡为经济发展的内生变量,并逐步形成了新古典、新熊彼特、制度创新、国家创新系统这四大技术创新理论学派。

新古典技术创新理论的代表有两个:一是以索洛为代表的新古典经济增长理论,它将技术视为外生变量;二是内生经济增长理论,它将技术创新看作是经济增长的内生变量。罗默将知识看作是经济长期增长的关键,而创新能够使知识转化为商品。阿罗的"干中学"理论将技术进步看作是人们不断从其周边环境学习的结果,学习过程来自经验的积累。技术的提高,主要源于因生产而积累点滴经验。新熊彼特技术创新理论在熊彼特的创新理论基础上,发展、深化了创新理论与研究成果。他们认为,引起经济的质的转化的动态过程,是由多种多样的创新的引入以及相关的协同演化过程所驱动,产品、过程和组织的创新比价格竞争的手段更有效,创新一般是需求导向而非技术导向。与之前的技术创新学派不同,制度创新学派认为,制度创新是使创新者获得追加利益的现存制度安排的一种变革。经济发展中的制度变革的原因是现存制度安排下,制度创新的预期收益大于预期成本。只有主动地、人为地变革现存制度中的阻碍因素,才能获得预期收益。拉坦进一步将技术创新和制度创新结合起来,认为知识创新内生于制度发展,并且导致技术变迁进而成为制度变迁的重要力量。国家创新系统的概念于 1987 年由费里曼正式提出,国家创新体系强调创新过程的系统性,"生产的结构"与"制度的建设"是国家创新体系的两个最重要的维度,其核心思想在于:一个国家内的各个社会子系统,包括科学、技术、文化、政治及工业等,只有在产生协调的前提下才能更好地促进创新。

二、案例分析

(一)公司简介

浙江田歌实业股份有限公司创建于 1997 年,是浙江省骨干农业龙头企业、浙江省农业科技企业、浙江省妇字号龙头企业、中国食品安全示范单位。麾下有浙江田歌生物科技有限公司、上海田歌实业有限公司、浙江田歌实业股份有限公司金华分公司等,是一家专业生产加工肉制品、蛋制品及蛋黄卵磷脂等系列产品的企业(见图 6.1)。田歌股份帮助建起了田歌无公害养殖基地、武义众安畜禽专业合作社、园林苗木基地。近几年,田歌公司积极推进企业转型升级,提升产品附加值,围绕保增长、扩内需、调结构、维稳定作出了努力,取得了良好的经济效益和社会效益,2015 年、2016 年连续成为"武义县纳税百强企业",为社会提供了 300 多个就业岗位,带动了 6 000 多户农户增收。

图 6.1　田歌实业股份有限公司

1996 年,田歌董事长程雅锦为了生病的父亲开始接触养鸭,创办起了养鸭场。养鸭场由最初的小打小闹逐渐发展为 5 万只鸭的养殖规模后,程雅锦走上了规模化养殖的道路。

1997 年,为了解决销路问题,实现产供销一体化,程雅锦注册成立了自己的公司,在注册公司的当天,同时注册了"田歌"商标,开创了武义县农业企业在注册公司的同时注册商标的先河(见图 6.2)。

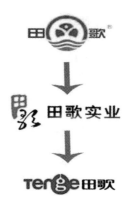

图 6.2　田歌商标变化

起初,田歌一直靠卖鲜蛋维持鸭场运转。后来公司认识到不进行深加工,经济效益就难以保证,因此公司决定加工制作皮蛋和咸蛋,增加产品附加值,提升经济效益。田歌通过科学技术的革新,成功研制出了以人体所必需的微量元素锌元素代替铅元素的无铅皮蛋。

1998 年,田歌开创了农产品系列礼盒装,让品质卓越的田歌产品成为高档的送礼佳品。2000 年,田歌又花重金为公司的商标形象进行包装设计。一时间,田歌成了武义县及周边厂家产品礼盒系列包装及商标形象宣传的领头羊,显示了品牌的强大影响力与号召力。

2005 年初,田歌投入 5 000 多万元,引进了一条卵磷脂提取生产线,项目在 2006 年 9 月就竣工投产。田歌成了世界上第一个从鲜鸭蛋中提取蛋黄卵磷脂的企业,现在每天可加工 10 吨蛋品的蛋黄卵磷脂(见图 6.3)。产品一投放市场就得到了消费者认可,不少消费者和客户慕名找上门要货。

鸭子产蛋周期很短,产蛋质量随着时间的增长而下降。淘汰的一年半老鸭,一

图 6.3 田歌提取蛋黄卵磷脂过程

般以每只十多元的价格被人低价收购。田歌依托浙江大学的陈教授科研技术力量,先后成功开发了酱老鸭、香酥鸭、酱卤鸭等系列产品,在试点县市实体店深受顾客青睐。可观的销量为公司又打开了一片新的顾客市场。2009 年,公司又成功开发出了独具风味的"田歌"牌"生态酱鸭",这种生态酱鸭选用无公害养殖基地当年饲养成熟的肥壮鸭子(见图 6.4)。

图 6.4 田歌产品

2011 年,田歌又研发了开袋加热就可食用的"养生老鸭煲"。受到酱老鸭的成功启发,利用酱老鸭的工艺,公司又把整只鸭子分割开来,将鸭掌、鸭舌、鸭头、鸭脖、鸭肫分别加工成小包装系列休闲食品。公司将原本低价的整鸭,通过分类别加工,创造出更大的效益。

2015 年 12 月 9 日,"田歌股份"在全国中小企业股权转让系统新三板挂牌上市,意味着田歌实业事业发展迈上新台阶,也标志着田歌实业将是一个业务更加明确、产权更加清晰、经营更加规范、管理更加健全的全新企业,将更有利于田歌扩大融资渠道、完善公司资本结构、促进公司规范发展(见表 6.1)。

表 6.1   田歌转型发展历程

年份	发展历程
1996	创建规模化养殖场,主营鲜蛋销售
1997	成立公司,注册商标,生产相关蛋制品
1998	推出精品包装,专注品牌建设
2005	校企合作,提取加工蛋黄卵磷脂
2009	原料再利用,生产酱鸭冷鲜系列产品
2011	整鸭分类加工独立售卖,经济效益再增加
2015	股权上市,转型发展进入新阶段

(二)PEST 分析

1. 政治(Political)

"十一五"规划期间,我国经济社会发展进入新阶段,居民消费结构逐步升级,产业结构调整和城镇化进程加快;劳动力资源丰富,国民储蓄率较高,基础设施不断改善,科技教育具有较好基础;社会主义市场经济体制逐步完善,社会政治保持长期稳定。

田歌作为浙江省知名民营企业,通过学习了解国家政策,将国家政策和工作发展紧密结合,从而得到了政府和社会的认可,通过深加工转型,使企业发展更快速、更顺畅。

(1)推进产业结构化升级

国家鼓励企业以自主创新提升产业技术水平。倡导通过以下方式入手提升产业发展水平:发展先进制造业、提高服务业比重和加强基础产业基础设施建设,做大做强优势特色产业;实施优势特色农业提质增效行动计划,把地方土特产和小品种做成带动农民增收的大产业。开展特色农产品标准化生产示范,建设一批地理标志农产品和原产地保护基地;推进区域农产品公用品牌建设,支持地方以优势企业和行业协会为依托打造区域特色品牌,引入现代要素改造提升传统名优品牌。

同时鼓励建设现代农业产业园。以规模化种养基地为基础,依托农业产业化龙头企业带动,聚集现代生产要素,建设"生产+加工+科技"的现代农业产业园,发挥技术集成、产业融合、创业平台、核心辐射等功能作用。科学制定产业园规划,统筹布局生产、加工、物流、研发、示范、服务等功能板块。鼓励地方统筹使用高标准农田建设、农业综合开发、现代农业生产发展等相关项目资金,集中建设产业园基础设施和配套服务体系。吸引龙头企业和科研机构建设运营产业园,发展设施农业、精准农业、精深加工、现代营销,带动新型农业经营主体和农户专业化、标准化、集约化生产,推动农业全环节升级、全链条增值。鼓励农户和返乡下乡人员通过订单农业、股份合作、入园创业就业等多种方式,参与建设,分享收益。

(2)壮大新产业新业态,拓展农业产业链价值链

大力发展乡村休闲旅游产业。充分发挥乡村各类物质与非物质资源富集的独特优势,利用"旅游+""生态+"等模式,推进农业、林业与旅游、教育、文化、康养等产业深度融合。丰富乡村旅游业态和产品,打造各类主题乡村旅游目的地和精品线路,发展富有乡村特色的民宿和养生养老基地。鼓励农村集体经济组织创办乡村旅游合作社,或与社会资本联办乡村旅游企业。多渠道筹集建设资金,大力改善休闲农业、乡村旅游、森林康养公共服务设施条件,在重点村优先实现宽带全覆盖。完善休闲农业、乡村旅游行业标准,建立健全食品安全、消防安全、环境保护等监管规范。支持传统村落保护,维护少数民族特色村寨整体风貌,有条件的地区实行连片保护和适度开发。

推进农村电商发展。促进新型农业经营主体、加工流通企业与电商企业全面对接融合,推动线上线下互动发展。加快建立健全适应农产品电商发展的标准体系。支持农产品电商平台和乡村电商服务站点建设。推动商贸、供销、邮政、电商互联互通,加强从村到乡镇的物流体系建设,实施快递下乡工程。深入实施电子商务进农村综合示范。鼓励地方规范发展电商产业园,聚集品牌推广、物流集散、人才培养、技术支持、质量安全等功能服务。全面实施信息进村入户工程,开展整省推进示范。完善全国农产品流通骨干网络,加快构建公益性农产品市场体系,加强

农产品产地预冷等冷链物流基础设施网络建设,完善鲜活农产品直供直销体系。推进"互联网＋"现代农业行动。

加快发展现代食品产业。引导加工企业向主产区、优势产区、产业园区集中,在优势农产品产地打造食品加工产业集群。加大食品加工业技术改造支持力度,开发拥有自主知识产权的生产加工设备。鼓励食品企业设立研发机构,围绕"原字号"开发市场适销对路的新产品。实施主食加工业提升行动,积极推进传统主食工业化、规模化生产,大力发展方便食品、休闲食品、速冻食品、马铃薯主食产品。加强新食品原料、药食同源食品开发和应用。大力推广"生产基地＋中央厨房＋餐饮门店""生产基地＋加工企业＋商超销售"等产销模式。加强现代生物和营养强化技术研究,挖掘开发具有保健功能的食品。健全保健食品、特殊医学用途食品、婴幼儿配方乳粉注册备案制度。完善农产品产地初加工补助政策。

(3)强化科技创新驱动,引领现代农业加快发展

加强农业科技研发。适应农业转型方式调结构新要求,调整农业科技创新方向和重点。整合科技创新资源,完善国家农业科技创新体系和现代农业产业技术体系,建立一批现代农业产业科技创新中心和农业科技创新联盟,推进资源开放共享与服务平台基地建设。加强农业科技基础前沿研究,提升原始创新能力。支持地方开展特色优势产业技术研发。

强化农业科技推广。创新公益性农技推广服务方式,引入项目管理机制,推行政府购买服务,支持各类社会力量广泛参与农业科技推广。鼓励地方建立农科教产学研一体化农业技术推广联盟,支持农技推广人员与家庭农场、农民合作社、龙头企业开展技术合作。

提升农业科技园区建设水平。科学制定园区规划,突出科技创新、研发应用、试验示范、科技服务与培训等功能,建设农业科技成果转化中心、科技人员创业平台、高新技术产业孵化基地,打造现代农业创新高地。支持园区产学研合作建立各类研发机构、测试检测中心、院士专家工作站、技术交易机构等科研和服务平台。支持园区企业和科研机构结合区域实际,开展特色优势产业关键共性技术研发和推广。完善国家农业科技园区管理办法和监测评价机制。

开发农村人力资源。重点围绕新型职业农民培育、农民工职业技能提升,整合各渠道培训资金资源,建立政府主导、部门协作、统筹安排、产业带动的培训机制。

探索政府购买服务等办法,发挥企业培训主体作用,提高农民工技能培训针对性和实效性。优化农业从业者结构,深入推进现代青年农场主、林场主培养计划和新型农业经营主体带头人轮训计划,探索培育农业职业经理人,培养适应现代农业发展需要的新农民(见表6.2)。

表6.2　　　　　　　　　　　　　　田歌转型内容

转型内容	具体措施
推进产业结构优化升级	企业以自主创新提升产业技术水平 加快发展现代食品产业
壮大新产业新业态,拓展农业产业链价值链	大力发展乡村休闲旅游产业 加快发展现代食品产业
强化科技创新驱动,引领现代农业加快发展	加强农业科技推广 加强农业科技研发 开发农村人力资源

2. 经济(Economic)

农产品加工业已成为农业现代化的支撑力量和国民经济的重要产业。进一步促进农产品加工业发展对促进农业提质增效、农民就业增收和农村一二三产业融合发展,对提高人民群众生活质量和健康水平、保持经济平稳较快增长有着十分重要的作用。

面对全球经济复苏乏力、国内经济增速缓慢、市场有效需求严重不足的不利局面,农产品加工业全行业采取积极应对措施,加快转型升级步伐,目前浙江省农产品加工业整体运行已经呈现出缓中趋稳的态势。

近年来,我国农产品加工业有了长足发展,到2015年我国主要农产品加工率达到65%以上,其中粮食达到80%,水果超过20%,蔬菜达到10%,肉类达到20%,水产品超过40%;主要农产品精深加工比例达到45%以上,农产品加工副产物综合利用率明显提高(见图6.5)。

2016年6月末,全省农产品加工业实现销售收入2 375亿元,同比增长5.7%,增速下降3.2个百分点,实现利润70.1亿元,同比下降17.5%。到2016年底,规模以上农产品加工企业主营业务收入达到20万亿元,占制造业比例为19.6%,成为行业覆盖面宽、产业关联度高、中小微企业多、带动农民就业增收作用强的基础性产业。相比而言,一些传统农业生产的制造企业更容易受到市场经济

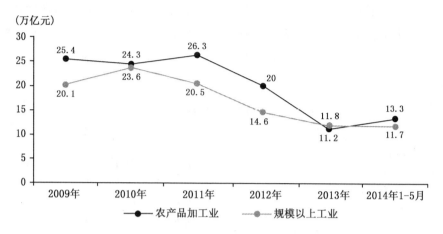

图 6.5 农产品加工业乘势快速增长

波动的影响。

2015 年全省畜禽加工业受国内外市场需求低迷等因素影响,生猪、肉鸡、鸡蛋价格一直在低位徘徊,但随着一个调整周期结束,价格从 4 月初开始逐步企稳回升,6 月初扭亏为盈。价格波动幅度较大主要是由于我国畜禽养殖以散养为主,供求信息滞后,市场总是在"市场价格好——散户加大养殖量——供应量增加——供过于求、价格大跌——散户损失惨重退出"这样一个周期循环往复。图 6.6 是 2012—2018 年我国农产品市场交易增长情况。

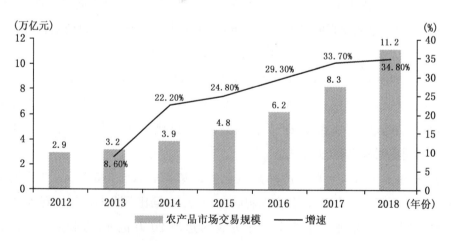

图 6.6 我国农产品市场交易增长情况

3. 社会(Social)

随着经济的不断发展,人们生活水平得到提升,健康意识也不断加强,对一般农副产品的质量问题也给予了更大的关注。2013 年 4 月和 2014 年年初 2 次受人感染 H7N9 禽流感疫情影响,消费者自发避免购买与家禽有关的食物,消费者购买力下降,致使浙江省家禽业受到巨大冲击。现在,浙江省家禽养殖业快速发展,突出规模养殖主线,综合生产能力增强,成为农民增收的重要来源。农副产品行业的企业家们也慢慢从传统的经营转向绿色加工,追求更高质量、更加绿色环保的发展方式。图 6.7 是鸭养殖的循环养殖示意图。

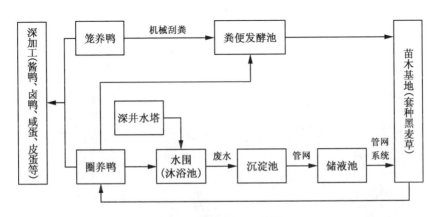

图 6.7 循环养殖示意图

现在,社会快速地更新换代,人们的生活方式也有所改变,人们对正餐的要求慢慢从烹饪转向快餐,以适应自己的生活节奏。人们也开始享受生活,会投入更多的时间在休闲旅游、关注个人饮食健康上面,因此,对于农副产品的食用便捷性、休闲装有很大的需求。在消费人群年龄结构上,中年、青年人群成为消费主力。2010年,浙江省老年人口系数进一步提高到 9.34%,老龄化指数达 70.70,年龄中位数为 36.59 岁。与发达国家相比,浙江省人口老龄化与经济发展速度有较大的偏离。如果产出或收入水平不变,总消费额不变,消费水平将因老龄化的发展而降低。

现今社会,在人们生活水平提高的同时,人们对社会责任的认知也有了进一步提升。社会和谐的维护,企业的社会责任感和完成度是主要的中坚力量。人们对于一个企业的认知往往是从该企业的社会形象和媒体描述所得,尤其是关于食品安全的问题,一个社会责任合格的企业,往往能得到更多顾客的信任,产品的忠诚度较高。

4. 科技（Technological）

大中型农产品加工企业是农产品加工业发展的主力,是我国农产品加工业科技发展的风向标,其科技能力的强弱直接决定了我国农产品加工业的整体科技发展趋势。当前,随着国家对农产品加工业科技研发的重视,越来越多的企业加大了对科技的投入力度,采取加大研发投入、提高研发人员质量、加强实验室建设、增加RD经费等措施,收到了较好的成效,企业申请的专利数不断增多,新产品产值不断提高,新产品销售收入占产品销售收入的比重不断增加。图 6.8 为农副产品加工业中的烘干机设备。

图 6.8　农副产品加工业烘干机设备

2007 年国家农产品加工技术研发中心在北京成立,至今已在粮油加工、肉畜产品加工、水产加工、果蔬加工等重大领域建设研发分中心 201 家,全国研发体系的框架基本形成,为我国农产品加工业科技发展做出了巨大贡献。这些分中心研发和试验条件完善,研发资金投入高,技术创新能力强,经济实力雄厚,经济效益显著,在同行业中有明显的规模优势和竞争优势,具有行业代表性。从完善我国农产品加工技术研发体系、增强企业科技创新主体的地位、增加 RD 经费投入、加强企业同其他机构的科技协作、建立资金扶持体系 5 个方面入手,可提高我国农产品加工企业科技投入。

（三）企业转型困境

1. 生产链供货问题

（1）基地与合作社产品质量参差不齐

田歌在武义县九龙山、百花山、石龙头等地建有养殖基地，现在田歌养殖场及园林苗木基地水陆总面积 10 000 多亩，常年饲养蛋鸭 10 多万羽。而在田歌的牵头下，武义有 200 多户养鸭户共同组建了新型养鸭合作组织——武义众安畜禽专业合作社。

田歌生产所需的基础原料都来自基地以及合作社。基地以及合作社其实是有明显区别的，虽然田歌对农村合作社采取由合作社统一供应优质鸭苗、统一防疫、统一采购饲料、统一技术培训等方式运作，但由于地域环境问题以及水质和品种不同，导致养育出的鸭蛋和鸭肉原料的口感略有差异，大小重量方面也存在不同。

而所收购的原材料差异也会导致在生产过程中筛选程序复杂化，浪费人力资源，造成更多的生产成本浪费。而田歌一直注重运用良好的口味和充足的产品份量来吸引顾客以及打下品牌基础。因此，基地与合作社产品质量参差不齐可能会导致顾客口碑度下降以及生产浪费。

（2）企业对合作社产品缺乏验收把关

为了维护与合作社的良好关系，建立长期合作关系，田歌以高于最低保护价的价格收购合作社及社员的鸭及鸭蛋，同时签订长期合同以确保供货源的数量能够支持生产。然而，长期合同所签订的收购数量虽然能够满足企业生产上升期所需原料数量，但在面临特殊市场环境的时候（例如禽流感时期，顾客引发对禽蛋类的恐慌，导致市场上的禽类产品无法销售，销量大幅度下滑），大量的收购订单所提供的原材料远大于生产所需，多余的原材料无处可去。又因为鸭蛋的特殊性，无法拥有可行的长期储藏方式，导致原材料浪费。

根据实践调查，田歌面对如此不灵活的收购现象，并没有推出实际的运作政策。而田歌作为农副产品加工企业，生产中能够降低成本的方面甚少，当生产剩余大量产生，企业只能通过其他方式减少成本损失，从而有可能增加更高的行业风险。

（3）基地环保问题整治严峻

2016 年 3 月 24 日，武义县召开"五水共治"大会，市委常委、县委书记钟关华强调，要按照"走在前列"要求，紧紧围绕"决不把脏乱差、污泥浊水、违章建筑带入全面小康"这个总目标，坚持"生态发展，绿色崛起"这一工作主线，找准短板、精准发力，确保实现"可游泳"目标。

该政策的实施，导致武义多家养殖场被迫关闭，以此保证治污水任务的完成。而田歌由于在水库附近建立的养殖基地依旧沿用传统的散养模式，导致田歌养殖基地的水源并没有达到标准。

因此，为了履行政府政策，承担优秀企业的社会责任，田歌在政府指导下关闭了一处位于水库的养殖基地。但是，对于一个正在第二次快速发展的企业来说，关闭一个养殖场意味着生产原料的缺失，同时面临着人员剩余的问题。而基地的空闲同时也是一种土地资源的浪费，除此以外，自主供货的减少必将向其他供应商收购产品，随之而来的就是供应成本的增加以及原材料差异化变大的问题。

2. 生产链生产问题

（1）生产线沿用机械化生产

田歌实业在主要的鸭蛋加工厂区引进荷兰高端选蛋机以及最新的紫外线杀毒和高温灭菌的蒸炉，在其科技加工产区，田歌按照 GMP 标准建造了 10 000 多平方米厂房，采用国际最先进的生产设备和加工工艺，进行蛋黄的深加工。

然而实际上，在鸭蛋制作厂区依旧使用的是传统人力，例如洗蛋环节和选蛋前的运输都是依靠人力清洗和搬运的。蛋品密封环节也是依靠人工运用真空设备进行的，而最后的高温灭菌更是由人工完成。机械化程度非常低，不仅容易造成生产效率低，还容易出现无法避免的卫生安全问题。

除此以外，大量的中间廉价运输人员也会增加公司人员管理和配置的问题，增加人工成本。

（2）原材料价值损失严重

田歌主要生产以鸭蛋为主的蛋制品，然而在转型后期，作为蛋黄软磷脂原料的鸭蛋黄被大批量地取出使用，而作为产品剩余的蛋壳以及蛋白却没有妥善处理的方式。这不仅没有为企业带来更多的盈利，还造成废料处理的一些费用，在一定意义上是一种浪费和损失。

3. 生产链销售问题

(1)销售渠道单一,缺乏创新意识

田歌现有的销售渠道主要是企业订单和超商合作,并没有重点关注网络营销的特殊销售渠道。而目前O2O和网络购物已经发展得如火如荼,网购平台已成为现代消费的主要渠道。

田歌目前虽然尝试运营自己的微信公众号,开展微信购买业务,但是效果不佳,目前已经关闭销售平台。同时,作为浙江知名民营农副产品企业,其在天猫淘宝推出的产品购买量也非常低。

鸭子呐是其创新进入市场的尝试产品,推广人员首次以鸭子呐为主构建了淘宝售卖平台,但根据数据调研发现,进入市场一年,其购买率非常低,知名度反不如某些自主经营的手工产品。同时我们发现,在知名的超商里并没有发现田歌散装或者礼盒装的产品,说明其销售区域并没有覆盖全市目标市场,选择相对单一化。

(2)销售战略刻板,形式大于宣传

"田歌"产品质量上乘、风味独特、安全保健,深受消费者青睐。作为企业的经营理念,田歌一直用品质来赢得消费者信赖。

然而,在新媒体高速发展的今天,单纯的高质量并不是检验产品生命力的唯一标准。产品的宣传和包装同样重要,企业深加工的转型从另一层面来看其实是企业形象的转变。

咸鸭蛋、皮蛋等产品属于日常消耗品,由于产品特性,它们大多价格低廉、包装简单亲民,导致田歌的形象一直是比较扁平化的。而在市场特殊时期的大需求环境下,田歌也没有及时做出营销应对,错失机会。

例如,端午礼盒的推广。端午是走亲访友、赠送特殊节日产品的时节。咸鸭蛋和粽子、酱鸭等产品的需求量大大增加。然而在各大商场,某品牌产品占据大量展示柜,而田歌的礼盒装并没有出现在柜台上。同时,在公司内展示的礼盒装包装样式不够新颖,无法适应现有消费者对产品包装的需求。

对于产品的推广,田歌虽然在武义各个公交站牌处包揽灯牌张贴广告,但在产品本身并没有独特的宣传方式。同样以子产品鸭子呐为例。鸭子呐是冷鲜装卤味食品,其主要消费群体是当代年轻人。而作为新生产品,鸭子呐首先要在金华站稳脚跟,除了好的味道以外,宣传更是重中之重。然而虽然鸭子呐在金华已有多家实体销售店,但根据调研发现,人们对该品牌的熟悉度低,市场销售量也不太乐观。

（3）危机处理能力欠缺，市场角色被动

社会层出不穷的食品安全问题导致消费者对中国制造的食品信任度降低，如苏丹红事件就曾导致了食品行业的巨大波动。

在经济高速发展的今天，人民的消费需求日益增长，对于食品安全问题的关注度也在增加。对于农副产品加工业来说，由于进入门槛低，导致一些私人作坊层出不穷。而私人作坊的食品质量往往无法保障，且目前我国食品安全保障机制不完善，食品安全事件屡见不鲜，这些都降低了公众与食品行业的信任度。

针对目前市场出现的相关食品安全等危机事件，田歌实业等企业在应对方面仍然缺乏有效的措施，这可能会导致企业在市场中处于被动地位，造成更多无法挽回的损失。

（四）创新转型建议

1. 科学管理解决供货问题

（1）实行公司制管理，确保资源均衡

田歌对于农村合作社的管理只是停留在召集和提供技术层面。农民（类似于职员）来到公司提供的厂房和养殖地进行养殖活动，虽然能够统一技术和原料，但由于水质和其他问题导致质量参差不齐。因此，我们提出运用公司制管理，专人专职，除配备技术员以外，还应该有解决突发问题的后勤人员和贯通因地制宜机制的专研人员。上下专职式运作，有利于信息的交互以及加强生产过程中的专门化，减少失误，更便于人员培养，同时可以培育新型人才，吸引劳动力，增加生产效率。除此以外，还能调动老员工的积极性，有利于调节合作社与公司之间的生产矛盾。公司制管理意味着职能更明确、分工更合理，让农户更有安全感，减少了农户的后顾之忧，同时也能解决农户的就业问题，满足员工的心理需求，增强了信任度和公司归属感。

在此基础上，由于拥有了高效的信息交互和专配的科研人员，公司就能根据不同区域的水质和自然环境，选择不同的鸭苗、饲料以及养殖方式进行养殖，以确保供货源的质量均衡，保证产品品质的完美。

（2）加强合作社垂直管理，控制原材料剩余

实行垂直管理的特点就是垂直性、相对独立性。田歌目前对合作社的鸭蛋实

行全盘接受的方法,这就可能在鸭蛋多收而销售量下降时出现原材料囤积的现象,进而导致公司因为开设仓库和原材料发臭毁坏而亏损。因此我们认为,田歌可以加强合作社垂直管理,让合作社鸭农在确保公司原材料供应的情况下,自行销售多余的鸭蛋。田歌可以根据公司的销售量向合作社预订鸭蛋,鸭农根据预订量自行安排、销售多余鸭蛋。这样鸭农可以赚取更多的利润,同时田歌也可以降低风险和成本。

(3)履行"五水共治"政策,改善基地环境

田歌在九龙山的循环养殖技术正在实验阶段,而笼养鸭技术也没有完全成熟。对于公司而言,大面积实行此类养殖技术,在忽视地域差异的前提下,资金和人力都是一大问题。然而,"五水共治"是田歌此类禽类养殖目前所面临的最大问题,因此,改善基地环境迫在眉睫。首先,田歌应该大力加快循环系统和笼养鸭技术的研发,帮助养殖基地规范环境管理,推广笼养鸭技术,减少排泄污染,同时,改善养殖环境,规范养殖手段,减少水污染和饲料喷洒造成的富营养化。

同时,"五水共治"导致了养殖基地关闭。田歌应该运用技术,将基地转换成体验基地,通过不同方式,近距离向顾客展示养殖模式,以加入农家乐的形式增加收益,减少因为政策导致的运营损失。

2.提高科技解决生产问题

(1)提高设备技术水平,严格控制生产成本

田歌公司目前生产主要依靠的还是人力,虽然引进了几台生产设备,但是整条流水线依旧是人力占据主导地位。员工进行流水线生产,本身就对员工身心发展不利,公司在激励员工的时候,也要付出更大的成本。我们进行实地调研的时候发现,田歌的一条生产流水线上有很多员工在进行人工操作,这样导致占地面积多而且操作速度慢,产品生产的时间相对较长,生产成本就增加了。

如果能够提高设备技术水平,采用全机器生产,那么就能大大提高生产的速度,也能保证产品的可靠性。全机器生产,还能大大减少人工成本。每条流水线只需要几个工作人员进行监督看管即可,既提高了工作效率,同时节约了生产成本。

(2)建立信息交互平台,及时接收生产信息

信息交互平台是基于互联网提供综合服务的平台,建立一个完善的交互平台有利于田歌及时接收来自养殖基地以及合作社的工作反馈、来自生产链的工作进

度以及来自顾客的体验反馈。

就田歌内部加工生产来说,原有的交流制度可能较为缓慢,及时性不够。供货基地和合作社通过季度报告来表明生产状况,而突发状况发生时,由于交流不及时,导致前期预警无法实现,从而造成损失。在生产链中,建立良好的信息交互,能够缩短员工与领导层的交流距离,实现及时的沟通。通过交流能够正确反映生产过程中的不足,根据市场制定相对应的生产计划。同时,平台的公开,能够通过员工的积极描述,为田歌在社会上创造良好的社会形象。在销售方面,信息交互能够敏锐感知市场变动,改变销售方式,追赶当季特色,推出特殊产品。而对外公开的交互平台,对于企业来说本来就是一个宣传的手段。

信息交互的作用不仅体现在对企业本身内部工作的调节方面,同时,还可将日常工作公开化以及政策透明化,很好地顺应了时代发展趋势,满足了社会、市场以及消费者的需求。消费者能够通过平台了解到田歌产品的完整生产过程,使产品质量安全有迹可循,食品美味看得到,生产用心听得见,进而打响品牌效应,稳定产品市场地位。

(3)加强深加工建设,增加企业经济效益

而对剩余的蛋清蛋壳,田歌可以选择进行再加工。蛋壳富含人体所需的钙钾等微量元素,尤其是鸭蛋壳,营养价值更高。通过对钙片钙粉的生产研究,可以进一步加快企业转型。目前,田歌依旧以咸鸭蛋等日常食品为主要盈利点,想要进一步摆脱普通传统农产品加工,在高技术有特色的更高深加工领域站稳脚跟,有必要推出更多的科技产品生产线。

同时,类似保健品的生产,虽然前期成本较大,但后期的原料成本低廉,能为企业创造更大的价值。

3. 创新思路解决销售问题

(1)运用体验式营销,增强产品信赖度

体验式营销是一种新的营销方式,已经逐步渗透到销售市场的很多角落。体验式经济时代的到来,对企业影响深远,其中主要表现在企业的营销观念上。所谓体验经济,是指企业以服务为重心,以商品为素材,为消费者创造出值得回忆的感受。传统经济主要注重产品的功能强大、外形美观、价格优势,而体验经济强调体验及思维认同,以此抓住消费者的注意力,改变消费行为,并为产品找到新的生存价值与空间。

随着体验经济的到来,田歌也应该作出改变,顺应时代潮流,进行体验式营销。就像前文提到过的农家乐,田歌可以在基地开设农家乐,让消费者品尝到田歌基地供养的鸭禽鸭蛋。消费者走进原材料,自己挑选原材料,更能了解田歌基地的运作,从而相信田歌,相信田歌的产品。田歌基地也可以增加消费者喂养的项目,让消费者体验到喂养家禽和牛、羊、梅花鹿等动物的乐趣,通过创造体验来吸引消费者,增加产品的附加价值。不管是农家乐还是消费者喂养,都能让消费者感受到被尊重、被体贴,从而增强消费者对产品的信赖。

(2)扩宽销售渠道,尝试新型销售方式

产品宣传是让消费者尝试并认可产品的重要途径。而通过网络销售平台,将文字和照片作为宣传媒介,将宣传与销售有机结合,是最有效的方式。对于田歌来说,最具有代表性的是其子品牌鸭子呐的推广问题,我们将以鸭子呐如何创意营销为例,对田歌的销售提出解决方案。

首先,前期宣传。鸭子呐是锁鲜卤味,此类形式在市场上多见的是周黑鸭以及绝味鸭脖。尤其是绝味鸭脖,通过大量的全国连锁店和顾客的熟悉心理,占领了实体市场。对于田歌来说,首先应该培养本地顾客的消费忠诚度。通过对消费群体的认定,鸭子呐将白领阶层作为自己的主要目标群体。金华著名的美食推送平台不失为一种较好的营销工具,通过与平台的合作,推广自己的微信平台和产品。运用一些低价打折策略,吸引学生群体。在学校周边开设实体店,吸引学生及家长前来购买。聘请学生团队,在校园内推广售卖散装即食产品,通过地域带动,让其他地区的人能够了解田歌。

而在特殊时期的销售,田歌要加强与天猫淘宝的互动,参与美食节、年终打折等大型网购活动,加入网购狂潮,增加网络影响力,让更多人尝试该产品。

同时,可以邀请年轻群体追捧的偶像明星进行产品形象代言,运用名人效应,提升产品价值。运用网络平台的博主和视频制作,通过发售产品品鉴的视频,通过"周黑鸭""绝味鸭脖"等品牌的热度,打响属于自己的网络效应。

同时,增加外送服务,通过外卖,让顾客足不出户享受美食,增进产品体验度,进一步打响子品牌,以便在市场中占据一定地位。

(3)抓住销售时机,大力推广特定产品

根据不同节日情况、节日消费心理行为、节日市场的现实需求和每种产品的特色,研发推广适合节日期间消费者休闲、应酬、交际的新产品,这是顺利打开节日市场通路,也是迅速抢占广阔的节日市场的根本所在。田歌主要生产咸鸭蛋、皮蛋,而这两种产品正好是端午节饭桌上的"常客"。田歌可以抓住端午节咸鸭蛋、皮蛋需求量大的机会,大力推广自己的产品。田歌还可以抓住端午节日的意义特征,为自己的产品进行包装。比如在端午节推出"端午礼盒装",在包装上增加祝福语进行宣传等。

我们认为田歌不只可以关注传统节日,也可以抓住其他时机,比如之前的"茶叶蛋事件",田歌完全可以抓住消费者的心理,做广告大力推广自己的咸鸭蛋和皮蛋,引起消费者的关注。

田歌还可以为自己的产品选择一个特殊的日子。如淘宝"双十一",田歌也可以选择一个特殊的时间对自己的特定产品进行促销,提高自己的产品和品牌的知名度。

(4)采取主动公关,积极应对食品安全问题

第一,食品安全是农副产品加工业无法避免的问题,因此,公司应该设立良好的应急处理机制,成立食品安全应急小组,由公司股东担当管理责任,保证小组内部信息的流通,使有效信息能够第一时间得到处理。

当事情发生后,田歌应该争取先机,第一时间核对信息,掌握舆情。企业公布内部情况,做到信息公开透明化,给顾客留下诚信的形象,占据制高点与主动权。坐等舆情平复反而会引起第二次的恶化。

第二,联系媒体,通过正规媒体的宣传,保证自己的形象不受损。当食品安全问题发生时,政府与民众关注于该事件,群体恐慌不仅会影响受罚企业,同时会影响其他正常企业,导致销售量和信任度的下滑。这个时间,企业的关注点就是媒体,通过媒体,维护自我形象,同时能够减少部分疑虑,获得社会认可和消费者的青睐。

第三,田歌应该积极联系权威机构,加强与研究院的合作,积极建立和推进维护食品安全的行业标准。利用自身的企业地位,组建民间的维权组织,帮助政府发现并打击不良企业,维护行业制度,保护自身利益不受损害。

第四,要加强与顾客之间的直接交流,如利用前文提到的信息交互平台,通过

网络直接解决顾客疑虑,公开生产流程,增加顾客的信任感。

同时,田歌可以从产品包装上入手,申请国家免检,或在包装上直接呈现生产的环境或者是流程二维码,使顾客更能贴近了解田歌,即使在食品安全恐慌发生的特殊时期也能放心购买田歌产品。

三、管理启示

(一)经验总结

从 1997 年成立公司、注册商标至今,浙江田歌实业股份有限公司一路发展,一路成长,从无到有,从小到大,精益求精,开发新产品,开创了武义县农业企业在注册公司的同时注册商标的先河。田歌创造的优秀成绩,对中国现如今很多农副产品加工企业有较强的借鉴意义。

田歌一开始就采取产供销一体化的经营方式,极大地节省了管理成本和运营成本;开创农产品的礼盒装,提高了农产品的包装和档次;开发了从鲜鸭蛋中提取蛋黄卵磷脂的技术,提高了公司的技术能力;进行校企合作,开发熟食鸭类,拓展公司的业务,创造出更大的效益。现在,公司已在全国中小企业股权转让系统新三板挂牌上市,意味着田歌实业事业发展迈上新台阶。

浙江田歌实业股份有限公司的成功之道在于内外兼修,与时共进。

1."于内"完善经营理念,创新发展科技力量

田歌在农产品原材料方面严格把控:开发了自己的养殖场,保证质量,实行自产自销;通过"公司＋合作社＋鸭农＋基地"的经营模式,由合作社统一采购鸭苗、统一饲料、统一防疫、统一技术培训,解决了规模、信息、技术、饲养环境等方面的问题,保证了原材料的质量与数量。

在原材料加工方面,田歌的鸭蛋加工厂区引进荷兰高端选蛋机以及最新的紫外线杀毒和高温灭菌的蒸炉,在其科技加工产区,田歌按照 GMP 标准建造 10 000 多平方米厂房,采用国际最先进的生产设备和加工工艺,进行蛋黄的深加工。在产品种类方面,开发了开袋加热就可食用的"养生老鸭煲",又利用酱老鸭的工艺,把整只鸭子分割开来,分别加工成小包装系列休闲食品。

在经营方面,田歌采用将养殖生产与销售结合的内部生产方式,大大加强了它

的成本优势,同时也能达到一定的规模经济效果,减少额外的生产剩余。直营直销的方式,减少了中间成本,使其较其他企业更胜一筹。为摆脱标准化,实现产品差异化战略,田歌通过不断研发和实验,使其制造产品纵向发展。田歌还计划采取体验式营销,在基地开设农家乐,让消费者品尝到田歌基地供养的鸭禽鸭蛋。消费者走进原材料,自己挑选原材料,能更了解田歌基地的运作,从而相信田歌,相信田歌的产品。

面对国家"五水共治"问题,田歌在九龙山研发了试验循环养殖技术和笼养鸭技术。"五水共治"导致了一些养殖基地关闭,田歌也正在计划运用技术,将养殖基地转换成体验基地,通过二维码等特殊方式,近距离向顾客展示养殖模式,加入农家乐形式,增加收益,减少因为政策导致的运营损失,创造收益和环保双赢的局面。

2."于外"重视品牌建设,完善网络销售渠道

田歌实业走出传统农副产品加工的第一步,就是对田歌的品牌建设添砖加瓦。面对消费者对产品高质量高要求的需求,田歌在创立第二年就创新推出了农副产品系列礼盒装,并设计了品牌形象和商标,有效地提高了产品本身的价值,使企业获取更大的经济收益。田歌为实现产品的多样化差异化,对于白领人群,田歌在大型商场和小区门口设立"鸭子呐"冷鲜卤味的售卖店,并大力发展网络营销,邀请大学生团队,拓宽年轻人市场。对于老年人群体,田歌研制开发了蛋黄卵磷脂,成功实现了从传统加工业向深加工发展的转型,通过产品打响了企业的品牌。

随着"互联网+"概念的兴起,农产品加工企业积极运用云计算、大数据等新技术,将互联网与传统农产品加工行业、线上线下营销渠道进行深度结合,开辟新的销售渠道。田歌销售渠道主要是企业订单和超商合作,也已经开始这种特殊销售渠道。田歌也尝试运营自己的微信号,开展微信购买业务,还在淘宝、天猫上开设了店铺,虽然效果不佳,但是在新时代的潮流中走出了第一步。

(二)行业启示

1. 顺应转型趋势,合作推进多方共赢

随着经济结构的改变,新兴工业不断兴起,发展迅速,极大地冲击和改变了原有的工业结构,传统工业转型是必然趋势。

许多企业借此抓住机遇,勇于转变。处于转型中的各大型企业可相互扶持,在

竞争中发展,以使各自的产品更适合消费者的需求。传统工业可以收购或兼并同类产品生产企业以迅速扩大经营规模,实现规模经济,巩固市场地位,也可以实施纵向一体化,对产品进行深加工或者自己提供原料自产自销。

两厂或多厂合并可优势互补,壮大规模。小型企业可通过融资的方式,增加设备产能及人员,依靠自身软实力来扩大规模。同行业内的小型企业也可通过挂靠大型企业,成为其附属企业,以获得更多、更广、更优质的行业资讯与订单来源。除此之外,企业还可以利用现有订单源,签约其他工厂为协力代工厂商,为该企业贴牌生产。

因此,行业支持企业之间的合作,不仅能更有效地实现转型,更能帮助整个行业走向更好的未来。

2. 化被动为主动,共筑健康行业规范

为更好地达成合作,行业内的各大小型企业应在行业领军人物和政府的支持下达成一定的共识,从而组成一个满足各方利益,能为企业以及行业的发展带来更多资源和机遇的行业协会。同时,协会内应结合行业规范和法律规定自主制定一系列管理条例,所有违反者应受到相应的处罚,使协会内的权利与义务相互制衡。

在农副产品加工行业,食品安全问题一直是行业难题。许多生产非必需品的企业,虽然在食品安全方面做到了最好,但是面临顾客对食品缺乏信任的大环境,许多企业无法维持日常的运营(一些农副产品加工的小作坊和小企业生产加工设备落后,食品生产加工不标准,从而导致食品安全问题频频发生)。

为了减少食品安全问题发生,协会首先要制定严格的食品安全标准,只有严格遵守这个标准的企业才能进入协会,进行行业资源共享。而每个通过食品安全检测的企业,协会会给定一个标识(与政府合作制定),用以告知消费者食品是否通过安全检测。其次,对于协会内的企业,协会会成立一个测评小组,每半年深入企业进行检查监督,以确保企业严格遵守食品安全标准。

当食品安全问题出现时,协会会进行企业探讨和合作,组织协会内企业共同面对食品安全问题,合力解决该食品问题,从而避免企业独自面对食品安全问题时不知所措、无能为力的局面。

因此,只有维护良好的行业规则,共同抵制违法违纪的生产行为,减少不信任事件的再发生,才能确保企业自身不受波及,使行业本身能获取更高的顾客信任度。

案 例 思 考 题

1. 浙江田歌实业股份有限公司的成功之道在于内外兼修、与时共进。 该公司于内于外都采取了哪些政策?

2. 通过该案例分析研究,对农副产品的转型升级有何启示?

3. 在田歌农副产品的转型升级过程中科技起到了怎样的作用? 请详细分析。

案例七

龙游飞鸡

一、相关理论

（一）农业与农业生态理论

生态农业是按照生态学原理和经济学原理,运用现代科学技术成果和现代管理手段,以及传统农业的有效经验建立起来的,能获得较高的经济效益、生态效益和社会效益的现代化高效农业。它要求把发展粮食与多种经济作物生产,发展大田种植与林、牧、副、渔业,发展大农业与第二、三产业结合起来,利用传统农业精华和现代科技成果,通过人工设计生态工程,协调发展与环境之间、资源利用与保护之间的矛盾,形成生态上与经济上两个良性循环,经济、生态、社会三大效益的统一。随着中国城市化进程的加速以及交通业的快速发展,生态农业的发展空间将得到进一步深化发展。

农业与农业生态理论是数字农业的理论基础,现代农业或高科技农业必须符合农业与农业生态理论,农业的机械化、自动化和信息化都要遵循农业与农业生态理论才能发挥作用和产生很好的效果。本案例的创新发展就是基于生态农业理论,在"龙游飞鸡"的发展过程中将生态农业作为理论化基础进行实践。

（二）农业经济与农业管理理论

在社会主义条件下,农业经济管理是国家领导管理农业发展的重要方面。其主要任务就是要按客观经济规律和自然规律的要求,在农业生产部门中合理地组织生产力,正确地处理生产关系,适时地调整上层建筑,以便有效地使用人力、物力、财力和自然资源,合理地组织生产、供应和销售,妥善地处理国家、企业和劳动者之间的物质利益关系,调动广大农业劳动者的积极性,提高农业生产的经济效益,最大限度地满足社会对农产品的需要。

数字农业属于高度科学管理的农业。数字农业要达到较好的经济效益,必须遵循农业经济与农业管理理论。作为本案例的创新基石,农业经济与农业管理理论给"龙游飞鸡"的发展提供了坚定的理论基础。

二、案例分析

（一）企业概况

浙江宗泰农业发展股份有限公司创立于 2016 年 5 月,位于衢州市龙游县龙游街道山低村。企业注册资金为 500 万元,办公营业面积 750 平方米,是一家以互联网为销售平台,以"物联网＋区块链"为支撑的现代化数字农业平台型企业,也是龙游县首家股改挂牌农业企业。公司在职员工 37 人,拥有农民养殖团队 500 多户,共计 1 000 多人,形成了养殖、防疫、检验、物流、销售等一条龙的管理服务团队。企业年营业额达 8 000 万元。

该公司以龙游县本地原产品种、龙游县志记载的龙游麻鸡为主要经营产品,进行产业化运营,其旗下垂直电商品牌"龙游飞鸡"通过"一个平台,两条线,三创五步"的新型商业模式,让麻鸡复活,飞鸡起飞,打造"龙游金名片"。该公司拥有科学完整的质量管理体系,在龙游全县布局 500 个饲养基地,运用产业文化,分享"共享平台＋新农人田园综合体"组合拳,建设美丽乡村,带动农户创收,让农民真正做到人人有事做、家家有收入。同时让更多都市人回归田园,打造都市人的第二家园。企业的文化宗旨是"对待农户要务实,对待用户要真实,对待工作要诚实"。

（二）行业分析

前文详细介绍了企业的概况,那么什么样的环境使"龙游飞鸡"在短短的 2 年之内发展得如此之快并且得到了社会的认可和重视? 表 7.1 梳理了"龙游飞鸡"所在的行业现状。

表 7.1　　　　　　　　　　　　行业分析

内　容	具体说明
政策环境	乡村振兴:适应国内外复杂形势变化对农村改革发展提出的新要求,抓重点、补短板、强基础,围绕"巩固、增强、提升、畅通"深化农业供给侧结构性改革,坚决打赢脱贫攻坚战 精准扶贫:对象精准、内容精准、目标精准、措施精准、考评精准,产业扶贫 数字农业:扩大农业物联网示范应用,推进重要农产品全产业链大数据建设,加强国家数字农业农村经济系统建设
经济环境	消费层面:"龙游飞鸡"平台的数字化和透明化,24 小时内尽快送达和航空冰袋为杀好的鸡保鲜的物流模式 国家收入:一只鸡卖 200 元,农民能拿到 150 元,公司拿 50 元 资源成本:固定的养鸡场地、饲料、方法,这就大大减少了原本养鸡所需要消耗的土地资源和成本
社会环境	社会现状:积极推动大学生创业。帮助恢复农村原貌,以农村为主的情怀路线。"龙游飞鸡"平台的数字化和透明化,增强了消费者对食品安全的信任感 社会需求:高质量生活品质需求,要新鲜并且安全的食品
技术环境	互联网基础:虚拟经济,互联网在虚拟市场中各个产品的体现,如支付手段、在线服务等。平台经济,电子商务平台、金融支付平台。随着互联网技术的不断推陈出新,出现了很多互联网平台和传统行业相融合的产业 物联网应用:每个人都可以应用电子标签将真实的物体上网联结,在物联网上都可以查出它们的具体位置。通过物联网可以用中心计算机对机器、设备、人员进行集中管理、控制,同时通过收集这些数据,最后可以聚集成大数据 区块链创新:强大的数据库

1. PEST 企业环境分析

（1）政策环境

近几年来政府对农业的发展越来越重视,国家认为农业、农村、农民问题才是关系国计民生的问题。没有农业农村的现代化就没有国家的现代化。而目前我国最重要的问题是农村发展相对落后。

"龙游飞鸡"积极发展优化农业,将当地特有的土鸡作为发展对象,带动当地的农民一起养鸡,争取让农民真正做到人人有事做,家家有收入,给贫困的农民们带来了提高经济收入、提升生活水平的希望。"龙游飞鸡"改善了原有的养鸡、买鸡模式,开创了 SMART 新型运作模式。"龙游飞鸡"积极投身数字农业,融入"互联网+物联网+区块链"时代潮流,让顾客不仅可以在线上平台买鸡,还可以 24 小时实时监控每一只鸡的成长过程。

"龙游飞鸡"的发展与我国政策息息相关,在 2019 年颁布的中央 1 号文件《中共中央 国务院关于坚持农业农村优先发展做好"三农"工作的若干意见》适应国内外复杂形势变化对农村改革发展提出的新要求,抓重点、补短板、强基础,围绕"巩固、增强、提升、畅通"深化农业供给侧结构性改革,坚决打赢脱贫攻坚战,充分发挥农村基层党组织战斗堡垒作用,全面推进乡村振兴。该文件指出:不折不扣完成脱贫攻坚任务;着力解决突出问题,注重发展长效扶贫产业;调整优化农业结构;加快发展乡村特色产业;大力发展现代农产品加工业;实施数字乡村战略,深入推进"互联网+农业",扩大农业物联网示范应用。推进重要农产品全产业链大数据建设,加强国家数字农业农村经济系统建设。

2018 年颁布的中央 1 号文件《中共中央 国务院关于实施乡村振兴战略的意见》中提出,必须立足国情农情,顺势而为,切实增强责任感、使命感、紧迫感,举全党全国全社会之力,以更大的决心、更明确的目标、更有力的举措,推动农业全面升级、农村全面进步、农民全面发展,谱写新时代乡村全面振兴新篇章。具体措施是:打好精准脱贫攻坚战,增强贫困群众获得感;推进体制机制创新,强化乡村振兴制度性供给;汇聚全社会力量,强化乡村振兴人才支撑;构建农村一二三产业融合发展体系;开拓投融资渠道,强化乡村振兴投入保障。同时还提出了精准扶贫的五个标准:对象精准、内容精准、目标精准、措施精准、考评精准。在这样的政策环境支持下,"龙游飞鸡"得到了快速的发展和广泛的重视。

2019 年 5 月 16 日,中共中央办公厅、国务院印发的《数字乡村发展战略纲领》中提到:要把数字乡村摆在建设数字中国的重要位置,争取到 2020 年数字乡村建设取得初步进展;到 2025 年数字乡村建设取得重要进展;到 2035 年数字乡村建设取得长足进展;到本世纪中叶全面建成数字乡村。要夯实数字农业基础,推进农业数字化转型;推动农业装备智能化,优化农业科技信息服务,全面繁荣发展数字农业。近年来与农业相关的政策见表 7.2。

表 7.2　　　　　　　　　　　　　相关政策文件

发布时间	发布单位	文件名	相关内容
2019 年 6 月	中共中央 国务院	《关于加强和改进乡村治理的指导意见》	实现乡村有效治理是乡村振兴的重要内容
2019 年 2 月	国务院	中央 1 号文件《农业农村部关于做好 2019 年农业农村工作的实施意见》	在数字农业方面,提出要强化农业科技创新推广、推进农机化转型升级以及实施数字乡村战略。国家与地方政府大力支持,高额补贴,激励数字农业项目落地,指明数字农业具体发展方向
2019 年 2 月	中共中央 国务院	《中共中央 国务院关于坚持农业农村优先发展做好"三农"工作的若干意见》	聚力精准施策,决战决胜脱贫攻坚实施数字乡村战略。深入推进"互联网＋农业",扩大农业物联网示范应用。推进重要农产品全产业链大数据建设,加强国家数字农业农村系统建设
2019 年 2 月	农业农村部 国家发展改革委 科技部 财政部 商务部	《国家质量兴农战略规划(2018—2022 年)》	加快数字农业建设,实施数字农业和"互联网＋"现代农业行动,鼓励对农业生产进行数字化改造,加强农业遥感、大数据、物联网应用,提升农业精准化水平
2018 年 9 月	中共中央 国务院	《乡村振兴战略规划(2018—2022 年)》	坚持乡村全面振兴。把打好精准脱贫攻坚战作为实施乡村振兴战略的优先任务,推动脱贫攻坚与乡村振兴有机结合相互促进,确保到 2020 年我国现行标准下农村贫困人口实现脱贫,贫困县全部摘帽,解决区域性整体贫困

(2)经济环境

"龙游飞鸡"采用新型数字化农业平台,方便顾客在平台上购买"龙游飞鸡"的产品,并且在购买的时候还可以实时关注鸡的成长情况,做到透明化。而且还与顺丰快递公司形成了一套专门的快递模式以及一套完整的杀鸡和包装鸡的流程。这一平台所带来的经济效益是颇为可观的。

从消费层面来看,因为"龙游飞鸡"平台的数字化和透明化,消费者能够实时地看到鸡的具体情况,这大大提升了消费者对其产品的信任度。而且现代的消费理念偏向于网上购物,大多是宅在家里买东西,而不是出去买。"龙游飞鸡"的这种24 小时内尽快送达及利用航空冰袋为杀好的鸡保鲜的物流模式大大提升了消费者的幸福感,从而增加了消费需求,给"龙游飞鸡"带来了巨大的收益。

从收入分配来看,"龙游飞鸡"的 SMART 新型运作模式是一只鸡卖 200 元,农民能拿到 150 元,公司拿 50 元。虽然企业的利润不是特别大,但长期累积起来也是一笔不小的数目。而且企业主打的是精准扶贫,对贫困的地方进行扶助,让农民有钱赚。例如养殖户张宝林,他算了一笔账,养殖"龙游飞鸡"5 个月,仅鸡蛋的收入就有 5 000 多元,手上拿的是刚出售的"飞鸡"的钱。现在山上还有 270 只鸡,可以卖 25 000 元以上。除去一年的成本,一年可增加收入 25 000 元以上。此例子可以证明"龙游飞鸡"给扶贫带来的巨大帮助。而且我国农业相对落后,但第二、第三产业发展较为稳定。只有实现农业现代化才能使国家现代化,国家才能更加稳定全面地发展,国家收入才会提高,全体人民才能共同富裕。

从资源成本来看,"龙游飞鸡"采用的是本地鸡,有专门的鸡苗、养殖基地、养鸡的培训。企业拥有了固定的养鸡场地、饲料、方法就相当于拥有了固定的资源,这就大大减少了原本养鸡所需要消耗的土地资源和成本,因为原本养鸡模式是散养,而且当地的麻鸡体格小、养殖时间长,很难成功养活。同时养殖产业也可以缓解人口资源过多、就业难、资金短缺等方面的问题。

(3)社会环境

从社会现状来看,当前社会中大学生就业率低,失业率居高不下,许多人想走农村情怀路线却不知道从哪里找到突破口。农村发展相对落后:农产品阶段性供过于求和供给不足并存,农业供给质量亟待提高;农民适应生产力发展和市场竞争的能力不足,新型职业农民队伍建设亟需加强;食品安全问题较严峻,大家普遍不相信食品是安全的,不添加任何东西。而"龙游飞鸡"SMART 新型运作模式带给大学生们一个很好的创业模版,积极推动大学生创业。与此同时,还通过养鸡打开振兴农村的大门,帮助恢复农村原貌,以农村为主的情怀路线、不忘初心,给予那些走农村情怀的人帮助,教他们如何选择、应该有怎样正确的思想。"龙游飞鸡"完整的精准扶贫路线,甚至达到精准扶贫五个标准,极大地增加了农村贫困人口的收入,减少了贫困人口数量,缓解了贫富差距大的问题。"龙游飞鸡"透明化的数字农业平台,让消费者可以实时看到鸡的成长情况,追溯到每只鸡、每个蛋,增强了消费者对食品安全的信任感。"龙游飞鸡"的发展、经营模式都与现代化社会环境相符。

从社会需求来看,随着人们对于高品质生活的追求,对新鲜并且安全的食品会更为钟情。而"龙游飞鸡"平台的数字化管理,做到透明化,极大地保证了食品的安全问题,而且 24 小时内送达以及航空冰袋保鲜的物流模式确保了麻鸡的新鲜程度,从而满足了现代人的社会需求。在此社会环境之下,"龙游飞鸡"得到了广泛的认可。

(4)技术环境

互联网技术的不断发展带来了虚拟经济、平台经济等多种经济发展模式。企业可以利用这些模式,从服务客户的角度出发,结合企业内部发展特点和发展方向,创新公司发展模式。虚拟经济模式主要指在线经济,即互联网在虚拟市场中各个产品的体现,如支付手段、在线服务等。这些产品研制和开发不需要投入很多的成本,相对效益比较高,可以给企业带来快速发展的机会。平台经济模式是以电子商务为平台的营销和消费方式,是现代经济发展的重要模式之一,如电子商务平台、金融支付平台等都是平台经济的具体表现形式。近年来,随着互联网的发展,平台经济模式得到了迅速发展并且出现多元化的发展趋势。随着互联网技术的不断推陈出新,出现了很多互联网平台和传统行业相融合的产业,这些企业作为互联网技术应用的首批成功实践者,已经形成了强有力的企业竞争力。本案例的研究就是基于互联网的基础产生的。

物联网是互联网、传统电信网等信息承载体,它是让所有能行使独立功能的普通物体实现互联互通的网络。物联网是新一代信息技术的重要组成部分,也是信息化时代的重要发展阶段。物联网就是"物物相连的互联网",这有两层意思:其一,物联网的核心和基础仍然是互联网,是在互联网基础上的延伸和扩展的网络;其二,其用户端延伸和扩展到了任何物品与物品之间,进行信息交换和通信,也就是物物相联。

物联网将现实世界数字化,应用范围十分广泛。在物联网上,每个人都可以应用电子标签将真实的物体上网联结,在物联网上都可以查出它们的具体位置。通过物联网可以用中心计算机对机器、设备、人员进行集中管理和控制,通过收集这些数据,最后可以聚集成大数据。本案例分析的"龙游飞鸡"SMART 模式与物联网技术密不可分。

区块链(Blockchain)是分布式数据存储、点对点传输、共识机制、加密算法等计算机技术的新型应用模式。区块链本质上是一个去中心化的数据库,同时也是比特币的底层技术,是一串使用密码学方法相关联产生的数据块,每一个数据块中包含了一批次比特币网络交易的信息,用于验证其信息的有效性(防伪)和生成下一个区块。一般来说,区块链系统由数据层、网络层、共识层、激励层、合约层和应用层组成。这为"龙游飞鸡"发展形成了一个强大的数据库。

2. 格鲁夫六力分析

本书梳理了"龙游飞鸡"所处的企业环境情况(见图7.1),并对现存竞争者、供应商、客户等环境进行了详细分析。

图7.1 企业环境分析

(1)现存竞争者

现在广为流行的生鲜平台,就是"龙游飞鸡"一大竞争对手,如易果生鲜、盒马生鲜等。用户可以通过生鲜平台来直接购买其所需要的产品——土鸡,这与"龙游飞鸡"自身的平台和产品形成了一种有形的对抗,从而给"龙游飞鸡"施加了相应的竞争压力。现在的生鲜平台越来越成为潮流,成为人们生活购物的一部分,导致人们对生鲜平台产生强大的依赖性,这样对"龙游飞鸡"自身的平台更是一种压力。

现在的生活虽然已经开始网络化,但人们的购物习惯还是以线下为主,特别是果蔬禽类的购买,人们更习惯于到菜市场进行。土鸡市场的存在,对于"龙游飞鸡"来说,一定程度上也造成了不小的竞争压力。

(2)供应商

"龙游飞鸡"是自产自销的垂直平台,它的供应商是唯一的,也就是它旗下合格认证过的农户。

"龙游飞鸡"的农户是经过严格审查的。要成为"龙游飞鸡"的供应商,农户要去当地的村政府报名,经过党支部审查,合格者才能进入公司接受再次审核,合格后才能成为"龙游飞鸡"的农户。就算顺利成为了"龙游飞鸡"的签约农户,一旦在合作中发现不符合公司所规定的事项,农户仍会被公司除名。这样一来,"龙游飞鸡"的供应商得到了极大的保证。这样的供应商也是"龙游飞鸡"的优势,为其成功奠定了良好的基础。

①供应商的供货质量保证

"龙游飞鸡"采取物联网技术,对每家每户的养殖情况进行监督,并且采取区块链溯源系统,一旦发现质量问题,则可以查询至哪个农户的哪只鸡。这样一来,质量问题的出现便会减少。一方面,运用物联网技术,能够快速发现问题所在;另一方面,农户也会因为受到监督而不会随便敷衍。如此一来,农户的供货质量便得到了充分的保证。

②供货商的供货数量保证

"龙游飞鸡"对农户的产品进行统一收购,并且使得其收购价格高于普遍市场价,这样,农户的产品就只会供应给"龙游飞鸡","龙游飞鸡"也就不会担心供货数量的问题,并且还可以根据订单的数量来决定农户的数量,从而控制产品数量,进而达到产销平衡,实现最大效益的创收。

3. 客户

"龙游飞鸡"的客户主要在杭州、北京、上海、成都、重庆、深圳这样的一线或准一线城市。

(1)定位决定客户

"龙游飞鸡"对于产品的高端定位决定了其必定会选取高端市场作为其主要市场,而以上这些一线城市,就是最好的高端市场。"龙游飞鸡"从一开始就打算做土鸡行业里的高端市场,高品质、高定价是"龙游飞鸡"的定位方向,而如此的定位,必然不可能在普通城市实现目标,所以,就形成了以上这些一线城市的客户群。

(2)需求决定客户

以上的重点城市,居民生活条件普遍较好,更趋向于追求高品质的生活,而相对会减少对于价钱的考虑。"龙游飞鸡"的产品定价较高,但有良好的品质保障,与上述城市的需求正好匹配,"龙游飞鸡"当然会产生这些超一线城市的客户群。同时,这些城市的企业大多会向员工提供一些果蔬禽类的公司福利,"龙游飞鸡"顺此环境推出相等价位的会员卡,以满足这些市场对于果蔬禽类的需求。

4. 潜在竞争者

(1)趋势产生的潜在竞争者

如今,我国大的市场方向都趋向于数字农业,长期发展下去,那么以后的农业都会实行数字化,久而久之,"龙游飞鸡"也将会失去其特色。包括土鸡行业在内的相关农副产业也将会进入许多竞争者,这对于"龙游飞鸡"将会是不小的挑战。

(2)分享产生的潜在竞争者

"龙游飞鸡"的创始人陈涌君,一直致力于将自己成功的"龙游飞鸡模式"推广开来,这样的初心是一般的企业家所不能及的,当然,这也会给自己带来不小的竞争压力。虽然模仿不一定能够成功,但总是不乏优秀人才对此模式进行学习,甚至于改良,然后取得成功。他们的加入也会对"龙游飞鸡"本身形成竞争。

5. 产品替代方式

(1)本身的产品的替代方式

"龙游飞鸡"的产品是龙游当地的一种土鸡—— 龙游麻鸡,该品种的土鸡具有较多优良的特性,耐养省料、适应性强、肉质鲜美、产蛋率高,也正是如此,"龙游飞鸡"才会选择这一品种进行养殖。但龙游麻鸡也存在缺点,比如"长不大",成年麻鸡体重也只有 1.5 千克左右,这还是全身重量,如果处理过后,连 1 千克都不到,这样就会在一定程度上影响利润。一旦发现更好的鸡种,那么就会对龙游麻鸡产生替代冲击,"龙游飞鸡"的麻鸡就会受到不小的影响。

(2)"龙游飞鸡"模式下的产品的替代方式

鸡只是"龙游飞鸡"模式中的一部分,并不是必需品,在这个模式下,新鲜果蔬、牛羊肉、猪肉等,都能够成为替代麻鸡的产品。因为"龙游飞鸡"模式主要是依托于"互联网+物联网"形成的,是一种垂直电子商务的应用,所以,产品这一环节的可替代性是很强的,以上的农产品都可以成为麻鸡的替代品。

6. 协力者的力量

(1)店中店的力量

基于"龙游飞鸡"创新的营销模式,可采取"店中店"的营销模式,即在理发店、茶馆、服装店中摆设一个小型鸡窝,提供二维码,并与店家达成10％～15％利润佣金的协议,从而达到营销的目的。这样一来,这些看起来跟农产品毫无关系的店面,都成为了"龙游飞鸡"销售的协力者,这样的协力者不仅能够减少营销成本,而且能够更加有效地达到宣传的效果,为"龙游飞鸡"知名度的打开提供了极大的帮助。

(2)龙游商会的力量

龙游县有14家龙游商会遍布全国各地,有许多外出经商的人,而他们在外经商会格外思念家乡的味道,这样的乡情使得龙游商会十分愿意去帮助"龙游飞鸡"推广和发展,并且"龙游飞鸡"也会带来龙游人的自豪感。如此,就使得龙游商会更加愿意去协助"龙游飞鸡"的发展。这样的协力者,无疑是"龙游飞鸡"强盛发展的推动者,这也是乡情力量的充分体现。

(3)政府支持的力量

"龙游飞鸡",从一开始便致力于精准扶贫,从起初的只挑选低收入农户,到现在的四川扶贫,都是企业文化的充分体现。这样的企业,这样的企业文化,怎么会不受到政府的支持呢? 首先,政府在政策上必定会支持扶贫项目的推进,这便有利于企业的正向发展。其次,政府也会在经济上给予一定支持,如保险、启动资金等,都是政府对"龙游飞鸡"的支持。当然,这也是"龙游飞鸡"顺应当下趋势,优秀的企业文化所带来的支持力量。

(三)数字化农业 SMART 模式分析

根据"龙游飞鸡"的实际做法与经验,我们提炼了"龙游飞鸡"SMART 运作模式(如图 7.2 所示)。S 是 Security Service,即养殖保障服务;M 是 Monitor System,即数据监控系统;A 是 Agricultural Finacial Service,即农业金融服务;R 是 Receive Platform,即电子商务平台;T 是 Trace System,即产品溯源系统。SMART 模式是在"龙游飞鸡"区块链技术上建立起来的具体应用模式。在"龙游飞鸡"SMART 运作模式中运用"互联网＋区块链＋物联网"实现了对养殖场、养殖环境的实时监控,对飞鸡的养殖与生长环境、生态喂养、检验防疫、安全保障等进行了较为完善的数据检测。"龙游飞鸡"运用区块链开发建立了"溯源系统",为每个农户、每只鸡、每枚蛋建立了身份标识,可追溯、可追踪,极大地保障了产品品质及安全。在"区块链+物联网"的帮助下,"龙游飞鸡"还为农民养殖大数据做了一个信贷佐证和农民生态养殖保险。"区块链+物联网"带来的最大优势就在于物联网数据与互联网平台对接,使得数据的时效性得以改善。"龙游飞鸡"SMART 模式具体运作如图 7.2 所示。

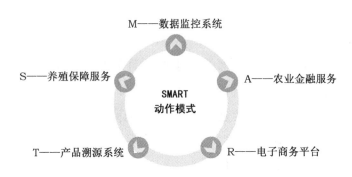

图 7.2 "龙游飞鸡"平台管理模式图

1. S —— 养殖保障服务

(1)养殖保险

目前养殖业所有的保险都是阶段性的。"龙游飞鸡"最高的保险额度是 120 元保一只鸡。保险公司通过"龙游飞鸡"的"物联网+互联网"的数据确定每只鸡的投放量、投放额度和周期。

(2)"三免两保十统一"

在"龙游飞鸡"的物联网新型管理模式下,"龙游飞鸡"还为农户提供了"三免两保十统一"的保障。"三免"即免费提供 2 个月成熟鸡种,免费搭建鸡棚、围栏等农户配套设施,免费安装实时监控设备;"两保"即按市场价、保护价包销收购鸡和鸡蛋;"十统一"即统一质量标准、统一飞鸡发放、统一防疫检疫、统一搭建鸡棚围栏、统一环保要求、统一技术指导、统一生态养殖标准、统一上保险、统一监控管理、统一收回销售。

2. M——数据监控系统

数据监控在养殖方面主要体现在:(1)"种源",实时监控鸡的生长状况;(2)"场地",实时监控水和空气质量;(3)"喂养标准",如果农户喂的不是"龙游飞鸡"定制的食料,那么通过数据监控在后台可以随时观测;(4)"人",通过后台视频能够观测农户的养殖工作。

3.A——农业金融服务

农民在从事生产活动中最大的问题是什么？答案是金融服务。"龙游飞鸡"提供了农业金融服务,通过"龙游飞鸡"的数据,将农户养殖和收入的数据作为银行贷款的一个佐证,帮助农户解决了贷款很多的棘手问题。如果一个农户一年通过养鸡可以赚10万元,那么他在"龙游飞鸡"提供的金融服务的帮助下去银行贷款就可以贷5万元。"龙游飞鸡"提供了有力的数据支撑。第一个是农户的收入数据;第二个是农户拥有的产品数量,这两个数据向银行提供了财力佐证,农户可以凭此申请贷款。这就是"龙游飞鸡"基于物联网新型管理模式下的农业金融。

4.R——电子商务平台

"龙游飞鸡"大部分是通过线上销售的,销售需要电子商务的互联网平台,而互联网平台又需要物联网的数据上传,两者打通后数据共享,这就是大家能够在"龙游飞鸡"的平台上看到直播的原因,"龙游飞鸡"的技术可以让它架接起来,24小时都可以流畅地看到视频内容。这就是"龙游飞鸡"基于物联网新型管理模式下的电子商务(见图7.3)。

图7.3　"龙游飞鸡"电子商务平台

5.T——产品溯源系统

"龙游飞鸡"的每个农户都有一个牌子,牌子上面的logo都有一个编号,每个编号都对应它自己的鸡和蛋。"龙游飞鸡"能够保证用户的每一枚蛋和每一只鸡都能清晰地对应,这在后台也可以随时监测。销售出去的产品去向以及每种产品来自哪个农户都能进行追溯,确保产品质量有源可溯。这就是"龙游飞鸡"基于物联网新型管理模式下的溯源系统。

(四)企业创新

数字化农业背景下的"龙游飞鸡"创新之路主要包括管理模式的创新、零售模式的创新、商业模式的创新以及产业融合的创新,如表7.3所示。

表 7.3   "龙游飞鸡"创新发展之路

创新点	具体做法
管理模式的创新	从传统管理模式转变为物联网新型管理模式
零售模式的创新	从传统零售模式转变为垂直电商新销售模式
商业模式的创新	一个平台、两条线、"三步五创"
产业融合的创新	一二三产业融合,助力乡村振兴

1. 管理模式创新

"龙游飞鸡"管理模式的创新主要体现在其对数字化的应用。数字农业是将数字化信息作为农业新的生产要素,用数字信息技术对农业对象、环境和全过程进行可视化表达、数字化设计、信息化管理的新兴农业发展形态,是数字经济范畴下用数字化重组方式对传统产业进行变革和升级的典型应用之一。

(1)传统管理模式

与数字农业相比,传统农业主要依靠过去积累的经验或手艺来进行判断决策和执行,以"人"为核心,这也导致了整体生产环节效率低、波动性大、农作物或农产品质量无法控制等问题。

中国传统管理思想比较重视关注"和"的重要性,中国传统文化倡导的天人合一,就是要求人为之事必须要顺应天意,将天之法则转化为人之法则,以达到天与人的和谐统一。对现代企业管理而言,同样要将企业的协调管理置于重要位置,将"和谐"的理念运用到企业管理当中。只有在企业内部之间达到员工与员工、员工与领导、部门与部门乃至在企业外部达到不同企业间、企业与社会的协调统一,才能有力促使企业的健康发展。

我国的企业管理模式如今正处于一个转换期,中国传统的管理思想和理念固然为企业创新管理奠定了坚实的基础,但是企业要长远地顺应市场并健康发展还是需要颠覆传统,不断创新。

(2)物联网新型管理模式

企业管理是企业发展过程中最重要的工作内容,传统的管理模式已无法适应当下飞速发展的市场环境,合理利用大数据对企业管理模式加以创新是符合时代要求的重要举措。

而在数字农业模式中,通过数字化设备,比如养殖场摄像头监控、养殖环境检测、鸡饲料检测、无人机航拍等,以实时"数据"为核心来帮助生产决策的管控和精准实施,并通过海量数据和人工智能对设备的预防性维护、智能物流、多样化风险管理手段数据和技术支持,可以大幅度提升农业产业链运营效率并优化资源配置效率等。

在大数据化的时代背景下,"龙游飞鸡"也对自己的管理模式进行了创新。从基础的农业到"互联网+农业",这其中的应用十分科学和谨慎。在颠覆传统管理模式的基础上,"龙游飞鸡"结合了数字化技术,开创了"互联网+物联网+农业"的新型管理模式,呼应了数字农业新时代。图7.4为传统农业管理与数字农业管理对比。

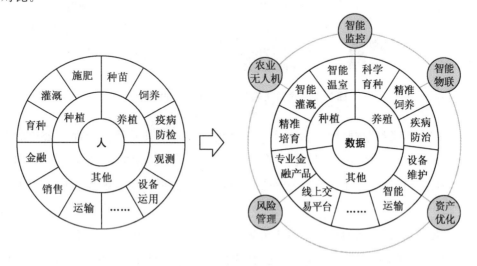

图7.4 传统农业管理与数字农业管理对比

　　"龙游飞鸡"的物联网管理模式拥有一个完善的养殖运营服务平台（见图7.5）。在这个物联网平台中，鸡场的信息以及养殖的环境都是可以被实时监测的。消费者在"龙游飞鸡"公众平台上通过24小时的监控直播清晰地看到鸡场的状态和整个养殖环境（见图7.6）。除此之外，这种监测体系的数据监控对于养殖来讲还有以下几个方面的好处：第一个是"种源"，鸡在什么样的状态下生长，这方面是需要数据监控的。第二个是"场地"，对于水和空气都有一个监测。第三个是"喂养标准"，如果农户喂的不是"龙游飞鸡"指定的食料，那么通过物联网平台在后台是看得到的。因此，这一种数据检测对于消费者和养鸡农户都是一种十分安全和重要的措施。

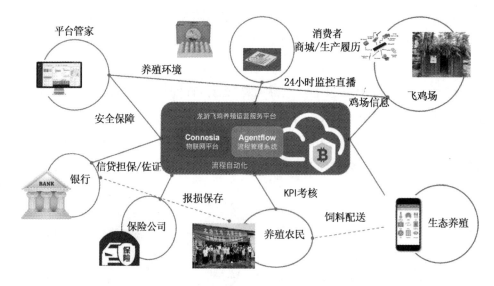

图7.5　"龙游飞鸡"物联网新型管理模式图

　　在"龙游飞鸡"物联网平台上十分重要的一个环节便是银行与保险公司的对接。通过"龙游飞鸡"物联网管理平台的数据，每个农户养殖的数据、收入的数据都能作为银行贷款的一个佐证。这种物联网的直接数据反馈能解决农户的很多问题。

　　"龙游飞鸡"物联网管理平台十分紧密严谨地结合了平台、消费者、养殖场、农户以及银行和保险公司的关系，在它们中间形成了一个纽带，使得生产、管理、销售过程简单化、清晰化。这种新型管理模式的出现是颠覆性的。

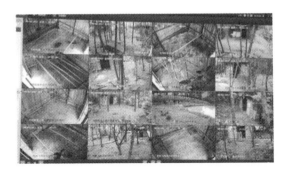

图 7.6 "龙游飞鸡"直播系统

2. 零售模式创新

(1)传统零售模式

传统零售模式主要表现为以实体店面为基础进行的经营活动,是商品零售运营模式的一种形式。我国目前大多数企业都还是使用传统零售模式,以集成式的实体店为主体进行销售,同时具备仓储、配送和售后服务等功能。随着信息技术的不断发展,商品流通性能的逐渐增强,传统零售模式已不能够满足市场的需要,其核心竞争力也随之逐渐下降。此外,近年来一些国际大公司开始进入中国市场,并以其先进的管理方式、营销手段和强大的品牌影响力,迅速夺取市场份额,使我国传统零售模式面临着更大冲击。

传统零售模式的成本主要包括店铺租金、仓库管理费、人员工资等。传统零售模式由于店铺面积的限制,销售的商品不全面,主要陈列一些销量高的商品,以尽快地做到资金回流,从而使得资金的利用率达到最大化。

传统零售比网络零售投入的资本多,但商品结构的单一性导致其抵御风险的能力较弱。传统零售面临着许多风险,其中最主要的就是城市商业中心的转移导致客源的持续性减少,另外就是由于前期的巨大投资导致其无法再进行新的投资。资金的灵活度不高是传统零售行业存在的巨大弊端。

（2）垂直电商销售模式

互联网改变了商业的运作模式，以电商平台崛起的各类商业运营模式冲击了传统的零售模式，迫使大量实体企业不得不加入"互联网＋"的改造升级队列中。然而纯粹的电商运营模式远不能够满足消费者日益凸显的个性化、便捷化服务需求，以消费者为核心，借助大数据展开的精准营销，以及快速柔性的供应链生态模式，正在加快促进线上平台与线下销售的融合，为消费者提供更加优质便捷的商业服务。一个崭新的全平台、全网络、全渠道销售生态体系正在形成（如图 7.7 所示）。

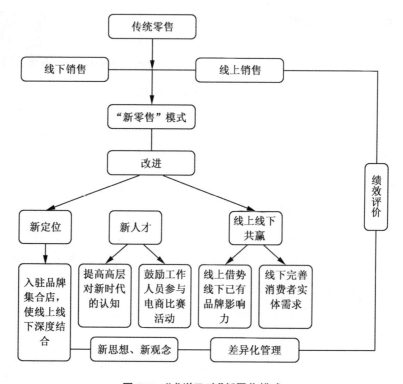

图 7.7 "龙游飞鸡"新零售模式

由于个性化服务具有"定制性"的特点，对大数据处理和应用能力要求更高，因此对实体店而言是巨大的挑战。如何为每位消费者"量体裁衣"，提供消费者所想要的服务不仅考验零售商的数据收集能力，更考验的是数据分析能力。目前大部分零售企业主要通过 POS 交易、会员卡等传统渠道收集消费者数据，能从多个渠道全面获取消费者数据的企业不多。

　　在构建垂直电商购物平台的过程中集合智能 Wifi、移动 App、LBS 定位、移动支付、微信微博平台、智能车库、电子互动屏等设施打出组合拳将线上线下融为一体，为消费者带来了空前便捷的时尚购物体验。"龙游飞鸡"在对零售方式的构建中选择了拥抱科技，形成自己"互联网＋农业"的垂直电商平台（如图 7.8 所示）。

图 7.8　"龙游飞鸡"垂直电商平台

　　"龙游飞鸡"通过垂直延伸产业链形成了"互联网＋农业"的垂直电商平台营销

模式,这种模式中,典型的操作方式是以"家庭会员宅配"为主,通过在农业企业中进行充值的形式,用户可以直接在第一时间,收获新鲜的农产品,并且农产品企业能够保证用户购买到的农产品无农药、来源可追溯。这也正是"龙游飞鸡"的垂直电商模式。

"龙游飞鸡"的产品大部分是通过线上销售的,销售需要电子商务的互联网平台,而互联网平台又需要物联网的数据上传,两者打通后可实现数据共享。消费者能够在平台上直观地看到养殖情况,农户也能直接地给予消费者反馈。这是垂直电商平台的优势。

依托垂直电商平台的营销能力,让消费者和农户直接对接,取消了中间商。这种新的零售模式将会是未来农业发展的新引擎,也是最为关键的发展路径。"龙游飞鸡"的垂直电商新零售模式在一定程度上也引领了新型数字化农业发展。

3. 商业模式创新

随着网络科技的发展与领域创新,依托于互联网快速兴起的电子商务已然占据了商业零售市场的主体地位,这在一定程度上给传统零售批发行业带来了强有力的冲击,电子商务的蓬勃发展进一步促进了商业组织形式的转变,并且推动了传统商业结构模式的创新。电子商务模式的普及在悄然间改变了工业生产及人们的日常生活,能够满足人们日益提高的物质文化生活需求,使人们足不出户就"买尽天下货"。"龙游飞鸡"对商业模式的创新主要体现在"一个平台,两条线,三创五步"(如表 7.4 所示)。

表 7.4   "一个平台,两条线,三创五步"模式

一个平台	"龙游飞鸡"垂直电商平台
两条线	线上电商销售,线下直营店销售
"三创"	通过创新的商业模式带动农民创业创新,创造一种新的营销方式
"五步"	通过数据监控系统、溯源系统、农业金融服务、电子商务平台、养殖保障服务创新物联网新型管理模式

一个平台就是指垂直电商平台,两条线就是线上线下两条线。线上,"龙游飞鸡"拥有自己的垂直电商平台(www. long-you. cn)。消费者能够在这个平台上直接完成购物消费。线下,"龙游飞鸡"在龙游本地拥有直营店和创收基地体验馆(见图 7.9)。

图 7.9　"龙游飞鸡"创收基地体验馆

除此之外"龙游飞鸡"在全国范围内还开设了多家店中店。消费者能够在这些店中店直接扫描二维码完成消费。同时,"龙游飞鸡"在上海绿地、银泰等商城也开设了一些高端社区店。"龙游飞鸡"对商业模式的"三创"主要体现为通过"龙游飞鸡"创新的商业模式,带动农民创业创新,创造一种新的营销手法。"五步"则是物联网新型管理模式中的五个基本要素。

4. 产业融合创新

促进农村一二三产业融合发展,是助力乡村产业振兴、发展彰显地域特色和乡村价值产业体系的必然要求,也是培育农业农村新产业新业态、打造农村产业融合发展新载体新模式的有效途径。产业发展是激发乡村活力的基础所在,促进农村一二三产业融合发展,有助于激发农业农村经济发展的创造力、竞争力,改造提升农业农村传统发展动能,加快形成农业农村发展新动能,为产业兴旺提供动力支撑。

大力推进农村产业融合,将一二三产业相互融合成为一体,不断优化农业产业结构,使传统的功能单一的农业种植向农村一二三产业融合发展方向迈进,将农业资源优势转化为产业优势,使农业变身为综合产业,使农产品增值,让农民和农业产业化企业增收,发挥产业价值的乘数效应,推动经济高质量发展。这是我们当前传统农村产业的发展目标,也是"龙游飞鸡"正在努力的方向。

(1)"龙游飞鸡"产业革命

"龙游飞鸡"注重在转变生产组织方式上下功夫。创新组织方式,创新"公司＋合作社＋农户"模式,将分散的农户组织起来,形成开拓市场的集体力量,把"龙游飞鸡"的农产品的商业价值充分激发出来,充分挖掘了"龙游飞鸡"的资源禀赋,增加了农业的高端附加值,充分发挥"龙游飞鸡"大交通、大数据促进大流通的优势。依托区域特色、资源优势、文化差异推进多元化、多样化、特色化融合培育农村发展新产业、新业态、新模式,大力推进农业与工业跨界融合。

"龙游飞鸡"积极将大数据发展优势与电子商务、物联网等新业态引入农业领域,大力发展"互联网＋农业"的新业态、新模式。在休闲农业、乡村旅游、城郊农业、文化创意农业、农家乐等产业加快农业基地向体验园区、休闲景区转变,农产品向旅游商品、休闲礼品转变,农业生产向创意设计、健康养生等产业方面进行延伸,全面提高农业效益和质量。

(2)"龙游飞鸡"当前发展目标

当前"龙游飞鸡"数字化农业的最主要目标就是聚焦农业数字化。在"龙游飞鸡"的发展过程中,互联网思维经营农业可以打破时间、空间限制,推动农产品供需双方的直接对接,助推农业实现个性化生产与集约化生产相结合。

(3)"龙游飞鸡"创新管理模式促进产业融合

"龙游飞鸡"目前也有一些旅游产业正在筹备当中。这是一个产业融合的环节,也是一个过程。发展旅游的真正目的是把那些经济相对比较薄弱的村落联通起来,真正实现融合发展。

三、管理启示

(一)善于模式创新,不断突破

"龙游飞鸡"这一产业的 SMART 新型运作模式,通过物联网以及流程管理平台两大技术,根据龙游实地情况实行"三免两保十统一"以及"互联网＋物联网＋区块链"同步实施的"数据监控系统""溯源系统"以及"农业金融""电子商务"和"养殖保险"五大方面,同时,农业金融这一方面又是这一品牌的创新点。通过与农商银行合作,"龙游飞鸡"将每一个农户的"鸡场"数据进行整合,以这一数据作为信用佐证,帮助贫困农户进行商业信贷,以便农户在急需用钱的时候能够得到帮助。"龙游飞鸡"养殖运营服务平台通过两大系统实现流程自动化,公司提供食料配送以及鸡仔的培育,送到农户手中进行生态散养,农户实行 KPI 考核,平台管家 24 小时实时监控鸡场,以便消费者能够第一时间看到鸡场信息。银行为农户进行信贷佐证,保险公司负责运送过程中的报损保存。这一新型管理模式的运营,使得"龙游飞鸡"这一品牌成为该产业的领跑者。创始人陈涌君被评为浙江省"十大创客标兵","龙游飞鸡"基地也被评为"省级乡村振兴合作创业培训基地"和"精准扶贫"示范基地。

(二)秉承农村情怀,创业善业

"龙游飞鸡"建立之前,企业老总偶得一次机会取道衢州龙游游玩,发现了当地的麻鸡比一般的鸡味道要好,同时敏锐地洞察到味道好却销售不出去的问题,所以就想到了要做一个品牌,萌生了创业的念头。两位年轻的"85 后",有着对农村的情怀,同时又兼备专业和资本,还有一定的资金和人脉。以前的农村都是青山绿水,农民们都耕地种菜。而现在已经没有这个味道了,东西都卖不出去,于是大家就打农药来帮助农产品加速生长,而打农药又会导致土地的变化,土地就会被污染,土地污染就会有水污染,如此循环,最后导致农村面目全非,农产品也没有人买。如果没有人去改善,就会一直这样恶性循环下去,所以两位创始人抱着改变这一状态的心态,开创了这一品牌。通过公司投资,党支部带动,农民养殖,迎合时代趋势,在支部的引领下,成为行业出色的代表。为迎合广大都市人的需求,还打造了新农人慢生活田园综合体+美丽乡村驿站、候鸟人剧院、发烧友俱乐部等,这些都逐渐成为他们出门游玩的首选之地。

(三)紧跟社会需求,大众需要

"龙游飞鸡"这一品牌以龙游麻鸡及鸡蛋为主要产品。众所周知,农产品,尤其是鸡,相比于其他农产品(如牛、羊、猪)而言,养殖起来更加方便,可以批量散养,投资小,见效快。而且,鸡肉、鸡蛋都是快速消耗品,无论是农村还是城市,都无法离开鸡、鸡蛋以及其附加产品。尤其是一些大城市,难以吃到高品质的鸡肉以及质量好的鸡蛋,大多是笼子里关着喂食的鸡。而"龙游飞鸡"这一产业刚好迎合了社会需求,满足多数人的日常生活需求,为他们提供新鲜的鸡肉以及高质量的鸡蛋。如果按照农民的需求去制定规则,按照用户的需求去提升品质,同时满足农户与消费者的需求,这样一来成功的可能性大大增加。

"龙游飞鸡"能够成功的原因之一,就是因为该品牌拥有五大系统——"数据监管""溯源系统""农业金融""电子商务""养殖保险"。其中"数据监管"和"溯源系统""养殖保障"三方面的系统,使得"龙游飞鸡"饲养情况得到实时监控,精心养殖与生态养殖,让产品质量得到保障,不再让用户受到质量问题的困扰,使得客户能够放心地享用这些农产品。

案 例 思 考 题

1. 与传统的经营模式相比,在数字化农业背景下的"龙游飞鸡"创新具体体现在哪几个方面?

2. "龙游飞鸡"的 SMART 模式是如何运作的?

3. "龙游飞鸡"这一产业的成功可以给当下的创业者什么启示?

案例八

市下集团

一、相关理论

（一）绿色发展理论

绿色发展理论是对发展规律的科学反映，以效率、和谐、持续为目标的经济增长和社会发展方式，是可持续发展理论的内容之一。绿色发展理论实现了在传统发展基础上的一种模式创新，在生态环境容量和资源承载力的约束条件下，它是将环境保护作为实现可持续发展重要支柱的一种新型发展模式。

绿色发展的意义非凡。绿色发展是破解我国资源环境约束，加快经济发展方式，优化企业产业结构，应对气候变化，提高国际竞争力的必然要求。首先，我国人均资源总量大，但人均占有率低，工业废物排放含量高，生态压力大；其次，经济结构不合理，产业间发展不平衡；再次，生态环境恶化，因此生态环境保护刻不容缓，为人民群众提供安全安心的生活生产环境势在必行。在此种情况下，绿色发展成为顺应生态环境建设的一道屏障；并且各国企业纷纷聚焦新能源、新材料、节能环保，将其作为新一轮产业发展的重点，企图占据未来经济发展制高点，所以我国产业的绿色发展也尤为重要。

（二）全面质量管理理论

全面质量管理（Total Quality Management，TQM）是以产品质量为中心，建立起一套科学而高效的质量体系，以提供满足用户需要的产品或服务的全部活动。

该理论主要强调以下观点：（1）用户第一的观点，并将用户的概念扩充到企业内部，即下一道工序就是上一道工序的用户，不将问题留给用户；（2）预防的观点，即在设计和加工过程中消除质量隐患；（3）定量分析的观点，只有定量化才能获得质量控制的最佳效果；（4）以工作质量为重点的观点，因为产品质量和服务均取决于工作质量。

它的基本方法可以概况为一个过程、四个阶段、八个步骤。一个过程，即企业管理是一个过程，企业在不同时间内，应完成不同的工作任务。企业的每项生产经营活动，都有一个产生、形成、实施和验证的过程。四个阶段，根据管理是一个过程的理论，美国的戴明博士把它运用到质量管理中，总结出"计划（Plan）—执行（Do）—检查（Check）—处理（Action）"四个阶段的循环方式，简称"PDCA循环"，又称"戴明循环"。

该理论在内容上又注重顾客需要，强调参与团队工作，并力争形成一种文化，以促进所有的员工设法、持续改进组织所提供产品/服务的质量、工作过程和顾客反应时间等，它由结构、技术、人员和变革推动者四个要素组成，只有这四个方面全部齐备，才会有全面质量管理这场变革。

（三）5M1E理论

5M1E法是研究造成产品质量波动的原因的方法理论，对标准化生产的企业尤为重要。人（Man/Manpower）：操作者对质量的认识、技术熟练程度、身体状况等；机器（Machine）：机器设备、工装夹具的精度和维护保养状况等；材料（Material）：材料的成分、物理性能和化学性能等；方法（Method）：加工工艺、工装选择、操作规程等；测量（Measurement）：测量时采取的方法是否标准、正确；环境（Environment）：工作地的温度、湿度、照明和清洁条件等。

由于这六个因素的英文名称的第一个字母是M和E，所以常简称为5M1E。这些因素只要有一个发生改变就必须重新计算。工序质量受5M1E即人、机、料、法、环、测六方面因素的影响,工作标准化就是要寻求 5M1E 的标准化(见图 8.1)。

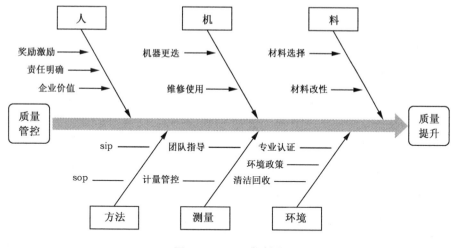

图 8.1 5M1E 鱼刺图

1. 操控

操控措施是指操作人员因素,凡是操作人员起主导作用的工序所生产的缺陷,一般可以由操作人员控制。造成操作误差的主要原因有:质量意识差,操作时粗心大意,不遵守操作规程;操作技能低,技术不熟练以及由于工作简单重复而产生厌烦情绪等。

防误和控制措施包括:加强"质量第一、用户第一、下道工序是用户"的质量意识教育,建立健全质量责任制;编写明确详细的操作流程,加强工序专业培训,颁发操作合格证;加强检验工作,适当增加检验的频次;通过工种间的人员调整、工作经验丰富化等方法,消除操作人员的厌烦情绪;广泛开展 QCC 品管圈活动,促进提升自我提高和提升自我改进能力。

2. 机器设备

机器设备的主要控制措施有:加强设备维护和保养,定期检测机器设备的关键精度和性能项目,并建立设备关键部位日点检制度,对工序质量控制点的设备进行重点控制;采用首件检验,核实定位或定量装置的调整量;尽可能培植定位数据的自动显示和自动记录装置,减少对工人调整工作可靠性的依赖。

3. 材料

材料主要控制措施有:在原材料采购合同中明确规定质量要求;加强原材料的

进厂检验和厂内自制零部件的工序和成品检验;合理选择供应商(包括"外协厂");处理好协作厂间的协作关系,督促、帮助供应商做好质量控制和质量保证工作。

4. 工艺方法

工艺方法包括工艺流程的安排、工艺之间的衔接、工序加工手段的选择(加工环境条件的选择、工艺装备配置的选择、工艺参数的选择)和工序加工的指导文件的编制(如工艺卡、操作规程、作业指导书、工序质量分析表等)。

工艺方法对工序质量的影响,主要来自两个方面:一是指定的加工方法、选择的工艺参数和工艺装备等正确性和合理性;二是贯彻、执行工艺方法的严肃性。

工艺方法的防误和控制措施包括:保证定位装置的准确性,严格首件检验,并保证定位中心准确,防止加工特性值数据分布中心偏离规格中心;加强技术业务培训,使操作人员熟悉定位装置的安装和调整方法,尽可能配置显示定位数据的装置;加强定型刀具或刃具的刃磨和管理,实行强制更换制度;积极推行控制图管理,以便及时采取调整措施;严肃工艺纪律,对贯彻执行操作规程进行检查和监督;加强工具工装和计量器具管理,切实做好工装模具的周期检查和计量器具的周期校准工作。

5. 测量

测量的主要控制措施包括:确定测量任务及所要求的准确度,选择实用的、具有所需准确度和精密度能力的测试设备;定期对所有测量和试验设备进行确认、校准和调整;规定必要的校准规程。其内容包括设备类型、编号、地点、校验周期、校验方法、验收方法、验收标准,以及发生问题时应采取的措施;保存校准记录;发现测量和试验设备未处于校准状态时,立即评定以前的测量和试验结果的有效性,并记入有关文件。

6. 环境

所谓环境,一般指生产现场的温度、湿度、噪音干扰、振动、照明、室内净化和现场污染程度等。在确保产品对环境条件的特殊要求以外,还要做好现场的整理、整顿和清扫工作,大力搞好文明生产,为持久地生产优质产品创造条件。

二、案例分析

(一)背景

在国内,制造业一直是国民经济发展的重要支柱,制造业的进步和发展推动着国民经济的发展。而塑料模具行业在制造业中一直是一个双刃剑般的存在。塑料用品存在于我们生活的方方面面,但是其高消耗高污染的生产模式也带来了不少弊端。近两年,市场大环境发生剧变,全球经济不景气,导致出口模具数量下滑,模具行业面临较大挑战。但模具是工业领域最重要的基石之一,在制造业中扮演着至关重要的角色。模具是工业生产中的基础工艺装备,而塑料模具在模具行业中占有举足轻重的地位。传统的塑料成型工业在设计阶段仅考虑产品的功能、质量、成本和寿命等,而很少考虑其环境属性和对资源造成的浪费。因此,在塑料成型工业中提倡绿色发展尤为重要。随着社会生产要求和企业加工水平的不断提高,塑料模具制造的生产方式和企业观念正在转变,产品层次逐步提升,生产周期越来越短,配套加工能力进一步提高,塑料模具设计与制造会更加智能化和绿色化。在绿色发展中,要使产品从设计、制造、包装、运输、使用到报废处理的整个生命周期中对环境的负面影响最小,资源使用率达到最高。绿色模具的设计宗旨是,将环境性能作为产品的设计目标,力求从产品开发阶段起就消除潜在的对环境的负面影响,将环境属性融入概念设计、结构设计、包装设计、材料选择、工艺设计、使用维护、回收处理的整个过程。发展绿色模具是企业的必然选择,绿色模具材料应具备低能耗、低污染、低成本的特点,同时要更易加工,在加工过程中也要无污染或少污染,最重要的是要具备可降解、易回收等性能。塑料注射成型装备广泛应用于汽车、家电、航空航天等领域,现代制造业80%以上的塑料制品都采用注射成型加工制造。随着全社会环境保护和资源节约意识的不断增强,塑料注射成型工业中不断涌现出多种绿色节能环保新技术。而我国当前塑料行业的绿色发展还有诸多不足的地方。

由于大多数企业技术人员比例低、水平不够高,导致内部观念落后,传统的塑胶模具设计只考虑能够设计制造出合格的模具,并不会过多地考虑材料是否对环境有负面影响。再加上对科研开发不够重视、投入少,造成了国内塑料模具行业的持续粗放发展,在生产过程中消耗较高、成本较高,产品质量难以提升,经济效益较低,因而顺应绿色发展的思想是模具工业发展的必然。目前我国工艺装备水平低,且配套性不好,利用率低,技术结构、模具产品水平比国际水平低,而模具生产周期却要比国际水平长,这就极大地制约了模具企业的承担能力。同时原材料涨价和市场竞争激烈,一些企业缺乏自律,为了眼前的利益以次充好,也严重影响了行业的健康绿色发展。在绿色标准下,企业的市场竞争无疑将是在绿色前提下的竞争。绿色化的企业在现有经济制度条件下是缺乏竞争力的,因为现有制度维护传统发展模式的利益,使按照传统发展模式原则经营的企业具有竞争优势,所以要提高绿色化企业的竞争力,必须进行制度创新,促使传统发展模式向可持续发展模式转变。在有利于可持续发展的制度支持下,企业通过绿色技术创新,采用新的竞争力策略能够获得竞争优势。

新的时代为塑料模具行业提供了新的发展路径,使其有了新的发展前景。基于企业"绿色＋质量管理"的研究思路,可以探究 5M1E 模型是如何助推绿色行业发展的。绿色在内涵上意味着社会经济发展对环境是健康和友好的,将绿色发展理念融入全面质量管理之中,即"绿色＋质量管理",就构成了绿色质量管理的完整内涵。绿色质量管理是站在社会经济发展对环境健康和友好的高度,将企业可持续发展与资源可持续利用的绿色管理理念融入企业的全面质量管理之中,将绿色质量作为企业质量管理的战略发展目标,强调企业的环境保护和资源节约的绿色质量责任,在保证传统全面质量管理效应的基础上,满足顾客的绿色需求和企业自身的可持续发展。企业应建立以绿色质量管理为核心的企业文化,对环境保护承担起应尽的社会责任和义务。企业绿色质量管理的企业文化强调处理好企业经营活动与环境保护的关系,即企业要把环境友好和可持续发展的理念纳入企业的战略决策之中,将绿色思想融入企业的具体经营管理之中,树立绿色质量发展战略将环境保护的观念融入全面质量管理之中。绿色质量管理的企业文化建设,应倡导以人为本、全员参与的理念,将绿色质量作为企业质量目标,加强全员的绿色质量文化教育。

(二)企业介绍

1. 市下集团简介

市下控股有限公司(SeeSa,原名浙江市下喷雾器有限公司),创建于 1978 年,员工 1 000 多人,拥有各种喷雾器用注塑机、吹塑机、线切割等先进设备 200 多台。该公司产品有 10 大系列、500 多个品种。2008 年,公司实现销售 2 亿多元,80％的产品出口欧美国家。公司在经历重重磨砺之后,取得了令人瞩目的成就:市下集团是国家最大的喷雾器生产企业,公司已通过 ISO9001、ISO14000、德国 GS、EMC、欧盟 CE 及中国强制性 3C 认证等,是国家喷雾器行业标准起草单位 AAA 标准化良好行为企业,企业还被评为"浙江省专利示范企业""全国诚信守法乡镇企业","市下"牌商标被认定为"中国驰名商标"等(见图 8.2)。

图 8.2　市下集团商标

2. 市下集团核心产品系列

背负式喷雾器。该产品通过摇杆部件的摇动,使皮碗在唧筒和气室内轮回开启与关闭,从而使气室内压力逐渐升高(最高 0.6Mpa),药液箱底部的药液经过出水管再经喷杆,最后由喷头喷出雾。该产品广泛适用于果园、园林、大棚;用于农作物病虫害的防治,车站、码头、学校等公共设施的消毒与杀菌以及家禽圈舍等场所的消毒与杀菌;还可配上推车用于城市绿化带、公园和草坪等的喷雾。

电动喷雾器。抽吸是一个小型电动泵,它经电线及开关与电池连接,电池盒装于贮液桶底部,贮液桶可制成带有沉下的装电池的凹槽。电动喷雾器的优点是由于取消了抽吸式吸筒,从而有效地消除了农药外滤伤害操作者的弊病,并且省力,且电动泵压力比人手动吸筒压力大,增加了喷洒距离和范围。电动喷雾器雾化效果好,省时、省力、省药,广泛应用于通用工业设备、医药设备、化工设备、农业、旅游车辆、专用车辆、船舶、车辆清洗、地毯清洗、地面清洗、水净化及水处理设备。

雾化微喷滴灌系列(微喷又称雾滴喷灌)。微喷是近几年来国内外在总结喷灌与滴灌的基础上,新近研制和发展起来的一种先进灌溉技术。微喷技术比喷灌更为省水,由于雾滴细小,其适应性比喷灌更大,农作物从苗期到成长收获期全过程都适用。它利用低压水泵和管道系统输水,在低压水的作用下,通过特别设计的微型雾化喷头,把水喷射到空中,并散成细小雾滴,洒在作物枝叶上或树冠下地面的一种灌水方式,简称微喷。微喷既可增加土壤水分,又可提高空气湿度,起到调节小气候的作用。按灌水时水流出流方式的不同,微灌可分为滴灌、微喷灌和渗灌等。其中,滴灌应用最为广泛。滴灌是用微灌系统尾部毛管上的灌水器为滴头(或滴头与毛管制成一体的滴灌带)将有一定压力的水消能后以滴状一滴一滴地滴入作物根部进行灌溉的方法。使用中可以将毛管和灌水器放在地面上,也可以埋入地下 30～40 厘米。前者称为地表滴灌,后者称为地下滴灌。滴头的流量一般 2～12 升/时,使用压力 50～150 千帕。

(三)市下集团绿色发展路径分析——基于 5M1E 模型

1. 科学化人员管理,助推企业绿色转型(Man)

(1)设立激励制度,为转型提供动力。员工作为企业最具活力、能力和想象创造力的稀缺资源,是能够为企业创造巨大价值的效益因素。绿色发展要求企业对员工也进行绿色管理。绿色员工管理与传统的员工管理不同,它不再只是强调组织利益最大化,而是把员工当作企业的主体,充分尊重员工的期望与自我发展,通过为员工创造良好的工作环境,激发其工作的积极性和主动性。基于以上原因,市下集团下发了一系列奖励制度,通过参与众多项目活动来为自己加分(分数由 2～10 不等),年终业绩评比时可以入选优秀员工。优秀员工不仅有丰厚的工资奖励,而且企业还给予想要入党的员工以入党资格,由此从多个方面来培养员工的积极性。从社会公益到个人奉献,从遵纪守法到个人诚信,都有积极导向的评分准则。其中,有年度个人考核测评为优秀者,从工作业绩、工作能力和工作态度(出勤及奖惩)这三个方面进行绩效评价,包含了工作量、工作达成度、应变力、职务技能等多个因素,保证在生产过程中维持良好的工作环境,降低耗能损失,最终综合评价达到标准即可。除此之外还有参与社会环保公益事业表现突出者,获得各级表彰奖励者,好人好事被媒体报道者,有献血记录或器官遗体捐赠登记者等都可以得到相应的加分。并且日常工作中也会有作为定期奖励的外出旅游活动,增加员工幸福感和归属感,还举办有拓展训练、高效训练来提升员工的职业技能以便更好地操作管理设备。总而言之,奖励激励制不仅可以作用于企业内部,激发员工的积极性,带动企业绿色发展,而且吸引了更多人才的加入,贯彻落实外引内育的人才方针。

(2)落实责任明确制,强调责任助发展。随着社会发展和外部利益相关方要求的日趋完善,推行社会责任管理体系,能改善公司与员工及相关利益团体的关系,规范公司管理。同时,在公司内部推行社会责任管理体系,可以让各个业务部门和各下属公司从日常的经营活动中了解自己的常规责任,让各个业务单位发现和认识到自己在社会责任管理上的不足,从而让社会责任的理念融入各个员工的工作理念中并实现社会责任管理在公司内部的持续完善和提升。

公司严格执行社会责任管理制度,在社会责任管理制度当中又提到了职工权益保护、环境保护与可持续发展。员工在工作当中也需要遵从制度并各司其职。除上述岗位职责外,车间人员对机器的分配同样具有明确的责任分工,不同人员负责个人手中的数台机器,保证操作到位和剩余机器的合理保管,并根据安排进行白、夜班的交接,这样大大提高了劳动利用效率,也提高了对机器的保障。

在环境保护与可持续发展责任方面,公司依据对环境的影响程度制定整体环境保护政策,人力资源管理部负责公司环境保护体系的建立、实施、保持和改进,而且尽量采用资源利用率高、污染物排放量少的设备,应用经济合理的废弃物综合利用技术和污染物处理技术。此外公司还定期指派专人检查环保政策的实施情况,对不符合公司环境保护政策的行为应予以纠正,并采取相应补救措施。

(3)贯彻企业价值观,引导员工促环保。绿色企业文化是企业及其员工在长期的经营实践中逐渐形成的为全体职工认可、遵循,具有本企业特色的看法和认识的总和,包括价值观、行为规范、道德风尚、制度法则、精神面貌等,其中处于核心地位的是价值观。市下集团围绕着创新、发展、合作、共赢这四个核心价值观,会对员工做出相应的引导,同时做好企业精神的思想工作,让员工更好地理解并参与职业健康安全方针和环境方针的实施工作。市下集团秉承进行污染预防、减少有害影响、完善安全管理、降低职业危险,加强员工培训、提高全员素质,致力持续改善、追求永久发展的健康安全方针和奉公守法、遵守环保法规,强化教育、增强环保意识,节能降耗、提高环保绩效的环境方针。无论是进入公司之前的基础培训,还是工作之后的强化培训,都会不同程度上涉及环保意识的宣传。

2. 合理化机器管理,促进企业高效生产(Machine)

(1)引进新型机器,提高效益。作为塑料模具行业的佼佼者,市下集团领先的设备条件也是不可或缺的因素之一。设备是工业生产的物质基础,落后的技术装备限制了生产的效率。更新设备可提高产品产量和质量,降低产品成本,使企业取得较好的经济效益。设备技术水平提高以后,可提高生产效率和产品质量,并降低产品成本和工人劳动强度。但机器能带来更高的收益并不意味着人工劳动的贬值,相反,越是功能齐全、精确度高的机器越是需要工作人员的操控与检测,因此,新型机器的使用是不会造成大批量失业的。

由早期的注塑机升级为手动注塑机直至后来的往复式螺杆注塑机,到目前为止,往复式螺杆注塑机的性能随着手动到半自动、全自动控制方式、机械到液压、全电动等相关技术的进步而取得了很大的提升,大部分机器原型都是在此基础上进行改良更新的。

设备更新改造是扩大再生产、节约能源的保证。虽然目前机器生产所需要的主要是电能,自然损耗没有燃油天然气高,但设备热效率低、电能消耗高同样会增加电路供应的负担和危险系数。因此,更新设备可以显著地节约能源。设备更新改造可实现环境保护及改善劳动条件。生产中常见的废气、废水、烟尘、噪声等会对环境造成污染,工人劳动强度大,劳动条件恶劣。设备的更新改造可有效减少设备对环境的污染,改善工人的劳动条件。机器种类的选择因产品不同而各有不同。为节约人力资源,减少员工工作压力,市下集团引进了可以提高生产效率的机械手机器。由于注塑机械手能够大幅度提高生产率和降低生产成本,能够稳定地提高注塑产品的质量,避免因人为操作失误而造成的损失。因此,注塑机械手在注塑生产中的作用变得越来越重要。

(2)维修使用机器,降低损耗。企业会根据不同的机器分配相应的工作人员,会尽可能地让一个人操作多台机器,这样可以达到节约人工成本的目标。有些机器操作的时候需要的人员多一些,面对这种情况,采取了折中的办法,机器基本都是全自动的(见图8.3)。这样可以大大减少人力资源的浪费。生产过程也有相应的卫生安全要求,在使用机器前必须按规定穿戴劳动防护用品,不允许衣冠不整及穿拖鞋进入生产车间,操作全程电脑控制,减少了人工接触,也保证使用环境卫生安全。机器的使用年限一般不低于十年,通常情况下机器的保修也非常重要,通常情况下会定期对机器进行维护保养,3年一小修,5年一大修,排除故障,保证产品合格率。

3. 标准化材料管理,满足市场多样化需求(Material)

(1)塑料原料,低污染高回收。塑料原料总共分为通用塑料原料、工程塑料原料、热塑弹性体原料、热固性塑料原料四个种类,而塑料模具行业所使用的大部分

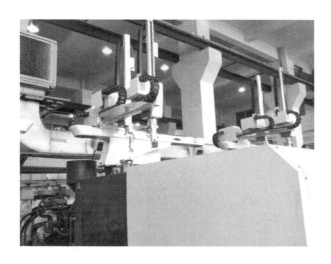

图 8.3　机械手

为热塑性原料。市下集团产品使用的全部是树脂树胶,也就是塑料原料,由石油提炼而成,石化、石油都涉及这些。用于做工业用气的多型号塑料产品,用于塑性的模具主要分为吹塑和注塑两种。生产中原料以流动状进行从而降低气体污染,无需硫化即具有传统硫化橡胶的特性,从而节省硫化剂及促进剂等辅助原料;适合于注塑成型、压铸成型、热熔和溶解涂层等多种工艺;边料、余料和废料等可完全回收再利用,且不改变性能,减少了浪费;此外,加工设备及工艺简单,节省生产空间,降低不合格品率;材料也可反复使用,边脚废料可回收。另外加工助剂和配合剂较少,可节省产品质量控制和检测的费用;产品尺寸精度高、质量更易于控制;材料比重少,且可调节。因此在环保节能方面,热塑性材料的特点就是制作塑料模具条件中最佳的优点。

(2)材料改性,低成本高性能。根据产品的需要,可以将材料的性质进行人为地改变,如密度、硬度、精度、外观、加工性、透明性、机械性能、电磁性能、化学性能、耐腐蚀性能、耐老化性、耐磨性、热性能、阻燃性、阻隔性及成本性等方面。塑料改性是降低成本、提高性能最有效的方法,也是公司生产不同特性产品的必要操作流程。通过四种技术改性(添加改性、形态及结构改性、复合改性和表面改性)来对原料进行变换。因为很多塑料原料本就不具有工业生产产品所需要的特性,通过这种方式能够达到一物多用(见图 8.4)。

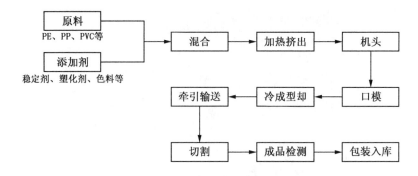

图 8.4　常用的添加改性流程示意图

塑料的改性可以提高原料的工业性能,也是目前作为降低企业成本的一种方法。并且随着人们环保意识的增强,研制开发具有可循环再生等特性的绿色环保型改性塑料正在成为行业新热点,并成为我国高新材料发展的重点方向之一。

4. 系统化作业管理,保障产品质量安全(Method)

(1)SIP 标准检验指导书。质量管理中,SIP(Standard Inspection Procedure)的意思是标准检验指导书。检验指导书是具体规定检验操作要求的技术文件,又称检验规程或检验卡片。其特点是技术性、专业性、可操作性很强,要求文字表述明确、准确,操作方法说明清楚、易于理解,过程简便易行;其作用是使检验操作达到统一、规范。SIP 是检验产品各项指标和要求的指导性标准,如果产品标准达不到,则需要重新调试直到达到标准为止。

(2)SOP 标准作业程序。SOP(Standard Operation Procedure),即标准作业程序,是指将某一事件的标准操作步骤和要求以统一的格式描述出来,用来指导和规范日常的工作。SOP 的精髓,就是将细节进行量化。用更通俗的话来说,SOP 就是对某一程序中的关键控制点进行细化和量化。

从对 SOP 的上述基本界定来看,SOP 具有以下一些内在的特征:SOP 是一种程序,是对一个过程的描述,而不是对一个结果的描述。同时,SOP 又不是制度,也不是表单,是流程下面某个程序中有关控制点如何来规范的程序。SOP 首先是一种操作层面的程序,是实实在在的、具体可操作的,不是理念层次上的东西。SOP 更是一种标准的作业程序。所谓标准,在这里有最优化的概念,即不是随便写出来的操作程序都可以称作 SOP,而一定是经过不断实践总结出来的,在当前条件下可以实现的最优化的操作程序设计。作为塑料模具企业,每日与塑料原料接触,难免会因为知识信息了解不全面而造成操作不当。SOP 有效规范了员工的作业流程。

5. 专业化测量管理,指导生产获取效益(Measure)

(1)专业团队精准指导。市下集团倡导"高效、优质、求实、节能"的理念,为此公司以专业团队不断突破技术层次的壁垒,不断填补管理领域的空白。公司主动提供市场的有效需求,担当客户最值得信赖且最强有力的合作伙伴;注重信息化决策,同时具备双形式结构所拥有的灵活性、多样性的统一;加大创新的力度,始终保持着与竞争对手的明显优势,带动同行业竞争者在主营领域一起进步,最终将最优质的服务提供给客户。

(2)有效计量及质量管控。公司按照国家法律、法规建立了有效的计量保证制度并通过了测量管理体系认证。质量中心设置专职计量员负责计量器具的管理工作。计量员均持计量检定员证上岗,并通过了注册计量师资格考核。为保证计量器具的准确性和可靠性,公司现有量具均采购自国内外知名品牌厂商,并在检定校准时积极与法定计量机构进行合作,通过有效的计量体系得出准确可靠的测量数据来控制生产、指导生产,取得了良好的经济效益和社会效益。SeeSa 在产品质量、经营管理、节能消耗、环境监测等方面的测量管理体系符合标准的要求。针对以上方面的问题,公司内建立了有效的质量管控机制,依据《质量关键控制点管理办法》,对关键控制点发现的问题及时进行整改并持续改进。同时建立了完整的实验室,采购了先进的检测设备,例如 3D 打印机、塑料强度拉伸测试仪、噪音仪、风速仪等,确保相关监测数据的科学性,为质量改善提供有力的保证。

6. 精细化环境管理,实现企业内部清洁(Environments)

(1)环境政策,响应号召。市下集团是中国环保和安全领域的领导者之一。公司拥有最权威的喷雾器制造商的称号,并有可能成为国家喷雾器设备标准的候选者。随着社会经济的发展以及国家政府保护环境绿色发展的要求,市下集团响应号召,在产品方面通过了多次安全检查,取得了不错的成效(通过的检查包括且不限于 ISO9001、ISO14001、OHSAS18001 系统认证和 CCC 认证)。此外,SeeSa 还获得了绿色企业的称号,以及一个 AAA 标准化的良好行为企业认证。市下集团生产的产品已连续被列为生产标准,甚至被政府列为"中国免检产品"。为了强调这一点,SeeSa 的官方价值理念为他们的消费者和雇员大声而清晰地宣布了他们的环境政策。该政策包括遵守法律和环境保护法律、法规,加强教育,提高环保意识、节能降耗,改善环境性能。

(2)定期清洁,材料回收。在措施上,市下集团会定期清洁生产设备,使设备保持最佳的性能状态和使用寿命,确保生产的正常进行。同时,更好的清洁模面,能减少由于料屑、油污、排气等问题造成的次品,也能及时发现生产模具的损坏,防止更大损害。对于生产过程中产生的材料,市下集团也会进行高效的回收,方便再次利用。在该内部生产工艺条件下,其所能产生的废料是相当少的。即使那些极少数无法回收的胶头露胶,也是会被用环保绿色的方式进行恰当处理。在生产车间以及企业其他各个地方,保洁人员都会对地面进行实时清理,以保证环境的干净整洁。随处可见的绿化植被,更是营造出绿色环保的氛围。

(四)基于 5M1E 模型的市下集团绿色发展模式总结

1. 统筹人与自然,兼顾绿色员工管理(Man)

公司建立了激励制度,鼓励员工积极参与绿色发展相关活动,通过众多绿色环保项目来为自己加分。这种加分可以使员工在年度业绩评比时占有优势,不仅可以让员工增薪,还可以给予员工入党的机会。通过此类制度从多方面培养员工的积极性以及绿色环保意识,让每一个员工在进行环保活动时,获得成就感。加深了公司对员工的有机管理,建立了绿色有机管理制度。

与此同时,公司建立了明确的责任制度,推行社会责任管理,规范公司管理,全面推进公司向前发展,提高公司形象及声誉,增强员工的向心力、凝聚力和公司的竞争力。在生产以及处理过程中不断强调绿色生产和环保处理,将环保理念贯彻整个过程。努力做好科学的人员管理,助推企业绿色转型。

2. 采用新型机器,节能降耗顺应发展(Machine)

机器的优劣决定产品产出效率高低,市下集团主导批量生产,就更加需要能够提高工作效率的机器来助力平衡商品需求。不同的企业需求导致了对机器的选择标准的不同。从功能到产量能力,都能通过机器改良,在大力提倡节能环保的环境下提升的生产标准也促使了机器的更新换代,因此经历过升级换代后的机器不仅和高效生产紧密地联系在一起,还秉承了绿色发展的理念。为维持高效益生产,除了及时对机器进行换代换新,更需保持较高的效益水平,在使用过程中合理管理机器的分配,做到不空置不浪费劳动力。市下集团对机器做到了"物尽其用",并且非常注重机器的维修来降低损耗和污染,秉持着三年一小修,五年一大修的原则延长了机器的使用寿命,同时保持高效平稳的生产。

3. 实行绿色设计,实现经济环境双赢(Material)

市下集团主要的生产原料是由石油提炼的树脂树胶,这种原料受热后会软化,经过机器热塑性加工,可以做成形状功能多样的产品,来满足市场的多样化需求。市下集团根据既定的质量标准和产品性质来选择适合自身生产的材料,保证生产过程是无毒无害的,不产生刺激性气味,保持较低的污染水平。特别是树脂树胶可以反复使用,由此可以减少材料的浪费,做到资源的可持续利用,这也正是其应用广泛的原因。同时,市下集团着重利用材料改性技术来改变材料的性质,通过这种方式达到一物多用的效果。这也是降低企业成本,减少废料产生,提高性能最有效的方法之一。同一种原料经过材料改性向多方向延伸,可以为创新产品打下基础,提高产品的利用效率,满足市场多种需求,这也符合国内"以塑代钢""以塑代木"的发展趋势。

4. 实施安全制度,环保高效系统生产(Method)

市下集团会利用 SIP(制定标准检验指导书)的方法,明确规定需要检验的质量特性技术要求,同时还会结合 SOP(标准作业程序)的方法,指导和统一工作人员的工作程序。SOP 不是单个的,而是一个体系。它可以将企业积累下来的技术、经验记录在标准文件中,以免因技术人员的流动而使技术流失;根据作业标准,易于追查不良品产生的原因;高效明确生产流程,提高改错率,取得客户信赖与满意。因此系统化的标准作业流程在一定程度上有效地保障了人员的安全和产品质量。

5. 进行专业测量,获得最大经济效益(Measure)

市下集团为实现专业化生产、保证产品质量,生产一线都配备了准确可靠的测量系统。合理的计量管理体系可保证量值能准确传递到生产一线,确保全部测量器具合格、受控,为科研、生产、经营提供及时、优质的服务。同时市下集团有效地建立和实施了测量管理体系,强化计量管理,加强了对检测数据的分析。市下集团采用科学的管理方式对计量管理进行控制,也有利于保证企业的产品质量,降低成本、节能降耗,保持企业可持续发展,并让企业获得最大的经济效益。

6. 注重环境清洁,保护自然和谐共生(Environment)

市下集团大力倡导环境保护,对于企业环保精细化管理要求做到环保指令精细化、环保执行精细化等,从企业环保政策的制定、落实及完善全过程精细化质量控制和管理。市下集团的政策要求企业要提高环保意识、节能降耗,改善环境性能。基于一整套环保管理体系,市下集团制定了对机器设备的定期清理制度;要求对生产过程中产生的污染物高效回收利用,用绿色环保的方式处理企业内任何有可能污染环境的排放物;企业内部环境,也有保洁人员实时进行清理,真正做到内部清洁精细化,真正体现了市下集团的社会责任与担当,为企业带来更高的收益,促进企业绿色可持续发展,做到保护自然、与自然和谐共生。

三、管理启示

(一)5M1E分析助推下市下集团绿色发展模式运用实效

1. 绿色环境生产获多国认证

市下集团引进国内外先进的管理技术和理念,推进全面质量管理战略,积极开展质量体系认证和安全规定认证。目前,集团已通过多国认证,4款喷雾器获得浙江省农博会金奖,还通过了国家农机鉴定,并被列入国家采购推广目录。集团已在82个国家注册了SeeSa(市下)的商标,与国际30多家知名企业有着贸易往来,更是与沃尔玛、家乐福、麦得龙、欧培德等商业巨头有着长期大量的业务往来,"市下"牌产品以其物美价廉的品质赢得了国际上广泛的认可,品牌知名度高,真正实现了"中国市下,遍布天下"。

2. 绿色标准促进共同管理,加强客户黏性

市下集团所制造的产品既环保又高效,符合人们环保需求。集团在管理方面也有一套自己的标准。在客户方面,以顾客的需求为关注焦点。市下集团的使命是:为日常生活提供更多的便利,为农业生产提供更多的环保装备,让绿色发展理念深入人心,为用户提供高性能、高质量的产品和用户真正满意的服务。

在供应商方面,公司坚持"合作、共赢"的供应商管理理念,以合作为纽带,以诚信为基础,促进供需双方的共同发展。把供应商作为企业价值链上重要的环节,推动供应商不断改进服务质量,促进了供应商质量管理水平的提升。

3. 绿色管理促进企业经营循环发展

公司在日常管理中持续加大环保管理力度,力求做到精细化和规范化,从环保基础管理和设备设施运行维护方面下功夫,及时修订管理制度,强化内部考核,严格规范操作,为公司的环境保护与可持续发展提供了有力的支撑。

公司大力发展循环经济,制订和实施了循环经济推进计划,按照"减量化、再利用、资源化"的原则,根据环境保护的要求,进行物流项目的设计与建设,促进企业经营循环发展。

4. 绿色理念完善企业价值观,实现永续发展

国家"十三五"规划纲要明确指出,绿色是永续发展的必要条件和人民对美好生活追求的重要体现。市下集团的企业价值观是以人为本。集团采取培训、指导、激励、引导等手段,将绿色环保理念引入到人力管理的各个环节,将员工个体目标与企业目标尽可能统一起来,进而形成员工、企业、社会三方协同、和谐发展的关系。这样不仅可以杜绝企业管理活动中存在的各种"非绿色"现象,为企业实现经济效益、社会效益和生态效益创造良好的环境,也有助于推动企业的转型升级,最终促进整个社会经济的绿色、和谐、低碳发展。

(二)优化塑料模具行业绿色发展模式启示

1. 人员(Man)——增强员工素质,外引内育

企业是一种权变系统,作为企业主体的人也应是权变的,即企业必须不断培训员工,才能使他们跟上时代,适应技术及经济发展。员工经培训后,随着技能的提高,可减少原料消耗和浪费,提高工作质量和工作效率。培训的另一个重要目的是使具有不同价值观、信念,不同工作作风及习惯的人,按照时代及企业经营要求,接受文化养成教育,以便形成统一、和谐的工作集体,使劳动生产率得到提高,员工的工作及生活质量得到改善。

高素质的企业队伍是企业最重要的竞争因素。通过和一些高校合作,引进高素质人才,可以提高员工的知识水平,提高员工的首创精神和创新能力。提高企业员工素质,有利于提高企业员工责任心和主人翁意识,使他们能适应当前企业的快速发展;有利于提高广大科研人员的业务技术素质和创新能力,使他们能适应国际化发展的要求;有利于健全和完善管理监督约束机制,使现行的制度能够得到严格

到位的执行和落实。

2. 机器(Manchine)——增强科研投入,积极创新

近年来塑胶模具产业在我国发展很快,随之而来的是日益激烈的市场竞争,外资模具厂家进入国内市场,塑胶模具企业要在激烈的竞争中脱颖而出,发展模具标准件、实施模具的专业化生产至关重要。现在已有越来越多的用户将交货周期放在首位,因此企业千方百计提高自己的适应能力、提高技术水准、提高装备水平、提高管理水平及提高效率都是缩短模具生产周期的有效手段。

随着模具企业设计和加工水平的提高,模具的制造正在从过去主要依靠钳工的个人技艺转变为主要依靠技术。这不仅是生产手段的转变,也是生产方式和观念的转变。生产模具的主要力量从技艺型人才逐渐转变为技术型人才是必然要求。当然,目前及相当长一段时间内,技艺型人才仍十分重要,因为模具毕竟难以完全摆脱对技艺的依靠。

3. 物料(Material)——严控选材标准,合理改性

塑料制品的广泛应用,极大地推动了塑料成型模具的发展。行业对塑料模具材料的需求量越来越大,并对材料的质量和性能提出了更高的要求。近年来,我国在新型塑料模具材料研制、优化热处理工艺、提高模具寿命等方面做了大量的工作,为用户提供了大量质优价廉的塑料模具材料,获得了明显的技术经济效益。塑料改性也是塑料模具中的常用手段。

塑料改性的好处包含以下几个方面。

(1)投入少,见效快,效果好(事半功倍)。聚合物改性技术通常比合成一种新树脂容易得多(开发新品种要受到原料来源、合成技术、成本等多种限制),尤其是物理改性,在一般聚合物成型加工厂都能进行,且容易见效。

(2)可使聚合物制品价格大大降低。

(3)改善聚合物的性能,如力学性能、耐摩擦性、热性能、耐老化性、电性能等。填充改性,一般能改善耐低温性能、耐蠕变性,增加硬度等。

(4)赋予制品以新的性能,如阻燃、导磁、发光等性能。

4. 方法(Method)——规范操作流程,保障质量

在整个生产过程中,不仅要有明确的指示指导员工检验产品合格的标准以及各种要求,而且不同的产品有不同的检验标准,所以需要有一本检验指导书来帮助

员工。同时也需要告诉员工检验的方法,采用合适的工具、合适的抽样检测方法,迅速掌握较为先进的操作技术,这样可以大大减少不必要的劳动时间。采用合适的制度方法,可以在很大程度上确保产品的质量,减少材料的浪费,提高产品的合格率,缩短生产周期;可以提高效率,系统化生产制造;也可以在减少生产成本的同时大大保障人员的安全。

5. 测量(Measure)——建立测量体系,精准制造

现在塑料模具行业的迅速发展,在农业、医疗、国防等各个领域内都能看到。塑料模具制品已经渗入生活中的方方面面,所以企业必须要提高模具的精准度,做到每一个产品精准测量、精准制造,更好地提高人民的生活品质,提供更加高效便捷的生活方式。因此,企业可以建立专业的测量体系,强化计量管理,加强数据分析,这样有利于提升管理水平,提高生产效率以及产品质量,促进企业创新升级,有效地降低生产成本,促进企业的可持续发展。

6. 环境(Environment)——注重环境清洁,绿色发展

企业环保理念的执行,要渗透到企业生产活动的各个方面,环保指令要精细,环保执行要精细。通过一些普通简单的要求,比如定期清洁、经常整理回收材料等,提高员工的环保意识,减少材料的浪费,为工作环境提供了很大的活动空间。在公司里种植绿色植物,可以营造一些舒适安详的工作氛围,让员工在疲劳的工作中也能有放松心情的时候。注重企业的环境清洁,可以加强员工的环保意识,在无形之中增强他们保护环境的社会责任感,体现员工价值,促进企业的绿色发展。

案例思考题

1. 市下集团绿色质量管理成功的原因是什么?
2. 结合案例,分析企业实施绿色发展战略的可行措施。

案例九

山山家

一、相关理论

（一）利益相关者

利益相关者包括企业的股东、债权人、雇员、消费者、供应商等交易伙伴，也包括政府部门、本地居民、本地社区、媒体、环保主义等，还包括自然环境、人类后代等受到企业经营活动直接或间接影响的客体。这些利益相关者与企业的生存和发展密切相关，他们有的分担了企业的经营风险，有的为企业的经营活动付出了代价，有的对企业进行监督和制约，因此企业的经营决策必须要考虑他们的利益或接受他们的约束。从这个意义来讲，企业是一种智力和管理专业化投资的制度安排，企业的生存和发展依赖于企业对各利益相关者利益要求的回应的质量，而不仅仅取决于股东。这一企业管理思想从理论上阐述了企业绩效评价和管理的核心，为其后的绩效评价理论奠定了基础。

（二）赋能授权

赋能授权（Empowerment）是商业语汇，是指授权给企业员工，赋予他们更多额外的权利。赋能授权运动起源于 20 世纪 20 年代,是现代管理学理论预言家玛丽·帕克·弗莱特的研究成果。日本于 20 世纪 50 年代最先在其企业中实行赋能授权。在逻辑上,赋能授权意味着为了追求企业的整体利益而给予员工更多参与决策的权利;在理论上,赋能授权是为了消除妨碍员工们更有效工作的种种障碍,其出发点是企业由上而下地释放权利——尤其是员工们自主工作的权利,使员工在从事自己的工作时能够行使更多的控制权。

赋能授权给员工的时候,同时需要注意:其一,将合理的规则、程序和限制同时交给员工;其二,员工有渠道获得必要的技能和资源,能知道该怎样在指定的范围内做事;其三,在政策和做法上能够支持团队的目标;其四,员工互相尊重,并且愿意帮助别人。

二、案例分析

(一)传统烘焙行业现状分析

1. 传统烘焙行业特征

(1)从一二线城市延伸到三四线城市。中国的烘焙食品行业从一二线城市居民逐渐向三四线城市以及农村市场渗透。受西方文化影响,面包、蛋糕、饼干等烘焙食品逐渐成为我国居民的早餐主食。烘焙食品的消费群体逐渐扩大,从小孩到老年人都有覆盖。

(2)区域化明显。尽管烘焙行业迸发出了勃勃生机,巨大的市场蛋糕吸引了众多的"蚕食者",但目前仍多局限于区域市场,真正实现品牌化连锁的本土烘焙企业屈指可数。到目前为止,烘焙行业并没有出现在全国市场占有绝对优势的领军品牌。

(3)品牌杂乱。市场鱼龙混杂,充斥着众多小品牌。一个普通的县级城市甚至都有两三个品牌,一个地级市经一轮又一轮的洗牌,往往依然存在七八个品牌。竞争是永久的,只不过,当今烘焙行业经营模式粗放,成熟度不高。

(4)低层次竞争。因为市场被众多大中品牌瓜分,不同层次品牌在分割不同的市场。因此,品牌间的竞争主要表现在产品竞争、渠道竞争、价格竞争等层面,真正靠品牌拉动销售的很少,致使烘焙市场还停留在一个初级、低层次竞争时代。传统烘焙行业发展前景不明朗。

(5)同质化严重。当下国内烘焙产品同质化现象愈演愈烈,从产品同质化到营销同质化,从管理同质化到战略同质化,这些都是较为常见的现象,而局部差异化无法使企业走出同质化的怪圈。国内烘焙行业从经营到品牌化进程当中需要解决的问题众多。

2. 传统烘焙行业转型动因

(1)企业竞争推动行业成长。如今,传统烘焙行业正朝着规模化方向发展,许多知名企业都在加快店面的投资运营,一定程度上,拥有更多的窗口也就有了更多的市场资源。而我国目前烘焙行业的综合水平还比较低,品牌多而分散,总体集中度不高。在面临国际品牌的强大压力下,我国烘焙行业迫切需要提升自己的核心竞争力,在竞争中推动成长,促使企业提升自己的生产、营销能力,并开辟新的发展思路。

(2)消费升级促进行业升级。方便食品的消费升级,主要体现为由保证维持常温长保质期产品,向追求新鲜、营养、健康的低温短保质期产品的升级和转变。由于现烤门店的冷面团需要冷链运输,随着城市化率的提高以及农村零售系统的发展,现烤烘焙食品将具有较大市场空间,成为驱动行业内企业增长的新动力。

(3)政策规划支持行业发展。《食品工业“十二五”发展规划纲要》中明确指出,要“加快方便食品新产品开发,向多品种、营养化、高品质方向发展,积极发展风味独特、营养健康的休闲食品,开发风味多样、营养强化的烘焙食品,满足市场细分需求”。这些政策有效提升了烘焙企业的标准化管理要求,促进行业企业及市场份额由“小而散”向规模化企业发展与集中。

3. 烘焙行业发展前景

从上游行业与下游行业的角度来看,烘焙食品所需要的原材料主要是面粉、糖、食用油、鸡蛋等。由于烘焙食品生产所使用的原材料均是常用的大宗农副产品,国家对此类产品的生产和价格变动非常重视,近年来,原材料价格涨幅较为稳定,未出现大幅波动情况。烘焙企业主要通过直营、加盟门店向消费者销售产品,部分产品还通过第三方超市、网上订单销售的方式进行销售。烘焙企业数量和规模的扩张将推动整个行业的产业化进程,零售业态的丰富与升级将扩大烘焙食品行业的市场容量。这将促进业内的良性竞争,有利于行业的整体发展。我国居民食品消费呈现出健康、绿色、方便、美味和个性化发展的特点,安全、营养、美味的烘焙食品将是未来行业发展趋势。

（二）企业背景介绍

1. 山山家企业概况

山山家,2003 年创办于浙江省金华市,经过十多年创业,现已发展成为浙江山山家食品产业发展有限公司,注册资金 5 000 万元。公司专注于生产糕点,主要经营面包、蛋糕、月饼、粽子,招牌产品有吐司、绿豆糕、蛋挞等。除此以外,山山家结合市场需求,全面推出了蛋糕 DIY 艺术体验、冷餐酒会等,致力于将山山家打造成金华的一张新名片。旗下拥有"山山家"品牌烘焙连锁门店 45 家,"山时山刻"主题艺术餐饮连锁店 3 家,ROSAS 花咖 2 家。公司建有浙中地区首个 10 万级洁净无尘车间,并拥有 10 000 多平方米的标准厂房,目前有员工 600 余人。

公司始终坚持"以顾客为中心,诚信为本,品质第一"的核心价值观,秉承"开放、和谐、务实、创新、感恩"的企业精神和"让家充满爱与温暖"的企业使命,以"为消费者提供健康营养安全的食品"为宗旨,奉行"安全、绿色、健康"的生产理念,先后通过 ISO9001、QS、HACCP22000 等认证,引进"透明工厂平台""ERP 管理系统"和"6S 管理模式",已成为浙中地区有一定知名度和美誉度的烘焙标杆企业,为广大消费者提供了安全、卫生、营养、健康、美味的食品。但随着烘焙行业的发展,烘焙品牌层出不穷,山山家创始人王平以敏锐的嗅觉嗅到了文化产业园的发展前景,于是创造性地提出了"白色森林•生日小镇"项目(见图 9.1)。

图 9.1 白色森林•生日小镇

2. 白色森林·生日小镇项目介绍

白色森林·生日小镇是金华山山家烘焙全资建造的烘焙、采配、生产、物流基地,是一座集烘焙、聚会、美食、文创、DIY 体验、研学、博物馆为一体的多功能休闲文化产业园。小镇位于金华市金东区的积道山脚下,占地总面积共 233 亩。园区内主打生日聚会、休闲旅游、婚礼庆典、文化创意、农业休闲、烘焙教学等活动,力图打造成城市派对空间、亲子休闲度假乐园和研学基地(见图 9.2)。

图 9.2 白色森林·生日小镇项目

白色森林·生日小镇也是全国首个以生日文化为主题的特色小镇,设立了国内首个生日文化博物馆,围绕传统的生日文化,开展成人礼、立志学习会等活动,弘扬传统文化,鼓励青少年立志,帮助青少年懂得感恩。同时小镇内还有独具特色的360 度透明工厂、烘焙体验馆、美食风暴区、中餐厅、西餐厅、泡泡音乐广场、花间礼堂、泳池宴会厅、轰趴馆、寻山民宿、观星草坪、书咖等多个休闲功能区,可承接各种类型的团队项目,如生日聚会、家庭聚会、酒会派对、沙龙等。目前白色森林·生日小镇正朝着多元化方向快速发展,试图将食品生产透明化,与文化、旅游结合,朝着中国烘焙百年企业的目标而努力。

(三)白色森林·生日小镇双向赋能之路

1."3W1H"分析框架构建

174

山山家白色森林·生日小镇的跨界赋能战略构建起了一个高效的生态环境，促使山山家跨界相融朝着专业化方向发展，下文我们将采用3W1H的逻辑，从为什么要构建跨界赋能战略、为谁赋能、赋予何能、如何做好"双向赋能"的层面进行研究，分析山山家白色森林·生日小镇如何通过跨界融合的"双向赋能"之路取得企业升级，从中得到启示，以求为其他企业的发展提供借鉴。

2. 为何选择"双向赋能"(Why)

(1)跨界融合，大势所趋。从长远来看，中国经济发展的长期出路必须依靠产业发展与产业升级。从世贸红利、人口红利、土地红利转变为制度红利，向改革要动力，促进需求，调整产业结构等措施与手段，其核心都是为了推动产业结构升级与发展，但升级的方式正在发生变化。传统产业升级是通过技术进步完成换代与行业整合完成集聚化与规模化，而当下新的产业升级模式正在形成，这种产业升级模式主要表现为跨界与融合。从技术驱动的历史来看，人类进入工业社会后，水力、蒸汽机、内燃机、电力和信息技术依次成为推动经济社会发展的主导力。现阶段信息技术在促进产业融合上发挥了重大影响力，如汽车电子(汽车＋IT)、车联网(汽车＋信息空间)等。这些新兴市场，对于企业而言是跨界，更是融合，也正是越来越多的企业参与跨界，才助推了产业的融合趋势。根据中国焙烤食品糖制品工业协会发布的2020年工作总结，受新冠肺炎疫情影响，焙烤食品糖制品行业2020年第一季度营收同比下降40％以上，1—12月规模以上企业营收、利润总额分别下降3.94％、4.53％。自2020年下半年起，行业逐步恢复正常，但目前仍面临出口订单下降、人力资源紧张、原材料供应不足、经营成本上升等问题。业内预计，疫情过后，中国烘焙行业将加速品牌化，市场集中度将进一步提升。

(2)精准捕捉，行业痛点。首先，提起食品界的网红爆款，绝对少不了烘焙产品。鲍师傅肉松小贝、Lady M千层蛋糕、Uncle Cheese芝士蛋糕，这些曾经刷屏或是经营网点大排长队的品牌，现在有些已经淡出人们的视野，有的已销声匿迹，爆款生命周期短已是不争的事实。网红产品的确可以帮助品牌快速获得关注度，比如好利来联名喜茶推出葡萄雪融芝士蛋糕等，跨界收割了注意力。但如何以稳定的品质和合适的产品线满足消费者需求，也是品牌需要考虑和不断投入的，更是"长红"的基础。其次，中国烘焙市场就像一盘散沙，年销售额在1亿元及以上的品牌，市场占有率不足10％，而剩下的烘焙类年收入在2 000万元左右的品牌占据了

90％以上的市场。根据智研咨询发布的《2020—2026 年中国烘焙行业发展现状调研及市场前景趋势报告》的数据显示,中国烘焙行业的行业集中度 CR5(行业前五名企业所占市场份额)为 10.6％,明显低于日本的 43％,日本的山崎面包市场占有率就已达到 23.7％。其次,烘焙赛道越来越拥挤。烘焙门店虽有闭店潮,但近年来,喜茶、奈雪的茶等新茶饮品牌,星巴克、瑞幸等咖啡品牌,还有光明、中石化、京东便利店这样的跨界"选手"纷纷加入烘焙赛道。品牌越来越多,增加了消费场景和消费者相遇的机会,虽然可以将整个烘焙行业做大,但同时意味着更加激烈的竞争,中国烘焙亟待升级。

3. 双向赋能的维度(Who)

(1)联系顾客,锁定目标市场

白色森林·生日小镇基于山山家面向的不同消费群体,有针对性地发展,满足消费者不同的需求,赋予企业销售增长的能力。通过对烘焙食品市场进行细分,实施目标市场营销,对选定的目标市场提供特定的产品及服务,相应实施差异化的市场营销组合策略,实现赋能。

在地理位置细分市场中,白色森林·生日小镇和山山家都位于金华市,而金华属于二线城市,整体的经济水平良好。由于烘焙产品的保质期限制,市场配送半径仅辐射金华市,因此主要面向城市消费市场。白色森林·生日小镇作为山山家的烘焙工厂,是首个设有 360°透明面包观光工厂的特色小镇,结合了软终端和硬终端,这一特色使消费者的体验和感受更深入,可以形成良好的购买氛围,提高消费者的购买欲望,赋予购买的能量。对山山家这一品牌赋予了品牌的附加值并提升产品品牌形象的能量。

在消费心理细分市场中,价格敏感度较低、喜欢享受生活、追求时尚的消费群可以成为主要目标群体,这个群体除了看中烘焙食品的口味外,产品的附加价值也是他们所追求的,这正好符合目前的消费趋势,即烘焙食品不再是一种食品,而是一种感觉和心情。通过创造高附加价值的烘焙食品品牌,提升了该类消费者接受度,不仅使消费量增大,重复购买率提高,空间利润变大,而且容易树立品牌形象。这样就可以初步确定白色森林·生日小镇的主要目标消费群体是注重享受者和追逐时尚者。

(2)赋权员工,促进企业发展

企业的双向赋能中,员工这一维度也十分重要。随着市场竞争环境越来越激烈,员工忠诚度在企业发展中发挥的作用也越来越重要。员工的忠诚赋予企业可持续发展的能力,企业给予员工足够的才能发挥空间以及企业理念的自信,两者之间彼此促进,才能够实现双向赋能的意义。

企业赋予员工无后顾之忧的发展能力。企业对员工的许诺是员工工作的基础,自己最后的收益也取决于自己的付出。"面包从森林里出来,员工在花园里上班"这一主题理念,为员工提供了一个舒适的工作环境,尊重员工的个性发展特点。

忠诚的员工赋予企业可持续发展的动力。员工忠诚度就是员工对企业工作事务尽心竭力的奉献程度。当今社会人才流动现象普遍,员工与企业之间签署的书面契约,并不能很好地保证员工与企业的稳定关系,甚至还会引发一些矛盾冲突。因此,要想让这种关系稳定、牢固,就需要构建信任、真诚的雇佣关系,培养员工的忠诚度。只有员工和企业形成统一战线,才能让企业整体向前发展。

（3）支持政府,谋求共同利益

政府的政策设计和选择对企业行为有着重要的引导和示范作用,积极响应政府政策,获得政府的支持能够更好地发展企业。白色森林·生日小镇在绿色发展管理这块落实得很到位,他们投入500万元建立了完整的污水净化系统,还设有垃圾分类处理区块,响应了绿色发展的理念政策。这些举措一定程度上获得了政府的信任和支持,为企业建立了良好的外部政治环境,促进了企业的生存和发展。把企业的诉求和政府的需求结合起来,谋求共同的利益,企业良好的发展可以帮助城市提升整体形象,在政策落实中起模范作用;政府在群众中的影响力能够帮助企业巩固并拓展消费市场,取得消费者的信任。

4. 赋予何种能力（What）

（1）小镇与客户:相互反馈

白色森林·生日小镇内部设立360°透明面包工厂,能够全面直观地看到从食品安全原材料管控到生产的全过程。当消费者进入工厂内部时,能全方位地体验到食品的整个生产流程,从视觉上进行一个感官营销,看到整个生产线能够让消费者对山山家的烘焙食品更加放心,对山山家的品牌会具有一定的信赖度,会更加愿意去购买山山家的产品,无形之中能够提高山山家的企业口碑。通过园区内设立的各种场馆和开放课程让顾客获得完美的体验感、参与感、仪式感,能够在园区内感受到一种独特的生活方式。消费者在园区内得到了满足,享受到了好的服务,自然会喜欢上这里,也会愿意在社交平台、自己的朋友圈里分享,为企业赢取口口相传的好口碑,吸引到更多的客流量。研发部门也会将新研发出的面包产品首先在小镇进行试点,受到广泛好评的产品就投入生产线,顾客不喜欢的产品也能收集意见加以改进。小镇赋予消费者良好的三感一式,消费者赋予小镇良好的口碑形象和反馈,通过两者的双向赋能达成共赢局面。

(2)小镇与员工:相互信赖

白色森林·生日小镇采用"倒三角"管理模式,以目标管理为导向,把基层员工作为主体,摆在管理最顶层;中层各部门为基层员工提供服务技术支持;高层管理者为基层员工提供资源保障,放在管理的最底层(见图9.3)。

图 9.3 "倒三角"管理模式

"倒三角"管理模式的推行,使中层各部门变为服务主体,基层员工成为执行和管理兼备的主体。员工成为管理主角,既要会干,又要会管,有效激发了员工工作的主动性和参与管理的自觉性,推动了白色森林·生日小镇自主管理,提升了管理水平。按照白色森林·生日小镇的"倒三角"管理模式,为充分发挥基层员工的主观能动性,调动一线员工的积极性和创造性,小镇以"授权、自主、激励"为手段,全面推行员工自主管理。结合小镇的管理需求,通过绩效合同与履职考核标准,授予了员工自主管理的权限,员工可以自己选择喜欢的工作部门和区域,并拥有资源使用权。根据工作的不同需要,企业赋予不同人员自主使用财和物等资源的权利,并赋予部分员工考核分配权。根据管理的需要,每个工作区域都要设置轮值负责人,轮值负责人负责考核该区域所属员工的工作内容、服务情况,并在每日评定等级,一周一报;保障自主是推进基层员工自主管理的核心。推动自主管理,明确自己的工作职责,划定自主管理的范围,规范工作流程和内容,赋予部分员工考核权,确保工作的优质完成。目前白色森林·生日小镇员工主动工作、主动作为已成为新常态,员工自主自信、精气神十足,队伍展现出新风貌,班组的凝聚力、战斗力进一步提升。"倒三角"管理模式能够赋予员工更多的自主权,进而提高员工的忠诚度,在这一管理模式下员工更能赋予企业可持续发展的能力,实现了企业与员工之间的双向赋能。

（3）小镇与政府:双向扶持

伴随可持续发展理念的提出,世界经济的绿色化趋势日益明显,环境保护愈加得到重视,企业可持续发展的能力愈发重要。政府环保法规日趋严格,白色森林·生日小镇一直走在绿色可持续发展的前列,小镇一直遵守政府有关规章制度,园区内产生的污水都会进行净化之后再进行排放,并专门设立垃圾分类站点,每天的垃圾都要进行处理,垃圾分类之后再送走,不给政府添麻烦。白色森林·生日小镇在政府的支持下发展得越来越好,逐渐打开了知名度,也渐渐成为金华市金东区的一个时尚地标,越来越多的人愿意到小镇上来游玩,增加了当地的知名度,带来了人流量,为当地文旅发展做出了重大贡献,促进当地经济发展,无形之中拉动了金东区的发展。白色森林·生日小镇的不断发展也为当地居民提供了更多的工作岗位,解决了当地百姓就业问题。政府赋予山山家白色森林·生日小镇地皮的开发利用权,小镇的发展拉动经济发展,赋予政府良好形象,这是企业与政府之间的双向赋能。

5. 如何做好双向赋能（How）

（1）双向赋能,吸引顾客收集信息

白色森林·生日小镇是在山山家品牌基础上对休闲娱乐产业的拓展,因此前期就积攒了大量客户,同时还在园区内设计了360°全透明参观通道、数字化车间、互联网工厂,让消费者能真实见证食品安全,增加了消费者的忠诚度,这是白色森林·生日小镇对消费者的赋能。而消费者来到园区参观体验之后,也会提出自己的需求,如希望加设西餐课程,希望有露天烧烤项目等,项目负责人接收到反馈后也会增设不同的项目以满足客户的需求。在不断收集客户需求信息的过程中,白色森林·生日小镇因需制宜,不断升级园区,这是消费者对白色森林·生日小镇的赋能。两者循环往复,白色森林·生日小镇吸引并留住顾客,顾客给予白色森林·生日小镇反馈与信息。因此,做好双向赋能的前提是将赋能的两个个体紧密相连,以积累客户并提升客户黏性,达到规模效应。

(2)应用模式,提升企业管理效能

在探索新管理模式的过程中,白色森林·生日小镇别出心裁地采用了"倒三角"管理模式:将基层员工变成服务主体,位于模型的最顶层;中层各部门为基层员工提供技术服务支持;高层管理者为基层员工提供人、财、物、组织等资源保障和服务,位于模型的最底端。相对于正三角模式自上而下分配指令的工作形式,倒三角管理模式则让员工在高层管理者的支持下,有了充分自主管理的权力,有效地激发了企业活力。为了激励员工,白色森林·生日小镇成立了感恩基金,给入职满3年的优秀员工的父母发放每月330元的感恩基金。既替员工为父母尽孝,又形成了员工锁定,让员工及员工的父母安心,父母拿到了这些钱也会有荣誉感和尊贵感,因为这不仅是儿女孝顺的心,更是儿女工作优异的证明。目前已有近200名优秀员工的父母享受到了每月330元的奖励,通过对员工最担心的赡养问题的关注,做到成果、快乐、荣誉共享。白色森林·生日小镇有效地提升了员工的归属感和自豪感,积极践行"家有多温馨,山山家就有多温馨"的企业文化,激励员工实现自我价值,提升员工的成就感。这是由企业向员工赋能,是整个模型从下往上的赋能过程。通过构建"倒三角"管理模式,让员工在第一时间聆听市场声音,聆听用户的声音,然后把这个声音传递到企业,再由企业内部做出快速的反应。两者双向赋能,推进了白色森林·生日小镇的自主管理,进一步拓展了小镇管理的外延,丰富了小镇管理的内涵,提升了小镇管理水平,实现了员工与企业的同步发展。

(3)响应政策,塑造企业良好形象

作为一个有着使命感的本地企业,山山家不光想以持续、优良的业绩回报股东,更想为金华经济发展做出贡献。秉承"共享才能共赢"的企业行为准则,白色森林·生日小镇主动履行社会责任,充分发挥行业排头兵作用,积极响应政府绿色发展的号召,斥资500万元在小镇内建立废水处理中心,还设立了垃圾分类回收站。生产过程中产生的污水在经过污水净化系统后又流回了园区内的小溪里,循环利用,"宁愿花大价钱自己处理废水,也绝不让一滴污水流到外面",王平说。小镇污水处理中心的建立在扩大企业社会美誉度的同时,也为金华市环境保护做出了积极的贡献。此外,小镇开展志愿服务活动,如"腊八粥"派送活动;开设"暑期小候鸟班",圆了企业内 100 多名外来务工父母的"亲子团圆梦";专门设立哺乳室,圆了新妈妈的"健康育儿梦"。公司也先后获得了"金华市诚信企业""爱心公益企业""金华志愿者行动爱心单位"等多项荣誉称号,塑造了良好的社会声誉和行业形象。

政府的信任与支持使得小镇得以建立,并且还将小镇作为企业示范的模范基地,也在一定程度上提升了小镇的美誉度,增加了顾客的忠诚度,促进小镇的发展与扩张。小镇也为当地政府发展了旅游业,长期接待远道而来的贵宾,提升城市的整体形象。小镇还在一定程度上帮助政府降低了人才流失率,"家文化"理念在白色小镇的渗透,让外来务工人员也有了归属感,提升了金华这座城市的幸福感。小镇积极参加公共事业,为政府减轻负担;政府设小镇为定点基地,为小镇塑造良好形象。二者双向赋能,朝着共同的目标发展经济。

(四)白色森林·生日小镇面临的挑战与应对措施

1. 人才短缺,如何育人留人

"人才问题"是企业永恒的话题,也是众多企业为之头疼的问题,如何育人留人成为企业成功的关键因素之一。在育人方面,一是要加强公司教育培训的宣传力度,进一步提高全员的培训意识,提高员工对教育培训的重视程度;二是提高育人的高度,人才培养要贴合公司整体规划,形成合力,从公司的整体战略出发;三是适当增加培训机会,做到施教与需求相结合;四是针对不同部门不同特点创新人才培养方式;五是加强专业化人才培养力度。

在留人方面,一是坚持以人为本,在尊重个人意愿、相互平等的基础上和人才进行交流,多方面了解人才所想、所需、所求,改善职工工作、生活环境,提高职工的满意度,增强员工归属感;二是通过提高待遇、委以重任等政策制度多措并举,提高员工的成就感;三是建立公平的竞争用人机制,使人才有锻炼的机会及发挥才华的空间,使之实现自己的价值;四是根据不同需求,提供多样化福利,以提高员工的满意度,保证人才队伍的基本稳定。

2. 平台壁垒,如何加强内控

白色森林·生日小镇作为旅游行业与烘焙行业的跨界融合产业,发展初期小镇的内部控制管理要严格执行贯彻,这对于提高自身综合竞争能力有着一定积极作用,可为小镇的发展奠定坚实基础。企业管理过程中,只有对内部控制有正确认识,才能更好地支持内部控制,发挥积极作用。全体员工以及领导阶层树立正确的内部控制意识,才能从下到上、从上到下执行内控制度,并将内控制度全面落实,发挥出最大功效,做到及时发现企业内部经营问题,第一时间解决问题,降低经营风险,实现健康平稳发展。

3. 产品同化,如何走出怪圈

以山山家为例,店里的热卖产品是吐司、三明治、泡芙等,但这些产品几乎家家都有,因此顾客黏性并不大,需要企业根据消费者的口味进行产品的创新,打造属于山山家的独家产品。消费者在理性消费的基础上渗透了越来越多的情感因素,其需求日益分散化、个性化,单靠产品口味、式样规格等因素已经无法吸引顾客的目光,消费者更重视品牌和体验感,判断标准更多的是以"喜欢、不喜欢"替代了"好、坏"。品牌就是消费者感性消费的引导线,是信赖、忠诚、满意、价值的无形资产。因此打造差异化品牌,如将烘焙与花艺结合,设立 DIY 课程等,让消费者在心理、情感层面与品牌进行交流,才能让消费者与品牌企业建立情感纽带,也才能赢得消费者的青睐与信任。

4. 技术难点,如何改进升级

山山家的店铺主要分布在金华市区和几个周边县市,因为山山家现在只有一个主要生产工厂,也就是白色森林·生日小镇。由于运输工具仅限于货车,因此无法辐射到更远的区域,也导致山山家的业务无法扩展到更大的区域。食品安全、营养健康一直是新世纪烘焙企业工作的重点,且将会作为发展的趋势长期存在。近年来由于食品安全事件频发,政府和公众对于食品安全越来越重视。因此在产品运输方面,山山家改进了冷藏保鲜技术,保证食品在生产出来之后的运输过程中,不会发生营养的流失和风味的改变,把食品安全始终贯穿在企业的生产管理中,积极完成国家认证,建立切实可靠的食品安全防护墙。企业为产品增加营养、健康元素,促进烘焙产品结构升级,为即将到来的烘焙食品行业大发展做好各种准备。

三、管理启示

（一）洞察行业机遇

随着我国人均消费水平的增长、餐饮消费结构的调整以及生活节奏的变化，具备营养健康、快捷多样等优点的烘焙食品在我国步入了快速增长时期。这使得烘焙食品的市场扩大，越来越多的人投入到烘焙这个行业中，仅金华本地的面包店就不止 150 家，因此当下烘焙产品同质化严重，各类品牌竞争异常激烈。而作为金华本土品牌的山山家非常清楚一味地同质化根本无法形成自己的品牌特色，想要在这激烈的行业竞争中取得一席之地，就要把目光放得长远，善于抓住机遇转型升级。白色森林·生日小镇的建成将盘活存量建设用地，加速积道山、八仙溪区块开发建设，从而推动旅游、文化、农业等产业升级，形成乡村特色风景带。山山家顺应政府政策，促进当地旅游发展，正是抓住了这一机遇使得转型升级更加便捷顺利，让烘焙产品从一个更高的维度服务金华消费者。

（二）引进先进设备

山山家白色森林·生日小镇不仅仅作为山山家在旅游方面的一个尝试和展示品牌的平台，还是一个供应全市 46 间店铺的烘焙产品的大工厂。生日小镇的中心白色建筑物是山山家一个最大的生产车间，是集生产、研发、包装、运输为一体的半自动化车间。360°面包透明工厂是山山家烘焙生产基地，也是小镇主打特色建筑。十万级无尘车间里引进了许多国外进口的烘焙机器，如制作吐司的两座冷却高塔，在生产方面做到了部分精简化，在包装制作等方面成功做到了机器替代人力，减少了人工成本，成功做到了智能化生产。

（三）落实顾客需求，赋能企业发展

定位顾客的需求并不困难，找准客户真正需求才是制胜的关键。白色森林·生日小镇以顾客的体验感为基点，积极收集顾客反馈，关注顾客需求，并制定有针对性的运营方案。这一点和妥善处理顾客关系是现代企业经营的必然要求，可以帮助企业获得顾客的真实信息，在客户需求的拉动之下，充分发挥企业内部资源以

及供应链上的资源优势。顾客关系需求管理具有广泛的市场价值和研究价值。能够改善企业与顾客之间的关系,提高顾客忠诚度与满意度,获得更多顾客的关注与青睐。

通过对白色森林·生日小镇的分析、参观360°透明面包工厂及面包制作过程的讲解,旨在让顾客从自身的角度真实感受食品安全。小镇把顾客放在第一位,着重关注顾客切身体验感受,通过将人力资源、业务流程与创新研发有效整合,找准顾客真正的需求,最大限度提升客户的满意度及忠诚度,挽回失去的客户,保留现有的客户,不断发展新的客户,发掘并牢牢把握住能给小镇带来最大价值的客户群。

(四)关注品牌建设与口碑

如今,消费者在理性消费的基础上倾注了越来越多的情感因素,其需求日益分散化、个性化,单靠产品口味、式样规格等因素已经无法吸引顾客的目光,消费者更重视品牌和体验感,品牌就是消费者感性消费的引导线,是信赖、忠诚、满意、价值的无形资产。因此,企业更应该注重品牌与口碑建设,通过对山山家的分析我们可以发现,山山家充分认识到了品牌建设的重要性,积极研发打造独家产品,建立特色休闲文化园白色森林·生日小镇,并从产品、渠道、价格、促销、宣传等方面织出品牌营销体系网,使自家企业从千面一律的状态中脱颖而出,形成了特色鲜明的品牌。除此之外,山山家还主动履行社会责任,斥巨资建立废水处理中心,响应金华政府的绿色发展号召,并开展志愿服务活动,积极参加公共事业,树立企业形象。山山家还秉持"为消费者提供健康营养安全的食品"的企业宗旨,注重食品的新鲜度与品质,通过产品出众的口味吸引顾客,打造了良好的口碑。

案例思考题

1. 赋能授权的基本概念是什么?
2. 赋能授权在山山家是如何应用的。

案例十

古婺窑火

一、相关理论

（一）china 模型

china 模型是指从商品（commodity）、服务（hospitality）、创新（innovate）、商标（brand）、反应（reaction）五个要素解析情怀营销，并评估这五个要素在情怀营销中所起到的作用，以期达到对企业情怀营销的深层次剖析。

（二）CIS 理论

企业形象识别系统（corporate identity system, CIS）于 20 世纪 80 年代被作为一套"品牌管理体系"引入国内，是当今企业管理对内对外文化、形象的基础理论，是狭义的"品牌"理论的实有构成部分，也是一种拥有对内对外两面性的"标准"或"规则"。IS 是通过对理念、行为、视觉三方面进行标准化、规则化，使之具备特有性、价值性、长期性、认知性的一种识别系统的总称，也可译为"企业统一化系统""企业自我同一化系统""企业识别体系"。

CIS 包括三部分，即 MI（理念识别）、BI（行为识别）、VI（视觉识别）。

理念识别系统:理念识别(mind identity,MI)是确立企业独具特色的经营理念,是企业生产经营过程中设计、科研、生产、营销、服务、管理等经营理念的识别系统。

行为识别系统:行为识别(behavior identity,BI)是直接反映企业理念的个性和特殊性,是企业实际经营理念与创造企业文化的准则,对企业运作方式所作的统一规划而形成的动态识别系统。

视觉识别系统:视觉识别(visual identity,VI)是指将企业的一切可视事物进行统一的视觉识别表现,并将其标准化、专有化。

二、案例分析

(一)china 模型分析

在对古婆窑火本体公司以及其情怀营销战略详细调研的基础上,我们通过文献资料查询情怀营销相关案例,并比较其共同点以及差异之处。通过大数据发放问卷进行调研,利用 china——古婆窑火的主打产品以及发展根源这个特征,总结并合成 china 模型。它主要从商品、服务、创新、商标、反应五个要素解析情怀营销,并评估这五个要素在情怀营销中所起到的作用,以期达到对古婆窑火情怀营销的深层次剖析,能更好地帮助读者理解并利用其模型(见图 10.1)。

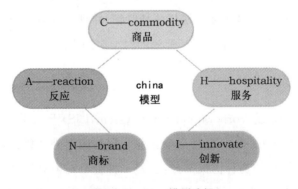

图 10.1　china 模型注解

1. 商品(C——commodity)

商品是一个企业安身立命的资本,也是企业在激烈的行业竞争中突围的最大武器。而对于近年来年均复合增长率在 30% 上下、发展速度较快的文创瓷器行业,古婺窑火凭借着它的商品作为基石,借助情怀营销的模式开创一条突围之路。

在当前"新常态"的大经济环境背景的影响下,文创瓷器行业愈发兴盛,逐渐成为资本市场关注的热点之一。就长期来讲,主流品类市场格局会更加多元化。对于古婺窑火来说,存在着来自竞争对手以及大量替代品的威胁,需要建立新的营销系统,建立起品牌优势和战略理念,以提升自己的市场份额,以便在市场竞争中脱颖而出。这时候就为情怀营销战略提供了施展拳脚的舞台,我们通过大数据发起的问卷调查,结果也证明了古婺窑火的情怀营销让它在文创瓷器市场上成功突围(见图 10.2)。

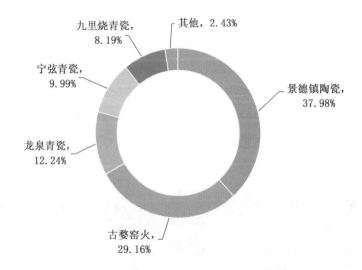

图 10.2　"您购买陶瓷艺术品通常会选择"选项结果分布

而古婺窑火打响情怀战略的基础就是它对于商品品质的完美把握。在这里我们主要从古婺窑火瓷器的产业链位置、商品品种、价值实现方式三个方面进行分析。

(1)产业链位置

古婺窑火产业链位置属于"设计+生产+展销"经营模式。古婺窑火一直致力于对传统婺州窑的传承,开发了不少富有文创情怀又顺应市场潮流的产品,无论是早期经典款的"鸿运当头",还是新近推出的"金牛杯",都是这种"推陈出新"的体现。除此以外,古婺窑火在自身独创的玉青瓷的基础上,结合现代生活,进一步开发了"乐活心意"多功能陶瓷杯、系列茶具"观自在""般若"等,这些富有特色的产品上市之后更是一举收获了数十项工艺美术大奖。

无论是产品制造过程、用料以及产业链位置的选择,还是对产品质量的把控以及产品供应能力,古婺窑火也一直都是很有自信的,所以才会设立"前店后厂"的模式——"前店"用来展销玉青瓷,"后厂"则供消费者参观。让顾客近距离接触产品研发地,并了解它的制作过程,这一系列开放式措施都成为其差异化营销战略的一部分。

(2)商品品种

根据古婺窑火的产品或者服务给企业带来价值的大小以及新的产品和服务对原有产品和服务的影响,可以得知其经营模式属于多元化经营模式中的集中化多元经营。

古婺窑火以独创的玉青瓷和玉砂瓷为基础,将传统文化与现代陶瓷工艺结合,创作出许多时代韵味浓厚、寓意美好的艺术作品,不仅包含了传统文化的特色,而且也追求着时代新意,如根据"曲水流觞"典故创作出的《水到鱼行》,依据绿色发展理念创造出的《初心杯》,受扶贫精神启发创作出的《无私·奉献》茶具。与良渚博物院合作的《四方如意》造型别致、寓意丰富,另外还有颇受消费者喜爱的经典陶瓷杯《鸿运当头》,等等(见图 10.3 至图 10.8)。

图 10.3 《四方如意》

图 10.4　《珠联璧合》

图 10.5　《水到鱼行》

图 10.6　《观自在》

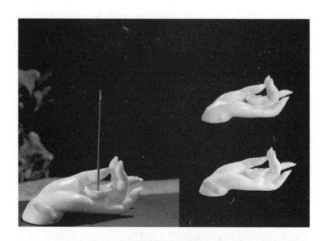

图 10.7 《福手》

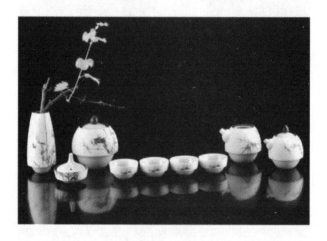

图 10.8 《般若》

（3）价值实现方式

古婆窑火一直走的是差异化竞争的路子，所以它属于差异化模式。它从品牌差异化（原创性、工匠精神）、宣传差异化、服务差异化三个方面凸显其特色，以取得竞争优势。

古婆窑火成立之始就为企业发展确立了明确的市场定位，在商品推出早期，古婆窑火经过贴心化的包装和差异化的品牌运作，成功地在文创瓷器市场上树立了一个高档次、高品质的形象，不仅让消费者对它的高质高量深信不疑，也在消费者心中建立了专属于它的商品形象。

古婺窑火还依靠它的原创性"思想品",始终秉持着复兴婺州窑、"找回失落的文明"的初衷,满足了文创品消费的精神需求,从而实现了顾客分享式的宣传模式。

另外,古婺窑火提供多种体验式服务,以满足消费者的多元需求,经历了十二年之久的"质"造模式的发展,逐渐塑造出了一个良好的文创品牌形象,服务差异化是其显著特色。

产业链位置、商品品种设计、价值实现方式是古婺窑火商品打造的核心要素,从生产到设计再到销售渠道都给古婺窑火良好的品牌形象以及情怀营销战略打下了良好的基础。

2. 服务(H——hospitality)

服务是指伴随着组织与顾客之间的接触而产生的无形产品。于企业而言,其作为服务主体为客户所提供的服务直接影响到企业的品牌形象和发展,服务的质量同时也决定了顾客的满意度和回购率。一项针对古婺窑火产品满意度的调查显示,古婺窑火的产品满意度达到了79.9%,在与其他品牌的比较中,也仅次于景德镇陶瓷(见图10.9)。

古婺窑火是一家集研发及展销婺州窑陶瓷产品、婺州窑古文化体验、非物质遗产文化品鉴等多功能于一体的工业文化旅游企业。其在努力打造优质产品的同时,结合当下的旅游文化,与时俱进地进行了产业融合,推出了婺州窑古文化体验业务,现已形成六大板块的完整体系,包括玉青瓷城市展厅、历史博物馆、婺学堂、陶艺梦工场、文化长廊、制瓷工艺长廊。这六大板块的每一板块都经过精心设计,集参观、体验、学习、交流等于一体,其历史感、文化感、现代感、创意感体现得淋漓尽致。另外还提供接待中学、小学、企事业单位团体活动等服务,定期举办茶禅曲艺雅集活动。

城市展厅:陈列了玉青瓷作品,完美融合鲜活灵动的现代艺术元素。

婺州窑博物馆:珍藏了200多件千年文物,可以一览婺州窑千年绮丽风采。

陶艺梦工场:中、小学春、秋游体验陶艺的场所,以玩乐的方式探索古老的婺州窑文化,更加深刻地理解和学习传统文化。

婺学堂:一个举行茶禅曲艺的地方,让参与者在行云流水的琴音中体味淡泊心境,超然物外。

城市客厅:为处于快节奏以及新经济活跃圈层的群体提供了一处可以体验历

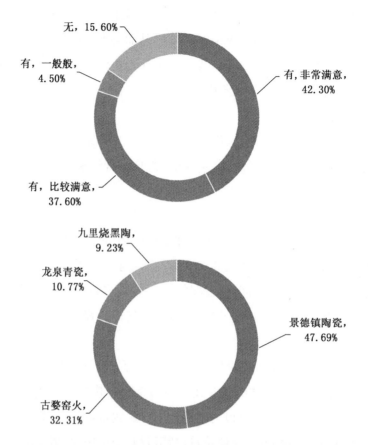

图 10.9 "您有购买过古婺窑火的玉青瓷产品吗？满意程度如何?"选项结果分布

史文化的场地。

茶书房:以茶和书这两个中华传统文化中的重要元素作为契合点进行深度融合,打造现代都市人的全新生活空间,让参与者在繁华的都市中找到属于自己的生活方式。

服务是树立企业信誉的关键,良好的服务能够促进优质品牌形象的建设,古婺窑火情怀营销的发展模式就是在充分了解市场需要的前提下,与时俱进地发展新的服务模式,完善新的业务板块,从而促进企业的可持续发展。

3. 创新(I——innovate)

情怀营销如果只是一味地卖弄情怀,而没有产品等实质上的创新突破,那么不管多么好的情怀也只是一副空壳,终将使消费者觉得徒有其表而走向灭亡。创新是现代企业获得持续竞争力的源泉,是企业发展战略的核心,所以古婺窑火情怀营销中的一个关键点就是创新。在此我们总结出古婺窑火四大独特的创新之处。

(1)观念创新——内在观念的演变

古婺窑火创业初期将文创产品与用户的功能价值匹配放在第一位,致力于为瓷器爱好者提供赏玩和实用兼顾的好产品,为茶道爱好者提供一套好茶器,然而市场上充斥着数量众多的相似却不完全替代的产品,用户不了解古婺窑火的手工制瓷工艺。根据以往对工业产品的消费经验,用户找不到可以对标的质量评价标准,只能以一种"猎奇"的心态看待产品,不知该如何选。古婺窑火将"如何保证产品品质?如何帮助用户破解选择困惑?"定义为拟为用户解决的问题,更多关注传统手工陶瓷产品的功能使用价值。这种价值集中地体现于产品的器型功能、画面品质以及烧成工艺的稳定性。这一时期"用户在哪?如何让用户感知到产品价值?"是古婺窑火面临的最大问题。

随着后期发展,古婺窑火开始意识到文创产品和用户匹配的观念价值的重要性,进一步实行了寻求产品与用户双边"二元匹配"的战略规划。文创产品的价格不仅受产品功能价值影响,更大程度上由消费者的观念价值决定。"保证品质"的产品认知假设并不是影响用户买单的关键问题,"让用户信任,并且感知到产品的文化创意价值"才是提升客户转化率和营业收入的关键。在这一阶段,古婺窑火开始关注:"如何与用户建立信任感?如何让用户感知到传统手工艺的价值?如何让用户与陶瓷文创产品产生精神共鸣?"

(2)产品创新

古婺窑火的创新基因似乎是在企业创建伊始就存在了。在只有文化遗存、没有产业基础的发展背景下,古婺窑火坚守着自己的初衷,致力于复兴婺州窑,找回失落的文明。一方面,古婺窑火在传统婺州窑独特工艺的基础上,进行工艺改良和技术创新,在造型和色彩上与时俱进,迎合现代的审美观,力求将婺州窑的传统工艺与艺术精髓发扬光大;另一方面,推出多元化发展体系,进行文旅产业融合,继承并推陈出新,将非遗文化融入生活,让婺州窑重焕风采,打造婺州城市文化新地标!

(3)包装创新

古婺窑火公司自成立以来,斩获40余项各大工艺品展会的奖项,这和它在创新上下的功夫是分不开的。古婺窑火从事的创新,不仅是产品本身的创新,更有包装上的创新。

随着产品开发多样性的增加,古婺窑火也根据产品特性和消费群体的差异对产品包装进行了创新,使包装更具有人文关怀和创意。

好的茶具包装一方面具有收藏价值,另一方面也可作为复用包装再次使用。古婺窑火的茶具包装集实用性和人文性于一体,如"乐活茶具"系列产品就充分考虑到产品的特性,将产品的每一个组成部分进行独立的凹槽设计,整体包装则呈现"乒乓球拍"形,最大限度地缩小包装空间,美观大方,并且保证了产品的便携性和安全性。除此以外,系列茶具的"旅行箱"包装,造型和色彩与时俱进,深受消费者喜爱(见图 10.10)。

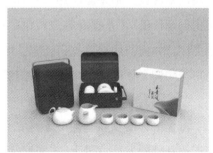

图 10.10 "乐活茶具"整体包装

古婺窑火的产品包装色调以玉青瓷和玉砂瓷的青与白为主,包装正面是古婺窑火的 LOGO 以及"特色玉青瓷茶器"的字样,简洁典雅又大方,除此之外包装系带上还会点缀"古婺窑火"的篆书刻章,品牌信息浓厚。针对不同的消费需求,古婺窑火推出了不同风格的包装,如礼盒精包装、旅行包装、环保包装等。系列茶具均内饰天然竹托盘,很好地容纳茶壶和茶杯,既能容纳倒茶溅出的茶汤,也能防止茶汤外漏,符合现代极简主义美学理念(见图 10.11)。

图 10.11 "特色玉青瓷茶器"系列包装

(4)品牌形象和营销的创新

古婺窑火 2009 年正式成立,在开发产品的同时结合新的消费背景推出了"文化＋旅游"的运营模式,在后续开发了旅游六大板块不断充实企业形象,72 道工序的加工程序也显示出其独具匠心的品牌定位。古婺窑火秉持初衷、不忘初心,始终自觉践行着传承文明与助力公益的社会责任,始终自觉坚持文化自信,促进中国陶瓷文化走出国门,始终站在文化传承与文明发展的角度去权衡既得利益与长远利益,并以此优化了在消费者面前展示的企业形象。

在古婺窑火的发展中,经过多方位的平台搭建,目前已经形成以"婺学堂""茶书房""城市展厅""婺州窑博物馆""陶艺梦工场""城市客厅"六大板块为核心的宣传基地,并以古婺州窑的积淀为"原料",以中华传统文化为"酒曲",以贴近现代人的日常生活但又有韵味无穷的设计理念为"包装",成功打造出的产品能让顾客亲切地感受到婺州窑文化的气息,与顾客建立起感情联结。

4. 商标(N——brand)

商标,是商品的生产者、经营者在其生产、制造、加工、拣选或者经销的商品上或者服务的提供者在其提供的服务上采用的用于区别商品或服务来源的符号,包括文字、图形、字母、数字、三维标志、颜色组合和声音等,以及上述要素的组合,既是具有显著特征的标志,也是现代经济的产物。

而对于一个企业来说,最好的商标正是它的品牌,是长久以来它在消费者心目中形成的形象和记忆。而毫无疑问的是,在古婺窑火的情怀营销中,商标是古婺窑火一个巨大的优势。古婺窑火作为一个艺术陶瓷领域的知名品牌并非是一朝一夕就建立起来的。它就像一瓶美酒,是经过时间的一步步检验、慢慢沉淀,才能在长期的生产经营过程中逐渐成熟,散发出诱人的香味,形成了独特且具有深度的品牌。而它的成功,和人的心理因素是密不可分的,因此我们将从品牌建设的心理机制来分析古婺窑火是如何一步步地在人的心理上建立起良好的品牌形象和记忆的。

对于品牌建设而言,它的升级之路,便是营销者将其放进消费者心目中的整个过程。品牌建设不仅仅只是让消费者简单地知道这个品牌,而是让消费者从心底肯定这个品牌的地位,是让这个品牌牢牢占据消费者的心理空间。

一个品牌从菌芽到成熟的路程也代表着品牌与消费者之间关系的发展过程。这一关系的发展程度可以从品牌知名度、品牌联想度、品牌美誉度和品牌忠诚度四个方面逐步表现,呈金字塔型依次升级(见图 10.12)。

图 10.12 品牌资产的要素结构

(1)品牌知名度建立策略

品牌知名度是指知晓品牌目标的消费者的人数以及其知晓的水平,主要分为品牌再认和品牌回忆两个层级。古婺窑火通过媒体文章和渠道推广,借助传统媒体和新媒体的融合传播,使其形象不断地出现在目标消费者的视线中,另外通过各类展会和微信公众号的推广逐步建立从品牌回忆到品牌再认,通过 12 年的"质"造模式发展、"找回失落的文明"的广告使古婺窑火的品牌知名度得到极大的提高。

（2）品牌联想度建立策略

品牌联想度是指每当提起某品牌时，消费者就会在脑海中浮现出与这个品牌有关的特色和形象。该策略要求企业通过创新手段，使得其拥有一种独一无二的、能让消费者辨别的特殊性质。

古婺窑火不断与时俱进，深入了解消费需求，逐步确立了"思想、青瓷、生活、美学"的产品理念，"找回失落的文明"的广告标语，使其形成自己的品牌定位，并将其贯穿到市场推广的各个环节中去，使得消费者在接触品牌的同时也接触到了这一品牌定位，再加以各种传播途径的宣传，使得品牌定位深入消费者脑海，形成了牢固的联系。而它的"差异化"营销策略，通过宣传古婺窑火的文化价值、象征意义以及情感效益等，在消费者脑中形成了生动的心理图式。

（3）品牌美誉度建立策略

品牌美誉度是指消费者对于品牌的赞誉和倡导程度。古婺窑火自2009年成立以来，始终秉持着复兴婺州窑、"找回失落的文明"的初衷。作为浙江省工业旅游示范基地、浙江省非物质文化遗产生产性保护基地，近三年，古婺窑火每年免费组织多场中小学生参加陶艺梦工厂研学、春秋游活动，参加活动人数1.3万人次。组织外国留学生体验中国瓷器制作，参加人数800余人次。以上活动折合为社会公益奉献240余万元。

其在国内传承与弘扬婺州文化的同时，积极促进传统文化走出国门、走向世界，对外传播中国婺州窑文化。

（4）品牌忠诚度建立策略

品牌忠诚度是指忠于品牌的人数及其对品牌的钟爱程度。这也是一个品牌想要走得长远最为关键的地方，也是古婺窑火营销者最为看重的地方，它通过顾客关系管理这一项目，发现和培养了一批核心顾客群。建立顾客管理数据库，收集、分析、利用新顾客各方面的情况，包括他们的需要、偏好、收入状况以及个人生活方式等。根据这些数据，古婺窑火开始了针对性的宣传和服务，来维系品牌与顾客长期良好的关系，以实现品牌忠诚。

综上所述，一个好的品牌能带给消费者更深的信任感，一个好的商标能带给消费者熟悉感。而将两者集合在一起的古婺窑火当然比其他企业更胜一筹，而在以情怀为主打，敲动消费者心弦的营销战略中商标形象必不可少，这是消费者心里对该品牌的一个记忆和念想。因此我们认为商标是情怀营销战略重要的组成部分之一。

5. 反应（A——reaction）

反应指的是企业市场反应,对经营者来说在充满竞争和相互影响的市场中,制定和实施计划不是最现实的问题,最需要重视的问题是如何及时地倾听顾客的希望和需求,并及时答复和迅速做出反应,站在顾客的角度满足其需求。对于企业来说,应该建立快速反应机制,了解顾客的举动,从而迅速做出反应。其实创新有很多企业也做到了,但是最后失败了,这不一定是因为产品本身失败,而是和后面如何及时回应消费者需求等一系列的反应因素有关系。

在如今这个互联网迅速发展和大数据分析时代,企业获得实时消费者数据轻而易举,从而使反馈和应对可以做到及时,古婺窑火运用了精益化市场调研,通过问卷调查和数据统计来促进业务优化。作为一家优秀的文创企业,古婺窑火如果想具有更大的战略优势,就需要为业务分析提供实时的业务信息,并及时对市场做出快速反应,古婺窑火的精益化市场调研是其具有独特竞争力的重要手段,当然这也会对古婺窑火的产品创新能力提出挑战。

但是并不是说得到了反应就一定要顺势做出改变,有时候运用逆向思维也会得到意想不到的效果,不过这同时也需要考虑思维的可行性。以古婺窑火为例,在现在这个时代消费者需求越来越个性化,在某种程度上,企业无法满足每个个体的消费者,但是古婺窑火打开思路,另辟蹊径——与其艰难地个性化,不如轻松地时不时给消费者制造惊喜。比如这几年古婺窑火开始设计生肖纪念版陶瓷杯,消费者一开始不会觉得这个特别,但在收到这个产品的时候会因为这份用心的情怀而感到惊喜,因为十二生肖是中国的民俗文化,而且又是在春节期间限量送出,这就赋予了产品一种独特的文化情怀,惊喜则会带来分享。越来越多的消费者参与分享就带来了流量。为了得到消费者对于古婺窑火情怀营销更直观的反应和情怀营销的成果,我们进行了问卷调查(见图 10.13)。

对于问题"您觉得古婺窑火的营销模式有深入人心吗?"的结果,有 222 人选择了"有",选择"没有"的只有 15 个人,觉得"一般"的有 62 人,可以看出大家对古婺窑火的营销模式还是给予了非常大的肯定,说明古婺窑火对非遗文化的"解构—重构"的发展模式以及营销模式的创意突破得到了消费者的认可。

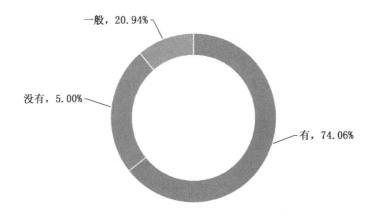

图 10.13 "您觉得古婺窑火的营销模式有深入人心吗?"选项结果分布

而图 10.14 则是进一步概括了古婺窑火情怀营销深入人心的本质,体现了古婺窑火精益化的情怀营销发展模式,成功地与消费者创立了情感联结。

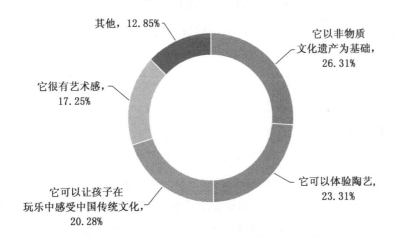

图 10.14 "为什么觉得它深入人心?"选项结果分布

(二) CIS 分析

在上述横纵对比中我们发现古婺窑火的情怀营销占据了较大优势,下面我们将通过企业识别系统(CIS),从系统化、理论化的角度去分析情怀营销为何能够促进古婺窑火突围。

企业识别系统的中心思想是通过企业的经营理念、行为规范和视觉识别这三个方面来对企业从战略的角度进行系统的分类,从而在战略上发掘企业的内涵,进而丰富企业文化,塑造良好的企业形象,使得企业自身规范化和完善化发展。

通过 CIS 的增强,企业可以获得消费者对企业的认同感与信任感,达到推动企业的进步与发展的目的,也是取得更多消费者认可并进行购买的根本途径,这些组成了情怀营销强大杀伤力的基石。

1. 古婺窑火理念识别系统

企业理念识别系统是 CIS 战略运作的动力来源和实施基础。它是企业之心,CIS 之魂。企业经营理念的确立不仅对企业识别系统的完整建立具有重要作用,而且对于企业的运作、后期发展和经营的成功具有重要意义。

(1)古婺窑火的经营理念

古婺窑火成立的宗旨是:立足本土文化,复兴婺州窑。其对应的经营理念即是:与时俱进、别出心裁地传承传统文化。一方面,古婺窑火在传统婺州窑独特工艺的基础上,进行工艺改良和技术创新,在造型和色彩上与时俱进,迎合现代的审美观,力求将婺州窑的传统工艺与艺术精髓发扬光大;另一方面,推出多元化发展体系,进行文旅产业融合,继承并推陈出新,将非遗文化融入生活,让婺州窑重焕风采,打造婺州城市文化新地标。正是这样的经营理念保证了古婺窑火匠心沉淀的瓷器品质,为情怀营销奠定了良好的基础。

(2)古婺窑火的核心价值观

古婺窑火一直秉持着"找回失落的文明"的企业使命和核心价值观,这是全体员工在企业成长过程中的行为准则和实现自我价值的追求。古婺窑火坚持将"找回失落的文明"作为一种社会责任和企业的追求,也积极履行着企业使命。企业现已形成的六大板块体系无不体现着其对"找回失落的文明"的践行。

古婺窑火坚持诚信为企业立足之本,通过"前店后厂"的布局和系统化生产经营模式,做到每个环节上都公开化、透明化。同时,72 道生产工序、博物馆、茶书房等也促进了多元体验情景的创造,促进了婺州窑文化与时俱进的传承。

正是这些主要的价值观支撑着古婺窑火的发展,秉承着自身理念的古婺窑火走出了自己的道路,形成了自己独特有力的竞争力,在文创瓷器市场拥有了自己的一席之地。

(3)古婺窑火的东方式企业文化

作为一个中国企业,东方智者的思考方式会影响企业决策的制定,东方文化的博大精深影响着企业文化的塑造,东方特有的价值观也会影响产品的品牌塑造方式和成长过程。古婺窑火品牌的塑造过程就是一个典型的案例。落实到企业的应用层面,东方管理文化首先表现为许多中国企业所特有的不同于西方企业的价值观(如以德为先、修己安人、伦理发展和造福社会等)。这些价值观成了东方式的企业文化。比如古婺窑火一直支持体育事业,也经常做一些公益活动。企业生存于社会就应当取信于社会,回报社会。古婺窑火产品的品质已经融入血液,回馈社会已经成为常态,这就是这个公司的文化。

(4)古婺窑火企业理念实施

企业理念的实施需要经过企业全体员工的了解、领悟和实践,它的实施过程实质上就是理念识别渗透于企业与员工行为及视觉标识的过程。企业理念可以通过理念识别的实施和转化为企业共同的价值观及员工的心态,从而树立良好的企业形象。

①企业理念对内传播

为了使新的企业成员能够对企业涉及的业务范围、经营模式、社会责任和企业所坚持的核心价值观等企业理念有全面准确的理解,古婺窑火会对新入职的员工进行独特的人才培训与团队拓展培训。

在新员工的入职培训中古婺窑火会发放员工手册和岗位手册,同时利用各种直观的文字进行宣传。比如在工作场所的墙上张贴企业的核心价值观,使得全体职工能够加深记忆理解和支持企业的经营理念。另外,体验式的拓展培训也是古婺窑火偏爱的培训方案,这可以提高员工的心理素质和团队合作意识,使员工之间更加了解,提高工作效率,从而达到理念的进一步理解和提升企业生产力的目的。

②企业理念对外传播

企业理念的对外传播是为了建立起良好的企业形象和提高企业及产品的知名度而凭借各种媒体宣传企业,使社会大众大量地接受企业传达出的信息,形成对企业形象的较深记忆,增加消费者对企业产品的购买率,从而可以为企业带来更好的社会和经济效益。

古婺窑火自成立以来始终以恢复、传承弘扬"婺州窑"为企业宗旨,以创新、协调、绿色、开放、共享发展理念为引领,以"文化+旅游"品牌建设为核心,以资源整合、文旅融合为路径,以商标品牌发展部为责任主体,坚持推进文化创意设计、非遗、工业旅游、文化体验、科普服务相统一,致力于"找回失落的文明",把质量和消费者的利益放在首位,以为消费者提供匠心沉淀、与时俱进的产品为自己的基本目标和要求。通过体育赞助和公益活动来提高品牌声望和消费者美誉度。同时通过免费组织学生、媒体和各企业代表实地参观工厂,使他们直接透明地了解生产线,达到企业理念具有直接冲击性宣传的目的。

另外为了验证古婺窑火"找回失落的文明"的经营理念和核心价值观是否有效地传播到消费者,建立起古婺窑火的品牌形象,我们做了相应的问卷调查。其中关于问题"您觉得古婺窑火有哪些特质"的选项结果如图 10.15 所示,虽然是多选题,但是可以明显地看出选择"文化大格局——自信"以及"传承+创新"的受调查者占大多数,这一结果充分显示了古婺窑火理念对外实施的成功,让古婺窑火一直坚持的理念潜移默化地扎根在消费者的心中,树立了良好的品牌形象,为情怀营销打下了重要的基础。

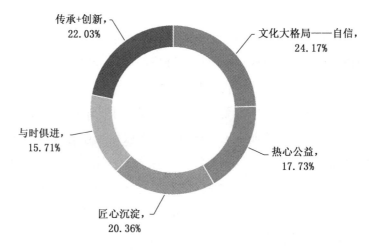

图 10.15 "您觉得古婺窑火有哪些特质?"选项结果分布

2. 古婺窑火企业行为识别系统

企业行为识别系统是企业理念系统的表现和实施。企业行为识别系统是通过对所有工作者的行为进行规范,使其符合整体 CI 形象的要求。为企业理念的传播铺路搭桥,把企业理念通过内部和外部活动全方位地展现出来。

(1)古婺窑火内部系统

①独特员工教育与培训

一个企业的形象可以通过员工的综合能力和素质从侧面反映出来。因此古婺窑火对员工的服务态度、礼貌用语等有明确的标准,同时定期对职工素质进行培训,还会对员工的工作态度和精神面貌持续性地进行监督。

除了礼仪精神方面,古婺窑火对员工还有不断提升自身文化水平的要求。为了督促员工一直不断地提升自己的文化素养,古婺窑火设立学历同奖金匹配的制度。员工的高文化水平也能够作为企业的一张名片来赢得社会大众的好感和认可。

②古婺窑火企业规章制度

不依规矩不成方圆,一个企业的规章制度是企业内部进行劳动管理的纪律保证和重要工具。制度可以有适当的灵活性,但是不能没有,只有依靠规章制度企业才能进行更好的管理。

古婺窑火设置了符合企业自身发展需要和管理的规章制度,同时结合各种容易接受和有效的方式使得员工更好地理解和掌握员工手册以及各类规章制度的基本内容,并在企业大厅和相关岗位处张贴企业的制度以及公示要求。张贴在目光所及之处可以起到提醒员工遵守相应规章制度的目的,及时消除员工对规章制度的理解误区并规避劳动风险,避免企业支出额外的用工成本,为提高古婺窑火的企业形象助一份力。

(2)企业的外部系统

①古婺窑火的销售活动

古婺窑火除运用六大板块服务的体验式营销外,还积极参与校企合作,先后与浙江师范大学、景德镇陶瓷大学以及浙江大学(材料科学与工程学院)等国内知名院校签订合作协议,与浙江省博物馆、西湖博物馆、良渚博物院、荆州博物馆、景德镇陶瓷学院等省内外知名文化单位达成多项合作项目,扩大知名度的同时增设分销点。如今的古婺窑火已在上海成立了营销中心,在深圳成立了办事处,在济南、南京等地确定了代理商和经销商,加盟直营店已有 30 多家。

②古婺窑火的促销活动

古婺窑火在节庆日(如建党 100 周年、国庆节、双十一购物节等)会在线上线下上市主流新品并进行促销活动。新品上市前,员工及其合作方会被要求充分了解产品背后的人文价值,以便进行诚信推广。

推广模式:线上——网红直播代言;线下——体验式推广。

线上:旗舰店(京东、淘宝、天猫);网红直播带货。

线下:相关产业合作,如西安秦始皇兵马俑线下旗舰店、良渚博物院(唯一指定陶瓷工艺品合作企业);校企合作;大客户批发;加盟商、分销商合作;外贸合作(服务贸易:设计出口、服务贸易体验)。

产品运作:双向"独家",带动下游产业链有序化管理。

3. 企业视觉识别系统

企业视觉识别系统(VI)属于CIS构成中的物化信息传达与表征系统,能够静态地表现一个企业的形象,集中反映企业全部经营理念和行为规范,并使其能具体化、视觉化地传达。

(1)企业品牌LOGO

古婆窑火的品牌LOGO既有现代感,又富有强烈的艺术气息,创意新颖有格调,具有较强的视觉冲击力和表意性,造型新颖简洁,且易于识别,形象生动、一目了然,印象深刻,利用象征手法,通过多个面的群化组合形成层次感、空间感,丰富了标志图形的视觉效果,具有文创感和跳脱企业盈利的中立感(见图10.16)。

图10.16　古婆窑火的两大特色品牌标识

①LOGO主体是一团红色的向上燃烧的火焰,一方面,照应"窑火"的主题,象征着精神之火,寓意着企业发展的蒸蒸日上与文明传承的生生不息;另一方面,火焰象征着温暖、阳光、激情、力量,预示着企业的光明未来。

②LOGO主体通过色彩留白与填补的巧妙融合,形象生动地勾勒出了"二龙戏

珠"的画面,联想烘托意念,既符合陶瓷文化的主题,又与人的内心相互契合(见图 10.17)。

图 10.17　二龙戏珠

③LOGO 主体亦是一个汉字"古",既照应着古婺窑火的企业名称,又从侧面展现出企业传承传统文化、找回失落文明的初衷。

(2)企业文化标语

古婺窑火的企业文化标语也是其企业坚守的使命和初衷——"找回失落的文明"(见图 10.18)。

图 10.18　古婺窑火的企业文化标语

走进古婺窑火的办公大楼,一楼大厅背景墙上"找回失落的文明"这几个字,特别能拨动人们的心弦。中国作为文明古国,那些曾在古老的大地上闪耀的文明,由于种种原因,有些已经湮没在历史的风尘中。这对我们后人来说,不能不说是一种遗憾。古婺窑火文化基地正是以"找回失落数百年的婺州窑文明"为使命,营造良好的文化氛围,增强企业凝聚力,在提升企业整体形象的同时促进了企业文化的宣传。

(3)产品包装设计

①优秀的包装设计团队

团队是企业团结精神的结晶,凝聚了企业强大的竞争力量。共同的愿望、目标、行动使团队浑然一体,成为企业的中流砥柱。古婺窑火的负责人是浙江省工艺美术大师,同时也是营销高手,对营销的理解具有实战性、创新与开拓性。在团队资源的配置上,古婺窑火的眼光放得比较长远,无论是早期广告团队,还是后期的设计团队,都是与时俱进、富有前瞻性的。

②包装设计效果

包装是产品的生命线,这句话说得一点都不过分。对于产品而言,包装给用户的第一视觉感受很关键,直接决定了用户是否购买产品,同时也提升了用户的审美。

古婺窑火的一系列新包装新设计,体现了企业对审美的不懈追求。古婺窑火根据产品特性和消费群体的差异,对产品包装进行了创新,使包装更具有人文关怀和创意。针对不同的消费需求,推出不同风格的包装,如礼盒精包装、旅行包装、环保包装等,这些包装大多符合现代极简主义美学理念。

(4)总结

通过分析古婺窑火的企业识别系统我们可以发现古婺窑火的情怀营销为何会如此成功,并且经久不衰,除了它本身的情怀创意,还离不开它背后的力量。而且我们在实地走访调研的过程中,发现古婺窑火企业内每个人都对古婺窑火企业自身发展和旗下产品有着无比的自信,这份自信的背后是古婺窑火十几年来对品质的坚持,对消费者的诚信。正是古婺窑火深厚的企业文化、独到的企业核心价值观、优秀的团队、独特的人才培养模式、做到极致的包装设计奠定了情怀营销强大杀伤力的基础。

结果分析如下:

一方面,文创行业的新业态助推着古婺窑火运用情怀营销施展他们的"突围术";另一方面,古婺窑火自身的精益化发展模式,使其成为文创企业中成功突围的典型代表。从2009年成立至今,古婺窑火不断创造新辉煌,而"与时俱进、别出心裁"正是使他们成功突围的一大重要特质(见表 10.1、图 10.19)。

表 10.1 企业主要荣誉成就

年份	主要荣誉
2011	金华市十大优秀创业型企业
2012	金华市重点文化企业
2013	浙江省优秀创新型企业
2014	浙江省 AA 级守合同重信用单位,商标被认定为"金华市著名商标"
2015	浙江省工业旅游示范基地、金华市诚信旅游企业
2016	金华市非物质文化遗产生产性保护基地、浙江省著名商标、浙江省名牌、浙江省 AAA 级守合同重信用单位
2017	浙江省非物质文化遗产生产性保护基地

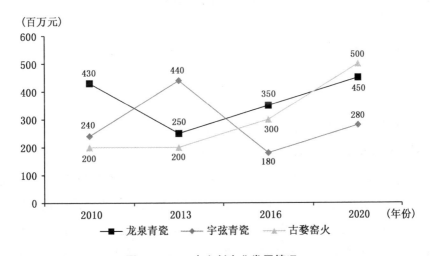

图 10.19 三大文创企业发展情况

古婺窑火的情怀营销促成了其营销战略的成功。情怀营销主要具备以下几点优势。

一是提高了消费者的品牌忠诚度。

在市场竞争越来越激烈的当下,企业竞争成功还是失败的重要因素之一便是是否有优秀的品牌。优异的产品质量和优秀的品牌固然能提升客户的忠诚度,但是除此以外消费者的心理因素也可在客户忠诚度的建立中起到十分重要的作用。

情怀营销正是以攻心为主,通过努力满足消费者在心理上的需求,消费者会在心理上接纳和认可这种情怀,从而对品牌形成"矢志不渝"的情感。最终会形成一个非该品牌产品不买的忠实消费群体。

二是丰富消费者体验。

"六大板块"的开发,集赏、玩、学于一体,通过真诚热情的服务致力于文化传承,古婺窑火以"找回失落的文明"的方式传递情怀,通过触动消费者的内心来让其感受品牌的内涵与价值。这样就可以使消费者在满足心理体验的同时记住这个品牌,达到丰富消费者体验的目的。

三是淡化商业目的。

在实际的商业实践中,消费者因为信息不对称的原因,基本属于弱势群体,因此消费者往往不会主动去相信商家的天花乱坠的广告描述,而情怀营销改变了这一困境。古婺窑火的情怀营销是在产品新意、独特包装设计、广告等当中加入情怀因素,通过情怀营销,古婺窑火让消费者在接受产品的同时能够淡化商业目的,更多地看到融入产品之中的企业情怀,从而觉得物超所值,激发了购物欲望。

三、管理启示

古婺窑火运用"情怀营销"战略构建了文创品牌营销策略的新局面,打破了文创品牌营销难的困境,又通过CIS系统完善企业形象,不仅确立了内部规范的管理原则,还使企业的生产过程和市场流通流程化,降低了成本和损耗,有效地提高了产品质量。CIS配合情怀营销,使社会大众大量地接受企业传播的独特理念和信息,建立起良好的企业形象,提高了企业及产品的知名度,增强了社会大众对企业形象的记忆和对企业产品的认购率。更关键的是获得了大众对"婺州窑"文化价值的认同感,而文化价值又是文创产业的核心,所以古婺窑火能使其产品更为畅销,为企业带来更好的社会效益和经济效益。

(一)古婺窑火情怀营销对文创品牌的可借鉴性分析

"文化底蕴"是文创品牌的生存之本,决定了文创品牌的诞生;"创新能力"是文创品牌生存能力的保证;"长期规划"是文创品牌能否长期生存的主要依据(见图10.20)。下面将通过这三方面来具体分析古婺窑火情怀营销对其他文创品牌是否有借鉴意义。

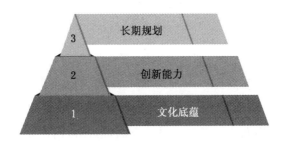

图 10.20　文创品牌三要素

1. 文化底蕴

古婺窑火正是基于婺州窑的深厚文化底蕴作为其立身之本,拥有着优质且独特的文化底蕴是其他文创品牌可能无法取代的,其他文创品牌也可以基于其独特的文化底蕴来切入情怀营销策略。

2. 创新能力

古婺窑火的情怀营销也正是基于古婺窑火有着强大的创新能力之上的,其他文创品牌也会有创新性但是其能力是难以与系统化、体制化、多样化发展出来的产学研一体的创新运营模式比拟。所以其他文创品牌想基于创新能力来驱动其情怀营销是非常困难的。

3. 长期规划

古婺窑火发展过程中始终肩负着"找回失落的文明"的使命,数十年为一日的发展与坚守,每个时期都会做阶段性的规划,并严格按照规划行动发展,有着强大的执行规划能力,让古婺窑火始终在实现长远目标的过程中都能保证方向性正确,以完成阶段目标为基础不断巩固现有成果,稳步发展的过程中有着长远明确的远见。文化始终是一种稳步的长期沉淀的经典,古婺窑火用时间来熨平发展的风险性,也沉淀了许多资深的成功文化价值,获得了越来越多的天使顾客,是其情怀营销能长远实施的重要保障,是其他大部分文创产业需要学习的。

(二)古婺窑火情怀营销的不足以及其针对性发展方案

1. 情怀营销的不足

(1)营销对象较广泛

情怀营销是直接面向广大用户群体的,其营销对象过于广泛。较广泛的营销对象虽然可以尽可能地开发出潜在客户,但其营销效率可能会比较低,产品与用户的匹配机制难以有效建立。

(2)营销成本较大

一方面,情怀营销需要多方面的投入开发,在 china 模型中我们可以发现,其需要对产品进行不断的创新迭代,完善产业链,优化其服务,不断地用"CIS"来锤炼其品牌形象,所以其横向成本较高。另一方面,情怀营销需要不断地投入开发,有着较长的营销周期,所以其纵向成本较高。

(3)营销周期较长

情怀营销不是一蹴而就的,需要长期稳定的维持来达到最终效果,而且一旦稍有放松就很有可能在时间的冲刷下淡化其营销效果甚至会产生反面效果,较长的时间周期也是很多文创产业难以做到的,可能因为各种风险导致企业情怀营销还未达到预期效果便中道夭折,没有其他那些即时营销的短期效用大。

2. 针对性发展方案

(1)精益化营销,建立二元用户匹配机制

基于情怀营销对象过于广泛的问题,古婺窑火在不断的业务拓展中也在不断地精益化其营销策略,在广泛的营销之中把握住核心群体,积累天使用户,开发灯塔用户,也在不断地寻求种子用户和完善其用户匹配的精益分布图,从原先的传统文创产业的功能价值匹配更新到文化价值匹配(见图 10.21)。

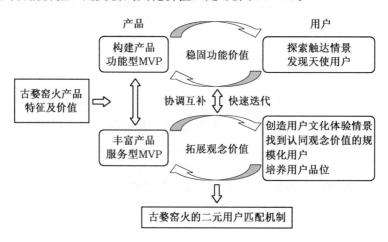

图 10.21　二元用户匹配机制

（2）获取多方支持,稳固营销之本

情怀营销的成本较大,所以古婺窑火需要稳固的资本来支持其营销活动。在不断的发展过程中,古婺窑火以获得多方支持来增强其企业实力的同时稳定对情怀营销的支出成本。古婺窑火在组建自身的团队中也在不断地寻找合作伙伴。首先,古婺窑火到景德镇学习研究,再邀请中国美术学院的大师指导,在产品开发中先后与浙江省博物馆、西湖博物馆、良渚博物院、荆州博物馆、景德镇陶瓷学院等省内外知名文化单位与院校达成多项合作项目。古婺窑火作为对金华本地传统文化产业的发展与创新也是对金华本身的文化的传承与创新,得到了金华市政府的各种支持与激励(见图10.22)。

图 10.22　多方合作

（3）把握长期发展核心问题,累积充足的时间资本

营销周期过长导致古婺窑火本身能够拥有这么多的时间资本,而时间资本的累积需要其能解决自身发展生产的核心问题。其所需要解决的核心问题自始至终只有一个,这也是婺州窑之所以没落的痛点,即婺州窑的发展模式难以在现代存活(现有产品款式落伍,得不到消费者的喜爱,导致难销;生产技术和生产理念的落后导致婺州窑的难产)。总之,传统婺州窑所面临的难产难销的困境,就是古婺窑火存在的核心问题。核心问题的解决才能促使古婺窑火长期发展,不断累积时间资本,冲抵情怀营销的营销周期较长的问题。

1. 情怀营销和其他营销方式相比具有什么优势?

2. 古婺窑火对情怀营销的运用对中小企业发展有何启示?

案例十一

浙江百特厨具

一、相关理论

（一）双因素理论（Two Factor Theory）

20 世纪 50 年代末期,美国行为科学家弗雷德里克·赫茨伯格等人在美国 11 家工商企业机构中对 200 名工程师、会计师进行了两个方面的访问:其一,在工作中,哪些事项让他们感到满意,并估计这种积极情绪持续的时间;其二,在工作中,哪些事项让他们感到不满意,并估计这种消极情绪持续的时间。赫茨伯格将结果进行深入的分析之后,认为引发员工动机的因素主要有两个:一个是激励因素,另一个是保健因素,并且认为只有前者能够提高员工的工作满意度,而后者只能消除员工的不满,却不会提高满意度。因此,该理论又被称为激励保健理论。

保健因素是指如果不加以满足就会导致员工不满意的因素,主要包括公司政策、行政管理、监督、工作条件、薪水、安全以及各种人事关系等。这些因素得不到满足,极易引发员工的不满情绪,导致员工消极怠工,甚至引发罢工等对抗活动。但当保健因素得到一定程度的满足之后,无论再如何加以改善也无法有效提高员工的工作满意度,因此也就无法以此提升员工的工作积极性,从而无法带来工作效率的提高。就保健因素而言,"不满意"的对立面不是"满意",而应是"没有不满意"。企业虽不能通过保健因素的有效改善来提高员工工作的满意度,激发其工作积极性,但却可以解除员工的不满,从而保障企业目标的顺利实现。

激励因素是指能给员工带来满意度提升的因素,主要包括成就感、挑战性、社会认可、发展前景等,这些因素的改善能给员工带来满意度的极大提升,从而激发员工的工作热情,提高劳动生产效率。但与保健因素不同的是,即使激励因素得不到满足,往往也不会带来员工不满意的结果。就激励因素而言,"满意"的对立面不是"不满意",而应是"没有满意"。这些因素的缺失虽不会引起员工的不满,无关企业的整体布局,但却能严重影响企业员工的工作积极性,导致工作效率的下降。

赫茨伯格的双因素理论从一个完全不同的角度对员工的需要进行了归纳,具有一定的科学性。我们在企业的管理实践过程中,需要充分保障保健因素的满足,以避免员工的不良情绪对企业整体发展的影响;同时,我们还应强调激励因素的满足,以此激发员工的工作积极性,从而带来企业整体绩效的提高。

(二)技术创新理论(Technical Innovation Theory)

技术创新理论由熊彼特在《经济发展理论》一书中系统地提出,技术创新是创新理论体系中的一种。所谓"创新"就是实现生产要素和生产条件从未有过的新结合,它包含了五个方面的内容:制造新的产品、采用新的生产方法、开辟新市场、控制原材料新的供应来源、实现产业的新组织。所谓技术创新,一般就是以创新为基础,揭示现代经济的一般特征及其发展的社会推动力。决定技术创新的因素有三个,分别是竞争程度、企业规模和垄断力量。竞争是引起技术创新的必要条件,企业的技术创新可以降低成本,提高质量和经济效益。企业规模对技术创新的影响主要体现在人力、物力和财力上。垄断力量影响技术创新的持久性,垄断程度与企业对市场的控制力呈正相关,垄断程度越高,垄断厂商在技术创新得到的超额利润就能维持越久。技术创新主要以企业活动为基础,需要一定的动力和机制,只有在成本、产品质量、价格上占据优势才能扩大市场,这就要求企业必须进行技术创新才能求得生存与发展。

二、案例分析

（一）浙江百特厨具有限公司介绍

2010 年 5 月,80 后年轻企业家注册资金 2 700 万元,建立占地面积 87 000 平方米的浙江百特厨具有限公司,公司发展历程如图 11.1 所示。百特专注于铝制拉伸、铝制锻造、不锈钢、多层复合材料等炊具产品的研发制造。在行业高度饱和、竞争对手无数的市场环境中,企业规划设计月产能为拉伸及锻造铝锅 80 万件,不锈钢锅 15 万件。历经 10 余年,目前已发展至年均产值 2 500 万美元,主要客户市场覆盖加拿大、美国、日本、德国、西班牙、意大利、俄罗斯、捷克等世界各国的国际化大工厂。

浙江百特厨具有限公司立足自主创新,目前已经拥有 1 项世界级专利设计——酒窝坑纹凹凸专利设计,13 项实用新型专利设计,43 项产品外观专利等,目前拥有两个自主品牌以及相对应的商标。

图 11.1　百特发展历程

（二）研究背景介绍

2020 年 5 月 14 日,中共中央政治局常委会会议首次提出"深化供给侧结构性改革,充分发挥我国超大规模市场优势和内需潜力,构建国内国际双循环相互促进的新发展格局"。同时,新冠肺炎疫情造成了全球环境更大的不确定性,加速了百年未有之大变局的产生以及传统国内国际循环模式的终结。

在双循环政策的引导下逐渐会呈现三个层面的演变:一是生产规模的增长,在现实中对应为全要素生产率的提升支撑较高的自然增长率,从而带来生产规模的扩大;二是产品质量的优化,在现实中对应为利用新一轮技术革命助推产品高质量发展;三是循环开放性的增强,表现为"内循环"外沿周长的拓展,内循环面积扩大。对应于现实,"内循环"并不意味着"闭关自守";相反,立足于"内循环"体量和质量的台阶,中国经济更易于抵御外部冲击,从而更为主动、灵活、稳健地嵌入全球体系之中。综合来看,这些演变将共同指向中国经济的"致远"目标。

(三)主体案例分析

1. "双管齐下"——对国内外双循环模式的响应

(1)国内外双循环发展模式的深刻内涵

2020年5月14日,习近平总书记在中央政治局常务委员会会议上第一次提出"要构建国内、国际双循环相互促进的新发展格局",并在之后的多次重要会议中对此作出重要论述。党的十九届五中全会明确提出要畅通国内大循环,促进国内国际双循环,加快构建以国内大循环为主体,国内国际双循环相互促进的新发展格局。立足于国内国际全局视野和长期发展的眼光,双循环新发展格局是推进我国中长期经济社会发展、带动世界经济繁荣稳定的新思路和新方案。全面认识其现实逻辑,科学分析其丰富内涵,统筹把握其实践路径,对于深刻理解和加快构建双循环新发展格局具有重要的现实意义。

构建双循环格局是应对变幻莫测的国际贸易环境的主动性战略选择。一方面,国际贸易环境逆全球化趋势持续深化。2008年世界金融危机爆发后,全球经济处于疲软状态,许多国家为维护本国经济在世界经济中的利益,采取了一系列政策措施来刺激经济、提升经济发展速度,国际世界贸易保护主义不断抬头,逆全球化趋势持续深化,我国经济发展所面临的国际环境严峻复杂。另一方面,新冠肺炎疫情对全球经济冲击的影响使得本就不稳定的世界经济局势更加动荡复杂。在供给上,全球产业供应链被破坏甚至中断的问题突出;在消费需求上,世界各国人民受疫情影响,对消费大多持保守态度,以致国内国际的需求大幅减少,全球经济增长缓慢。开放互动良好的国际经济交往形势是实现经济增长和社会整体发展的重要外部条件,如何应对严峻复杂的国际环境中的矛盾和困难成为经济增长迫切需要解决的问题。因此,构建以国内大循环为主体,国内、国际双循环相互促进的新发展格局,是我国经济发展应对国际不利因素激增、国际循环受阻等情况的主动作为和战略选择。

国内、国际循环是相互促进的。我们要让国内循环在国内、国际循环互动的过程中保持一定的独立性,强调开放、包容的态度与行动,在畅通国内大循环的同时,深入参与到国际循环中,注重推动国际经济循环联动,使国内循环深入融入国际循环的全球产业链和供应链、价值链和创新链中,使国际循环成为畅通国内大循环、提高国内循环质量和水平的动力。

(2)国内外双循环背景下对传统炊具企业的挑战

①产品附加值低。大多数传统炊具品牌仅仅停留在批量生产、简单设计的低层面,然而随着我国经济的快速发展,人们可支配的收入大大增加,低层次的炊具商品供给已经不能满足当前消费者的需求。20世纪,我国经济落后,部分人民温饱问题尚未解决,大家对于生活消费品的要求仅仅只需满足基本生活需求即可;但是现如今,人们的物质财富大大增加,人们对商品,尤其是日常消费品的消费更追求品质、设计、技术含量、人性化、智能化,精神层面的消费比重也在上升,低价商品已无法像以往那样吸引人们的眼球,低价策略已经行不通了。

②自主创新能力不强。拥有专门研发机构的炊具企业占绝对少数,很多企业没有自己的研发部门,只进行一般的生产或者代加工,普遍重模仿轻创新。也有部分企业因为没有专门的研发部门,研发投入很少,研发支出不作为一项专门支出而单独统计,因此与一些研发投入占营业收入的比重很大的国际知名公司拉开了差距。而且我国高校、科研院与企业之间尚未建立完善的紧密联系,减缓了新技术、新发现运用到生产的速度。

③国人的炊具更换周期相对较长,需求少。许多欧美、日韩国家由于缺乏铝矿资源,因此出台相应的政策以满足生产、建筑等领域对铝的需求,其中包括向居民回收铝制品,因而以铝制品为主的炊具在国外易被回收、更换频率较快。而国人在思想习惯和缺少回收政策的双重影响下,不轻易弃锅、换锅,而是选择长期使用,炊具在国人眼中属于耐用品,因此更换周期相对较长,需求相对较小。

④由于疫情,订单、物流受影响。自2020年新冠肺炎疫情暴发后,国内炊具制造业长时间停工停产,物流业受到严格管控,大大减少了对炊具的需求,使得市场供过于求,造成炊具制造商断销、库存积压等问题。直至疫情缓和后,人们经济消费水平也仍处于保守状态,国内炊具企业自然需要采取应对策略来打开市场。

(3)百特通过自身转型来适应国内外双循环

①坚持优化,以高质量的供给满足需求

百特高度重视科技创新在畅通国内循环、提高国内国际双循环质量和水平中的关键作用,重视研发资金和人才的投入,开发与保护百特自身的专利技术,并不断强化生产机器、生产模具、生产设备和专业装配线等配置,努力做"别人不愿意做的""别人做不好的""别人做不了的",以此来创造属于百特的品质。

②坚持拓展,以国内市场为方向扩大内需

在国内循环的大势下,百特坚持研发符合国人下厨习惯的炊具,为使用者提供更优的质感和使用感;在相关综艺、游艇会、见面会等原有国内推广方式的基础上,更加注重利用电商环境,大力助推百特炊具的推广;注重完善内销的购买链,包括购买平台、物流方式和售后服务等环节,为百特顾客提供更好的购物体验与感受。不与低价炊具企业竞争,百特带着自己的产品信心,蓄势待发。

(4)双循环下百特的成效

①从生产供给来看

百特自 2015 年以来,不再满足于单一的来样加工批量生产,而是专注于研发自己的品牌炊具,并配套完善的检测设备,真正做到从质量出发、从品质出发。除此之外,针对国内国外消费者的炊具使用习惯,百特细心研究数载,最终形成或更轻、或更重的炊具重量,或更圆、或更平的炊具弧面等设计方向,以迎合不同消费者的使用习惯。

②有自主品牌和自主知识产权

百特成立自主品牌的发展初期,便明确"三做"——做别人不要做的,做别人做不好的,做别人做不了的。正是这样的信念,鼓舞着百特不断坚持自主创新,并制定不走常规低价竞争的营销策略,从众多中小炊具企业中杀出重围,取得现阶段的成绩。

③内销宣传渠道多样

为了坚持更好的品质,百特旗下高端品牌 Tilumos 凭着过硬的质量和靓丽的外表,全面接轨国际标准,并与星尚节目"拜托了,煮夫"、网络综艺"锋味"、偶像美食互动节目"心动的味道·厨语"、明星美食节目"熟悉的味道"、观察类真人秀"Hi室友"、美食脱口秀"拜托了冰箱"等多个综艺节目开展紧密合作,并受到了众多名厨的一致好评与认可,以及名厨帅晓剑的倾力代言;此外,百特开展游艇会等见面会方式也给了百特粉丝更多的机会与途径走近百特,深入百特,并取得了满意的成效。

④成熟、完善、稳定的物流保障,订单量受疫情影响小

百特 2020 年的销量峰值也离不开疫情下成熟、完备的物流链保障。百特六个职能部门各司其职、紧密联系。在确认收到国外订单后,百特第一时间预定海关所需集装箱,以保证在疫情情况下"有去无回"的集装箱数量能够支持约两个月后百特炊具的运输。

2."以创促就"——知识产权成为核心竞争力

(1)传统炊具企业在自主知识产权方面的不足

截至 2018 年,全国炊具制品生产企业不及规模 3 900 多家,规模以上 1 700 家,炊具行业产销额 710 亿元以上,这使得炊具行业竞争激烈。一部分具有品牌影响力的企业,例如双喜、苏泊尔、爱仕达、顺发等凭自身优势已经占领了一部分市场,另一部分小规模的炊具企业大多依靠来料加工、低价格产品占据市场,很少通过知识产权给企业和产品增加附加价值。

①知识产权保护体系不完善

传统炊具企业在人才构成方面存在一定问题,缺少法律法规方面的人才。一旦研发新技术或者作出了新的设计,企业没有能力撰写专利申请文件,也没有既懂技术又懂法律的人才,没有通过申请专利权或者商标权把企业商业秘密保护起来,就难以保护自身优势。从中可以看出传统企业在知识产权申请、保护方面的不足和完善知识产权保护体系的重要性。在技术和产品方面落后于其他炊具企业,中小型企业只能选择低价竞争,企业转型也会更加困难。

②知识产权数量较少,创新能力不足

由于炊具产品的特殊性以及国家对食品安全卫生的高度重视,企业在技术突破方面存在一定的难度,行业中的龙头企业拥有大量的知识产权,在市场竞争中占据优势地位。而对于传统的炊具企业来说,大部分还处于低价竞争状态,产品相对来说也没有技术含量和附加价值,创新创造能力较弱,也就是说传统的炊具企业在自主知识产权方面存在不足。而对于来样加工型炊具企业(即 ODM 原始设计制造商)来说,企业利润来源主要在制造方面,稳定的客户来源让原本属于加工型的企业无法拥有自主创新的动力,或者自主创新的成本远大于创新所带来的利润收

入,从而不会选择自主创新。

3. 百特在自主产权方面的优势

(1)产品制造优势

浙江百特厨具有限公司拥有一项世界级发明专利——酒窝坑纹凹凸专利设计。目前市场上已经有不少厂家在利用该技术生产炊具产品。比如说日本神田铁锅就运用了这项技术,凹凸纹有物理不粘的效果,用在铁锅上可以增加铁锅使用寿命和增强不粘效果。即使如此,百特仍然在此项技术上占据优势。百特发明的这项专利技术可以有效减少原材料报废率,普通厂家的原材料报废率在 30% 左右,而百特通过对技术的改进,目前原材料报废率在 5% 左右,在成本上,百特就占据了优势,因此,在售价上也形成了差异。许多厂家企图通过百特的设备厂订购相同的设备来减少报废率,然而百特对设备的改造不是来源于外部设备厂,而是来源于企业内部,是无法复制的。因此在知识产权上的优势,造就了百特在制造上的优势。

(2)产品选择优势

作为一家兼具原始设计制造商(ODM)和原始设备制造商(OEM)的企业,百特拥有 43 项产品外观专利、13 项实用新型专利和 1 项发明专利。相较于传统的中小型炊具企业,百特生产出的炊具产品在外观外形、实用等方面更具优势,特别是将珐琅工艺(搪瓷工艺)应用到铝锅上,给铝锅增加了价值。搪瓷工艺原本适合于铁锅,是一种较为传统的工艺,由于铁的熔点较高(1 300 多度),铝的熔点较低(700多度),珐琅工艺的烧制温度在 800 多度,百特应用了低温搪瓷的办法成功将珐琅工艺应用到铝锅以及多层锅上。在市场中,百特的炊具在外观和实用性能上更好,更具有优势。

(3)造就百特核心竞争力

百特的知识产权让百特在高度饱和和激烈的市场竞争中占据了长期优势,并且竞争对手难以模仿,即使以相同的机器模仿,在产品报废率上也无法做到。更重要的是,百特的人才培养机制中不断培养出来的人才会丰富企业的知识产权,让百特更好地立足于炊具行业。

4. "互联网+"与时代结合的营销模式

互联网时代的到来对各行业的发展都产生了深刻的影响,中小企业所面临的生存和发展压力不断加大,同时在这一环境下企业营销的方式也变得越来越丰富化。营销方式从之前的口口相传到现在的网络、手机、电脑、综艺节目推广、抖音推广,线上线下互动等方式相结合。在时代的新潮流下企业应当顺应时代的发展,及时实现企业的转型升级。而有的企业还在使用传统老旧的营销方式,这使得企业的经营陷入了困境,不利于企业的发展。当下企业要采用全新的营销方式,加强企业与消费者之间的沟通,提高营销质量。

(1)营销对企业的重要性

①有利于促进企业转型升级

随着互联网技术的不断发展,"互联网+"为企业实现转型提供重要的方法。"互联网+"与企业营销结合,成为炊具行业发展的新模式。利用互联网技术优化资源配置,节约企业成本,将互联网技术运用于企业的营销推广中,实现精准客户群体定位,通过与消费者的互动了解消费者喜好与消费习惯,找到目标人群,将产品设计更加贴近目标群体的喜好,改变传统炊具企业一贯的来料加工模式。通过大数据收集和分析,改变企业被动的经营战略,明确每件产品的投入量与生产规模,明确了企业的生产目标,减少了资源浪费,有助于加快中小炊具企业的转型升级。

②提升市场知名度

企业营销就是以提高市场知名度为主要目的,伴随着越来越激烈的市场竞争,每家企业都更加地重视营销的作用,因此中小炊具企业想提高市场知名度的难度也随之加大。幸运的是,随着互联网时代的到来,中小炊具企业的营销工作迎来了新的转机,在互联网这一大环境下,公司实行积极的营销工作容易产生蝴蝶效应,市场知名度会在一次正确的营销活动中取得质的飞跃,使消费者对公司的形象留下深刻的印象,同时可以增加消费者对中小炊具企业产生认知,进而促使公司的营销策略变得更加有效;同时,公司的知名度也可以在每次的营销中得到很大的提升,最终为公司带来更多的发展机会与客户资源。

③提升综合竞争优势

中小企业的公司规模较小,在公司的发展中存在着很多劣势,在市场竞争中也处于劣势地位,综合竞争力不强导致其发展受到很多限制。中小型炊具企业也是如此,在市场中处于相对弱势地位。互联网时代的到来加剧了市场竞争,中小型企业面临的竞争环境愈加恶化,这样的环境给了中小企业更大的压力,但是要想将这样的压力转换为动力则需要实施良好的营销策略,要对企业的内部优势资源进行整合,通过建立良好的品牌形象和实施良好的营销策略,使得中小型炊具企业在市场的竞争中获得更多的资源支持,强化内部管理和外部发展,这将使得中小型炊具企业在"互联网+"环境下的竞争优势得以不断提升,有助于实现更进一步的发展。

④有利于提升企业市场占有量和服务满意度

"互联网+"下的营销可以通过网上店铺和网络活动平台等方法与消费者进行互动,因此中小型炊具企业可以与众多消费者直接沟通交流,可最大限度地挖掘当前阶段各消费群体的消费需求并提出有针对性的策略,这有助于中小型炊具企业市场占有量的提升。同时,中小企业可通过这些平台获取消费者对不同产品的满意度以及评价,第一时间获取消费者对公司产品的评价,了解产品的缺点并加以改进。可有效提升售后服务的针对性,有利于营造良好的口碑以及提高用户满意度。

(2)传统炊具企业营销模式及其缺陷

①营销手段落后

对当前众多中小企业的营销模式开展全面统计和分析可以发现,现阶段绝大多数中小企业仍旧采用相对传统的网络营销手段,比如常见的广告宣传手段。换言之,中小企业虽然处于"互联网+"时代背景下,但是其并未依托大数据技术调整、改进并优化自身的营销手段,所以无法满足当前市场发展的切实需求,其产品宣传有效性始终处于较差水平,阻碍了企业的进一步发展。此外,现阶段我国市场营销整体机制不够健全,虽然国家制定了相关法律法规,但是并未改善企业网络营销相对松散的局面,直接影响了中小企业营销模式的进步与发展。

②营销方案不合理

分析众多中小企业处于"互联网+"时代背景下的营销方案可以发现其均存在同一现象,即生命周期相对较短,长期效果不佳。再加上其他各类客观因素的影响,导致众多中小企业无法将市场、企业的实际状况作为直接依据制定营销方案,所以此营销方案的合理性相对较差。此外,受网络信息高速发展的影响,市场上各类信息的数量急剧增加,并且其更新速度越来越快,所以企业营销方案周期越来越短的弊端逐渐显现。如中小企业在开展市场销售时并未事先就市场行业做出深入透彻的分析,则其制定营销方案时缺乏有力的数据支撑,其后续执行的合理性处于较低水平。

③市场调研质量较低

市场调研是企业发展和经营过程中必不可少的一个环节,其是企业开展有效乃至高效营销的基础与前提,只有保证市场调研工作的质量才可为后续营销手段的制定提供有力依据,进而保证营销方案与市场行情的一致性。众所周知,我国社会经济受信息化发展速度不断提升的直接影响,其复杂程度处于持续提高的状态,所以说,企业制定市场营销方案时所需开展的市场调研活动涉及的内容量越来越多,因此工作的难度也相应增长。中小企业并未完全认识到大数据时代背景转变对市场调研工作造成的多方面影响,因此也未就市场调研工作的方向、范围以及深度做出改变和优化,致使市场调研质量处于较低水平,无法有效满足中小企业抢占市场份额、提升自身综合竞争力的发展目的。

(3)波士顿矩阵解析百特营销模式

百特公司主要经营的品牌有高端品牌 Timulos 和低端品牌烹思乐。产品有常规铝锅、二层钢锅、三层钢锅、五层钢锅、运用酒窝坑技术的铝锅、搪瓷全覆底铝锅以及连体耳铝锅、不锈钢开瓶器、高压锅、奶油打发器等产品。其中百特公司的主打产品酒窝坑技术的铝锅是相对市场占有率高、销售增长率高的明星产品;常规铝锅、二层钢锅、三层钢锅、五层钢锅是金牛产品;搪瓷全覆底铝锅、高压锅以及连体耳铝锅具有高销售增长率、较低的相对市场占有率,为问题产品;而不锈钢开瓶器、奶油打发器等产品的相对市场占有率和销售增长率都很低,为瘦狗产品。结合上述结论,百特公司应对相关产品的市场增长率以及市场相对份额制定了相关的营销策略。

①发展明星类产品

世界级专利酒窝坑技术是百特公司于 2015 年研究出来的,同类型相关企业无法突破这一专利的技术瓶颈,这是公司处于高市场增长率以及高相对市场占有率的产品。带有酒窝坑技术的铝锅是不粘锅市场的领先者。从 2015 年以来,百特公司在"互联网＋"环境中通过消费者在网络购物平台的反馈评价等途径了解到酒窝坑技术的不足之处。百特公司每年投入大量的资金去完善这类产品,进行不断的研发与升级。同时百特公司通过与"心动的味道""熟悉的味道""锋味"等以烹饪为主题的综艺节目合作,很大程度地提升了市场的知名度。同时该类产品的市场占有率与相对市场份额也得到了提高。

②维持金牛类产品

百特公司的金牛类业务为常规铝锅、二层钢锅、三层钢锅、五层钢锅的生产。这类业务市场增长率低,但是有着较高的相对市场占有率,同时百特公司在该项业务上保持着市场领先地位。由于金牛类市场已经趋于成熟,百特公司的经营策略是保持住现有的市场占有率。在保持现有市场占有率的同时获取大量的现金收入,并以此来发展明星类业务和问题类业务。

③发展受欢迎的问题类业务

搪瓷全覆底铝锅、高压锅以及连体耳铝锅为近年来百特公司的问题类业务。百特公司的这类业务有着高市场增长率,但是相对市场份额较低。通常问题类业务的发展存在着前景不明确、风险较大的特征。然而百特公司积极开展市场调研,通过网上会员交流群、线下生活圈等活动的开展,准确地定位了消费群体。之后通过数据分析整合的方式,了解到目标人群对问题类产品持有的态度以及喜好程度。通过大数据分析比较,百特公司发现有 65% 的调研对象对图案美观的搪瓷全覆底铝锅和造型独特的连体耳铝锅有购买意愿,百特公司在获取信息之后,在相关产品上增加了投入,加大了这类业务的生产规模。

④收获与放弃瘦狗类业务

不锈钢开瓶器、奶油打发器等产品为百特公司开办之初最早涉及的业务之一,这类业务在市场中的表现为市场增长率低,相对市场占有率也低。而且通过市场分析,这类业务在市场中的表现逐年变差。百特公司在这类业务上不具有优势,同时市场的发展潜力小。这类业务对企业发展的影响小。所以百特公司对这类业务采取的策略为取得眼前的现金收入,并在之后的两年内逐步放弃这类业务,把企业的经营资源转移到利润更丰厚的业务中去。

(4)百特营销模式的优点

在"互联网+"环境下百特公司运用波士顿矩阵法对企业之前的业务类型进行了分析,分析了不同类型业务在市场中的表现,明确了不同业务所属的类型。通过联络消费者、大数据分析等方式使百特公司在资源有限的情况下,合理安排产品系列组合,收缩或放弃萎缩产品,加大在更有发展前景的产品上的投资,提高了产品的市场占有量;通过综艺节目推广、游艇会等方式提高了市场知名度;通过网上购物平台以及网上会员交流群获取消费者的使用反馈,有助于企业在改进生产工艺时更有目的性,在不断改善工艺、增加产品竞争力与企业综合竞争力的同时,也通过世界各地的展会来发掘新客户,同时为公司积累了良好的口碑,有助于百特公司的长久发展。

(5)微笑曲线阐释企业转型升级

百特公司原本是一个普通的OEM型企业,来料加工导致OEM型企业的收入较不稳定,再加上以外贸业务为主,受国内外关系的影响大,处于微笑曲线附加值最低的制造业行列(见图11.2)。在此背景下,百特在OEM的基础上,通过转型升级成了OEM与ODM相结合的企业,通过自主创建品牌,以品牌溢价来拉高产品的附加值,实现利益最大化。而在自主品牌的营销方面,百特公司在"互联网+"背景下通过与热门综艺节目合作,开展游艇会与线上线下生活圈等活动使消费者对公司留下印象,增加品牌知名度。同时百特公司通过网络互动平台与线上销售平台及时获取消费者使用后的评价,通过准确到位的售后服务与不断的改进创新,在提升知名度的同时积累了良好的口碑。在公司的品牌知名度与服务质量提升的同时,消费者对百特的认可度也随之增加,消费者愿意为这一品牌支付更高的价格,品牌的溢价也随之提升。近年来百特一直在自身的微笑曲线中占据有利位置,不但增加了百特公司的市场竞争力,也加快了百特公司的升级与转型。

5."育人为本"——打造人才优势

(1)人才在企业创新中的作用

人才是创新的基本保证,近年来不少本科高校推行双导师制度(即校内导师和校外导师共同指导学生),该制度重视理论和实践的结合,目的在于更好地促进学生在毕业进入社会后迅速地将理论运用到实践中去。在双导师制度的背景下,校企的关系更为密切。2014年中华人民共和国教育部提出了现代学徒制,与普通大专院校的人才培养模式不同,现代学徒制更加注重技能的传承,由校企共同主导人才培养,体现了校企合作的深度融合,有利于企业对校内人才的挖掘,使得企业能更好地创新发展。

在市场经济条件下,我国中小企业的发展虽然具有市场反应灵敏、适应多样化需求等优势,但同时也存在着管理滞后等劣势,尤其是人才管理方面,一直是制约其发展壮大的"瓶颈"。只有坚持员工与企业之间的相互依存关系,员工感到满意

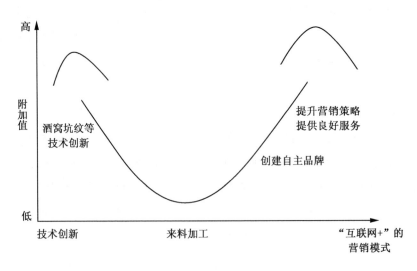

图 11.2　百特转型升级

时,激发深化思考的热情和信心,才会有更多积极的精力投入生产与研发,为企业带来优质的产品,企业因此获得绩效并实现可持续发展,将更重视员工的培养管理,最终,企业将不断地迸发出创新的火花。

(2)炊具企业人才需求

炊具企业属于简单的工业制造型企业,再加上浙江的外来人口众多,对于基础的制造流程并不会有太多的人才需求。但是现在处于工业的转型阶段,中国工业增加值在 2018 年已经提升至 30.5 万亿元,达到了全球第一,如若不进行创新发展,很难再有一个较大的突破。由于存在对于蓝领职业的认知错误以及中国以往"重学历,轻技能"的培养方案,青年往往不愿意学习以及从事制造行业。从《人民日报》和人社部最新发布的数据来看,技能型劳动者占就业人口总量仅为 26%,人才已经成为制造型企业非常欠缺的资源。而现在科技的发展迅速,自动化程度再上新台阶,减少了对部分普工的需求,但对自动化相关技术人员的需求却大幅增长,生产现场的技术指导、工艺管理和生产线运维等技能变得不可或缺。

面对这个难题,政府开始调整教育方案,加强对技术人才的培养,鼓励学生从事技术性工作,通过学校举行各类创新创业比赛,加强学生的实践性思维;企业也开始实施人才的培养以及激励制度,努力在留住原有人才的基础上,吸纳新的人才,协助企业完成创新转型。

(3)百特的人才培养模式及其在企业创新升级中发挥的作用

①人才的激励机制

为了消除保健因素的影响,百特对员工的生活以及工作环境都提供了一定的保障,如给员工提供生活住处、在工作地点聘请保洁阿姨定期打扫等,保证员工始终都有一个良好的环境来进行工作研发。

职务激励和绩效薪酬激励是激励机制的主要组成部分,管理学者罗伯特·李·卡茨提出,管理者需要具备三种技能,分别是技术技能、人际技能、思想技能,而这三种技能分别对应企业的基层管理者、中层管理者和高层管理者。基层人员的技术技能是比较好学习的,但是中高层需要的人际技能和思想技能,除了后天的学习可以获得外,有些是与生俱来的。故百特为了使员工发挥最大的能力,对于晋升机制的要求较为严格,再加上私营企业的组织架构普遍比较扁平,相比于层层升级,百特更加侧重于请专业的人做专业的事情,例如财务部经理招聘,比起等待下级通过几年的努力提升自己的能力,百特会优先选择向外聘请已经具备相关能力的人来担任这个职位。

虽然百特根据自身的实际情况没有选择职务激励,但是也建立了一套贴合它本身的机制——绩效与薪酬福利管理机制。以生产部为例,在每一个不同的车间不同的生产线,都会拥有不同的绩效计划。根据当月超额完成指标的部分占绩效要求的百分比,公司会用实发工资的相应百分比来进行嘉奖,在每年的年终结算上,对于年度的生产冠军还会发放福利。比起一般的制造企业,百特拥有1项专利技术、13项实用新型专利以及43项产品外观专利,对于参与专利研发的人员,百特提供了除基础工资以外的薪酬福利,例如住房和用车。以酒窝坑纹凹凸专利设计的设计师为例,这位设计师从业十余年,来到百特工作之后,根据百特当时的技术情况,在企业的激励机制下,尝试将自身的技能与炊具创新结合在一起,并在原本市场上已有却尚未推广的产品上进行了技术完善,大大增强了炊具的不粘性和使用寿命。此后,百特申请了此项专利,并且对于这位设计师进行晋升以及薪酬奖励。

根据市场上关于嘉奖制度的反馈,百特发现并不是逐年增加奖金、福利,员工就会更好地工作。对于员工来说,他们追求的不仅是物质,还有个人满足的需要,而这种需求往往是多数管理层人员会忽略的。所以除绩效与薪酬福利管理之外,百特还会进行人性化管理。百特会定期组织团建,使得公司的员工与领导层之间、员工与员工之间,可以形成更好的交流。

②人才培训

从生产车间的层面来说,百特是一个普通的制造型企业,但是从产品的质量要求以及关于污染物的处理来说,它的要求相当高,是一个极具社会责任感的企业。所以在进行新老员工培训的时候,除了在进行本身的技术培训之外,还会进行一系列企业文化的培训。只有将"品质、品位、品人生"的理念贯穿生产线,才能使得百特达到现如今的高度。

除此之外,百特还会将团队合作贯穿在培训计划始终。俗话说,众人拾柴火焰高,并且只有在集体中,个人才能全面发展才能。毋庸置疑,团队具有巨大的潜力,而高效的团队除了团队精神外,本身的组合也是很耐人寻味的,此时就对百特的管理人员有更高的人际技能、思想技能要求,在不断地学习科学管理手段中,将团队协调好并且发挥其最大的效用。

三、管理启示

(一)国内外双循环影响下百特发展的启示

1. 更好地利用好电商平台,丰富企业销售渠道

百特积极与国内大型电商平台开展合作,开设企业内销专区,对产品进行重点推介,把优质的外贸炊具产品聚合在一起,做成专页、专题进行展示,探索内销之路。线上线下齐发力,利用好电商平台网购大数据的消费者数据,以便百特更有针对性地生产适合国内销售的炊具产品。

2. 传统企业需要积极拥抱国内市场

针对国内市场的需求,积极拥抱百特炊具新技术,融合新的商业思维与新动能,根据国人对产品的需求进行有针对性的研发,快速试用、快速迭代。建立国内经销渠道,打造从市场到产品研发再到最终销售的完整闭环。同时,百特也需要跟上国内以用户为中心的新零售环境,充分利用移动互联网驱动下智能化、协同化、可塑化的线上线下深度结合营销生态,积极创新设计基于"人、货、场"的消费场景,从场景、数据、时段、品类等方面探索更有效的销售模式。

3. 炊具企业需警惕"去规模经济"

去规模化是数字经济时代带来的最大改变,大数据分析、人工智能等技术的广泛应用使得个性化定制满足顾客需求成为可能。百特熟悉的规模化优势将有可能成为劣势,未来的产品可能需要做到"千人千面"。这种趋势将极大地挑战百特在规模化生产方式下的管理思维和组织方式,管理的架构和流程需要作创新调整,需要更多的小团队来更敏锐地了解客户需求、洞悉国内市场变化。

(二)增加人才培养投入,加快建设人才培养体系

根据现阶段市场对于人才的需求,可以从两方面着手。

从企业的角度来说,建立有效的激励机制是当务之急。对百特企业来说,目前的人才激励机制体系已经很完整,就算加以学习,也很难再提升很大的水平。但是市面上的大部分私营企业,对于人才培养方案的制定还是很薄弱的环节,有些甚至近乎为零,人才培养机制除了学习理论知识之外,更重要的是不断的试错,才能找到和自己公司最契合的一种方案。其次便是提高企业的知名度。知名度作为一种无形资产,为企业在同行业中竞争的同时增加了筹码。

从政府的角度来说,需要大力发展职业技术教育,改变现在职业应用型学科被冷落的局面,完善人才培养体系,包括对中西部人才的培养与挖掘。只有企业和政府合力,才能够真正响应政府的创新号召。

(三)建设与加强知识产权管理与保护体系

企业知识产权管理体系与其发展方向直接挂钩,民营中小型炊具企业在知识产权管理与保护方面有所欠缺,百特正是在知识产权管理与保护方面有着较好的表现,才得以保持长久的竞争优势。目前,大多数企业还停留在知识产权管理方面,对于知识产权的保护缺乏专业性,在遇到知识产权纠纷时,不能有效地运用相关法律来维护企业的无形财产,逐渐丧失企业优势。

(四)加强技术创新

民营中小型炊具企业,依托低价竞争占据市场,利润极小,而且容易被代替。百特在技术创新方面,加大人才培养和技术创新的投入,真正把技术创新作为企业的核

心竞争力,开辟了高端市场,维持了企业的竞争优势。技术创新是一项投资较多、利润较多、风险较大的投入,中小企业由于规模较小、人才缺乏,在技术创新方面不能盲目推进,要在有一定人才的情况下,模仿性地进行创新或者进行合作创新。

(五)加快适应环境

适应"互联网+"环境下的市场营销对企业的发展转型有着越来越重要的影响,企业可以精准自身产品的生产规模、明确企业的生产目标,很大程度上减少企业的资源浪费。同时企业应当积极参与互联网上的推广营销,顺应时代抓住网络热点。通过互联网这波浪潮将自身的品牌推广出去,提升品牌的市场知名度。在提升知名度的同时,企业也迎来越来越多的监督。这就需要企业利用互联网优势,全面大量地获取消费者使用后的反馈,及时地改进和完善产品目前存在的不足。通过这种方法在提升用户满意度的同时为企业创造良好的口碑,间接地增加企业市场占有量。

(六)采取高效率的营销策略

中小企业大多采用相对旧的营销模式,并未依托大数据技术调整、改进并优化自身的营销手段,所以无法满足当前市场发展的切实需求。同时,无法准确地将自身的产品进行定位也不利于企业制定合适的经营战略,导致阻碍了企业的发展。现代中小企业应该在重视人才培养的同时,通过大数据资料分析市场现状,在数据的支撑下制定贴合企业实情的营销策略,有效帮助企业抢占市场份额,提升自身综合竞争力。

案例思考题

1. 百特公司成功的原因有哪些?
2. 一个企业如何通过创新获得成功?
3. 百特公司的案例可以给中小企业提供哪些启示?

参考文献

[1]李洁:《农业多元价值下的农村产业融合内在机理与实现路径》,《现代经济研究》,2018年第11期。

[2]本刊编辑部:《促进三产大融合,育乡村新动能》,《中国合作经济》,2018年第4期。

[3]侯新、田诗卉、张晓丹:《国内推进农村一二三产业融合发展的实践与启示》,《辽宁经济》,2016年第11期。

[4]张勇:《提高认识找准定位深入推进农村一二三产业融合发展》,《宏观经济管理》,2017年第2期。

[5]梁颖:《产业融合发展问题及对策分析》,《山西农经》,2017年第11期。

[6]关浩杰:《农村产业融合发展综合评价指标体系如何构建》,《人民论坛》,2016年第20期。

[7]王玉、王晶:《区域茶产业链延伸发展的运营模式分析》,《福建茶叶》,2016年第2期。

[8]刘宂、张晓帆、宁如:《基于茶叶经济的农业一二三产业融合发展研究》,《福建茶叶》,2018年第6期。

[9]唐润、关雪妍、于荣:《"互联网＋农业"产业链协同平台建设》,《中国科技论坛》,2018年第9期。

[10]陈华、赖瑞联、罗旭辉、刘鹏虎、应朝阳:《优化茶旅结合与茶业绿色振兴的思路创新及对策研究》,《中国科技论坛》,2018年第10期。

[11]郭艳艳:《模块化建筑的设计特点及可操作性》,《知识经济》,2011年第5期。

[12]胡志斌、王彦峰:《模块化建筑的设计特点及可操作性》,《知识经济》,2010年第16期。

[13]王玮:《模块化建筑市场的可行性分析》,《产业与科技论坛》,2015年第14卷第10期。

[14]高良谋、韵江、马文甲:《开放式创新下的组织网络能力构架》,《经济管理》,2010年第12期。

[15]魏凌云:《商业模式创新对动态能力的影响研究》,东北财经大学学位论文,2015年。

[16]孙连才:《商业生态系统视角下的企业动态能力与商业模式互动研究》,华中科技大学

学位论文,2013 年。

[17]龙思颖:《基于认知视角的企业动态能力及其绩效研究》,浙江大学学位论文,2016 年。

[18]本刊编辑部:《住房城乡建设部关于印发建筑业发展"十三五"规划的通知》,《北方建筑》,2017 年第 3 期。

[19]本刊编辑部:《中共中央、国务院印发〈新时期产业工人队伍建设改革方案〉》,《中国电力企业管理》,2017 年第 18 期。

[20]住房和城乡建设部:《2016—2020 年建筑业信息化发展纲要》,《中国建设报》,2016 年。

[21]刘海芳:《BIM 技术对工程造价咨询行业的影响》,《工程经济》,2016 年第 6 期。

[22]董姝妍、邱国栋:《企业持续创新发展研究——从熊彼特到德鲁克的转变》,《商业经济研究》,2017 年第 8 期。

[23]范诗基:《西方品牌理论与品牌本土化发展之探究》,《河南科技学院学报》,2010 年第 3 期。

[24]杨阳:《黑陶艺术,何去何从——山东德州黑陶艺术发展现状初探》,天津美术学院学位论文,2014 年。

[25]刘颁:《我国黑陶产业发展现状研究》,《绥化学院学报》,2009 年第 29 卷第 1 期。

[26]王新生:《晋祠文创产业发展情况调研》,《文物世界》,2018 年第 4 期。

[27]张沛全:《生产性保护视角下乡村传统手工艺发展研究》,《人文天下》,2019 年第 7 期。

[28]刘鹏、赫曦滢:《传统产业的数字化转型》,《人民论坛》,2018 年第 26 期。

[29]许宪春、任雪、常子豪:《大数据与绿色发展》,《经济研究参考》,2019 年第 10 期。

[30]李应中:《中国数字化产业发展现状初探》,《科学时代》,2010 年第 5 期。

[31]张佳乐、黄熙熙:《互联网时代企业管理模式创新》,《中外企业家》,2017 年第 33 期。

[32]工信部赛迪智库:《我国制造业数字化战略思考》,《机械管理开发》,2013 年第 5 期。

[33]沈家文:《破解李约瑟难题:制造业数字化战略》,《中国发展观察》,2014 年第 3 期。

[34]沈家文:《我国制造业数字化发展进程亟待加快》,《中国经济时报》,2013 年第 6 期。

[35]李金龙:《数字化背景下企业绿色发展路径及政策建议》,《现代企业文化》,2018 年第 2 期。

[36]赵艳杰:《基于区块链的物联网信息安全传输与存储研究》,湖南师范大学学位论文,2018 年。

[37]陈绍文:《精益思想的集成观》,《电子商务世界》,2003 年第 11 期。

[38]范鹏、张吉丽:《以精益思想为指导 构建中国企业的精益之路》,《中国轻工教育》,2006 年第 3 期。

[39]陈绍文:《精益企业价值——精益思想的新发展》,《CAD/CAM 与制造业信息化》,2004

年第 3 期。

[40]贾丽文:《浅谈精益思想在生产组织管理中的应用》,《黑龙江科技信息》,2012 年第 11 期。

[41]何晓娜:《基于 STP 理论的海澜之家精准营销策略研究》,河北经贸大学学位论文,2021 年。

[42]郝代涛:《大理白族扎染工艺保护及发展的服务与产品研究》,北京工业大学学位论文,2020 年。

[43]郑露露、骆枫、施威:《基于移动短视频的非遗文化传播机制研究》,《传媒论坛》,2021 年第 4 卷第 19 期。

[44]曾晶芳、曹心怡、冯德岭:《新媒体视域下非遗文化传承创新路径探究》,《传媒论坛》,2021 年第 4 卷第 20 期。

[45]百度网:《2014 我国农产品深加工的发展趋势》。

[46]农业部农产品加工局:《"十二五"农产品加工业发展成效显著》,2015 年 12 月。

[47]第十届全国人民代表大会:《中华人民共和国国民经济和社会发展第十一个五年规划纲要》,2006 年 3 月。

[48]郑鸣:《放歌田园:省优秀企业家事迹》,2013 年。

[49]郑鸣:《田歌实业股份有限公司简介》,2013 年。

[50]张立明:《强力推进农副产品深加工》,《安徽日报》,2003 年。

[51]石奇峰:《农副产品深加工项目 4 则》,中国学术期刊电子出版社 2010 年版。

[52]金戈:《农副产品深加工发展的方向》,《今日科技》,1991 年第 1 期。

[53]胡建华:《农副产品深加工项目的特点及技术经济评价》,《甘肃科技》,2005 年第 12 期。

[54]刘贤木:《推进农副产品原料生产向农副产品深加工转变》,《湖北日报》,2011 年 2 月。

[55]宗锦耀:《坚持改革创新 加快转型升级 努力开创农产品加工业发展新局面》,《农业工程技术:农产品加工业》,2014 年第 1 期。

[56]宗书:《提升认识,扶持企业,大力推进我国农产品加工业的发展》,《中国集体经济》,2014 年第 9 期。

[57]陆旋:《农产品深加工与创新创业》,化学工业出版社 2013 年版。

[58]雷海章:《现代农业经济学》,中国农业出版社 2003 年版。

[59]本刊编辑部:《农副产品加工发展方向》,《江苏农机与农艺》,1994 年第 1 期。

[60]本刊编辑部:《我国农副产品加工将向 5 个方向发展》,《农村牧区机械化》,1994 年第 12 期。

[61]贺容:《基于 SWOT 分析的泸县旅游业开发策略研究》,《时代金融》,2016 年第 9 期。

[62]万菲:《江西省农副产品价值增值对策研究》,《经济视角(下)》,2013 年第 4 期。

[63]于荟、王海棠:《丰县农副产品加工业发展对策研究》,《农村经济与科技》,2011 年第 22 卷第 12 期。

[64]闫红满:《中国传统管理思想与现代企业管理》,《中国市场》,2014 年第 40 期。

[65]向俊峰、宋山梅:《中国传统管理思想及其当代转型研究 》,《经济研究导刊》,2018 年第 16 期。

[66]周洁:《学习型企业管理与传统管理的对比分析》,《中国管理信息化》,2016 年第 4 期。

[67]李业正:《大数据背景下企业管理模式创新思考》,《智库时代》,2019 年第 16 期。

[68]王应宽:《加强数字农业建设推进信息化与农业现代化深度融合》,《农业工程技术》,2018 年第 18 期。

[69]刘海启:《以精准农业驱动农业现代化加速现代农业数字化转型》,《中国农业资源与区划》,2019 年第 1 期。

[70]周璇:《数字科技让农业更"时尚"》,《中国会展》,2019 年第 7 期。

[71]葛佳琨、刘淑霞:《数字农业的发展现状及展望》,《东北农业科学》,2017 年第 3 期。

[72]何勇、刘飞、聂鹏程:《数字农业与农业物联网技术》,《现代农机》,2012 年第 1 期。

[73]李艳、孙梦婷:《"数字农业"联姻"生态农业"》,《今日浙江》,2015 年第 24 期。

[74]陈正、郭泓媞、徐乾倬:《数字农业与我国可持续农业研究》,《南方农机》,2016 年第 11 期。

[75]陈锡文:《走中国特色农业现代化道路》,《求是》,2007 年第 6 期。

[76]王佳新、王永春、马秋颖:《基于"互联网+"探析农业现代化的发展新模式》,《江苏农业科学》,2017 年第 19 期。

[77]温靖、郭黎:《数字农业的中国实践——我国数字农业建设发展概览》,《农业工程技术》,2018 年 12 月。

[78]昝现亮:《基于 5M1E 分析法的轧制产品质量控制研究》,《塑性工程学报》,2021 年第 8 期。

[79]姜小毛:《塑料行业绿色发展,路该怎么走?》,《中国石油和化工》,2021 年第 8 期。

[80]韦洪莲:《加快塑料包装废物减量化,推进绿色低碳循环发展》,《资源再生》,2021 年第 7 期。

[81]向平:《基于 5M1E 生产现场质量管理无纸化解决方案及应用》,《机电工程技术》,2020 年第 11 期。

[82]果伟、肖雪峰、周中山、张啸:《5M1E 分析法在现场目视化管理中的应用研究》,《企业改革与管理》,2020 年第 17 期。

[83]本刊编辑部:《塑料模具行业发展迅猛》,《现代制造》,2019年第1期。

[84]本刊编辑部:《提前开发将成为塑料模具行业发展新趋势》,《橡塑技术与装备》,2016年第22期。

[85]本刊编辑部:《中国塑料模具行业发展矛盾与障碍》,《橡塑技术与装备》,2016年第20期。

[86]本刊编辑部:《塑料模具行业发展亟待解决六大问题》,《模具工业》,2014年第12期。

[87]本刊编辑部:《塑料模具行业面临人才短缺问题》,《模具工业》,2011年第11期。

[88]郑翰:《基于5M1E的A装配式建筑工程项目质量管理优化研究》,青岛大学学位论文,2020年。

[89]米小双、蒲建春:《构建倒三角管理模式 推进中心站自主管理》,《北京石油管理干部学院学报》,2016年第6期。

[90]李莲华:《体验营销在休闲产业中的创新应用与实施》,《江苏商论》,2006年第1期。

[91]林荔晟、孙瑜阳、郑志忠:《赋能员工价值创造 推动企业提质增效》,《中国电力企业管理》,2020年第19期。

[92]蔡俊:《烘焙食品企业创业中的市场营销战略》,上海海事大学学位论文,2005年。

[93]许惠娟:《浅析旅游企业内部控制问题》,《时代经贸》,2018年第36期。

[94]许芝芹:《基于员工忠诚度提升的企业人力资源管理体系优化措施》,《中国市场》,2021年第1期。

[95]张晓芳:《我国糕点食品行业现状分析及监管建议》,《食品研究与开发》,2011年第6期。

[96]吴明珠:《企业会计信息化内部控制存在的问题及策略研究》,《商讯》,2021年第12期。

[97]元卉、朱凌君:《双链融合,双向赋能,共促高质量发展》,《上海企业》,2020年第9期。

[98]郭明、孔雯:《简政放权与还权赋能:经济发达镇创新公共服务供给体系问题探讨——以顺德区"简政强镇"改革实践为例》,《理论导刊》,2017年。

[99]葛亚婕:《树立品牌形象,建设创新型领军企业——电科钻石公司企业文化建设工作浅析》,《广西质量监督导报》,2019年第9期。

[100]张淑阳、约瑟夫·奈:《"软实力"理论的现实架构》,《当代经济》,2019年第11期。

[101]国务院:《关于推进文化创意和设计服务与相关产业融合发展的若干意见》,《印刷技术》,2014年第7期。

[102]国盛证券:《行业研究报告》,2020年。

[103]仲洋:《内部控制制度在中小型文化创意企业的应用——以BTS文化公司为例》,首都经济贸易大学学位论文,2008年。

[104]吕吕:《文创企业的文化建设和管理》,华南理工大学,2015 年。

[105]周渝森:《产业经济学视角下文创产业的发展研究》,《四川成都》,西华大学经济学院,2021 年。

[106]艾媒咨询:《2019 中国文化创意产业发展背景及趋势分析》,2019 年 12 月 30 日。

[107]每日甘肃:《"文创屋"敦煌文创:IP 文是根基 创是核心 年轻人成为敦煌文化的传播者,2021 年 1 月 13 日。

[108]刘雨朦:《文化创意产业品牌塑造的方式及存在的问题——以北京故宫博物院为例》,上海对外经贸大学学位论文,2021 年。

[109]金投网:《中国文博文创消费调研报告》,2020 年 9 月 14 日。

[110]刘晓丽、邱丙中:《文创产业促进传统印刷转型升级》,《今日印刷》,2020 年第 11 期。

[111]朱东梅:《消费升级 促炊具市场异动》,《现代家电》,2016 年第 1 期。

[112]沈波:《打造品牌是炊具企业的必然选择》,《现代家电》,2014 年第 3 期。

[113]李玉国:《中国炊具企业的营销模式》,《销售与市场(管理版)》,2010 年第 3 期。

[114]陈雨露:《"双循环"新发展格局与金融改革发展》,《中国金融》,2020 年增刊第 1 期。

[115]华红梅:《"双循环"新发展格局及其金融支持实施路径》,《福建金融》,2021 年第 3 期。

[116]成新轩:《中国自由贸易区高质量发展:国内国际双循环相互促进的"啮合点"》,《河北大学学报(哲学社会科学版)》,2021 年第 46 卷第 5 期。

[117]许成安、金康弘:《宏观经济政策调节下的供需协同》,《财经问题研究》,2021 年第 9 期。

[118]常诚、褚子豪、许玉久、李智:《双循环发展格局中传统外贸市场的"重焕新生"》,《山西科技报》,2021 年 9 月 23 日。

[119]朱东梅:《产品与技术:消费者需求引领下的炊具产品创新》,《现代家电》,2021 年第 8 期。

[120]高聪蕊:《营销赋能:新媒体营销下的渠道创新》,《商业经济研究》,2021 年第 18 期。

[121]肖春兰:《基于移动互联网的企业分销渠道创新》,《商业经济研究》,2019 年第 23 期。

[122]Ying Shao and Zhongli Chen:Integrating environmental parameters and economicbenefits to analyze the ecological agriculture (EA) application in the mountainrice paddy system of Chongqing. *China*,2019(1).

[123]Marta Monjardino:Contract design in agriculture supply chains with randomyield,2019(3).

[124]Fran gois Waldner and Nicolas Bellemans and Zvi Hochman,Terence Newby:Roadsidecollection of training data for cropland mapping is viable when environmentaland management

gradients are surveyed,2019(1).

[125]Al Rievs. The Happy Personality [J]. 广告时代,1977,10(1):21—35.

[126]Jack Trout. An Alternative Description of Personality[J]. 工业营销,1978(2):2—3.

[127] Fournier. Charting the Development of Consumer-Brand Relationship[M]. Research Paper Series Graduate School of Business Stanford University,2001:651.

[128]Mona Jami Pour,Mahnaz Hosseinzadeh,Hannan Amoozad Mahdiraji. Exploring and evaluating success factors of social media marketing strategy: a multi-dimensional-multi-criteria framework[J]. Foresight : the Journal of Futures Studies Strategic Thinking and Policy,2021,23 (6).